GLOBAL+LOCAL

グローカル時代の社会学

社会学の視点で読み解く現代社会の様相

今泉 礼右 編著

みらい

●編　者

　今泉 礼右（いまいずみ れいすけ）　　日本大学文理学部

●執筆者（執筆順）

第1章	藤岡 真之（ふじおか まさゆき）	弘前学院大学 社会福祉学部
第2章	土居 洋平（どい ようへい）	跡見学園女子大学 観光コミュニティ学部
第3章	眞保 智子（しんぼ さとこ）	法政大学 現代福祉学部
第4章	宮地 弘子（みやじ ひろこ）	筑波大学大学院 国際公共政策専攻
第5章	小渕 高志（おぶち たかし）	東北文化学園大学 医療福祉学部
第6章	藤原 亮一（ふじわら りょういち）	田園調布学園大学 人間福祉学部
第7章	坂田 勝彦（さかた かつひこ）	東日本国際大学 健康福祉学部
第8章	佐々木 てる（ささき てる）	青森公立大学 経営経済学部
第9章	林 雄亮（はやし ゆうすけ）	武蔵大学 社会学部
第10章	今泉 礼右（いまいずみ れいすけ）	前　出
第11章	清水 晋作（しみず しんさく）	盛岡大学 文学部
第12章	西 敏郎（にし としろう）	足利短期大学 こども学科

本書の刊行にあたって

　この書物のタイトルは『グローカル時代の社会学』である。グローカルとは、グローバル（global＝世界的な）とローカル（local＝地域的な）を合わせた造語である。今日の社会が、全世界を飲み込んでいくような世界普遍化のうねり（globalization）のなかにある反面、地域のもつユニークな特色や特性にも注目していこう（localization）とする2面性を有していることを表現しようとした言葉である。このような社会のもつ2面性については、本書においてもいくつかの箇所で触れられているところであるが、同時に、今日の社会が、大きな変化の渦中にあることは誰しも承知の事実である。しかもその変化のサイクルは、時代（時間）の経過とともに短くなり、かつ大規模なものになっているように感じられる。最近の大きな変化といえば、2008年9月、アメリカの投資銀行リーマンブラザーズの破綻（いわゆるリーマンショック）によって引き起こされた世界的な金融危機であろう。アメリカ第4位の規模を誇る金融機関（証券会社）の破綻劇は世界を震撼させ、経済・社会などさまざまな局面において新たな組み換えの必要性を惹起した。また2009年10月には、EUのひとつであるギリシャがデフォルト（債務不履行）の危機に陥り、それに端を発した財政悪化はスペインやイタリアなどの欧州各国へと次々に飛び火し、深刻な経済危機をもたらしている。もちろんこれらの出来事は、欧米の枠内だけにとどまる問題ではなく、たとえば中国では、バブルの連鎖的崩壊の兆しに見舞われており、わが国においても決して対岸の火事などといって静観を決め込んでいるわけにはいかない。世界的なグローバリゼーションの潮流のなかで、世界同時不況の波が、そして、それに纏わる多くの解決すべき社会的諸問題が、否応なしにも降りかかってくる。これが今日における、社会の現実の姿なのである。

　世界という大海原のなかで、日本丸は大きく揺れている。冒頭にも記したように、今日のわが国が、大きな変化のなかにあることは否定しがたい事実である。それだけに、変わりつつある日本社会の姿を概観し、それが今後、

どのような方向に進み、いかなる問題を突きつけてくるのかを見通すことは、きわめて重要な課題である。もちろん、変動しつつある日本社会を適切に見抜き、その方向性と、そこに生じると思われる諸問題を模索しようとする試みは、大きな困難をともなう作業であり、多くの論争を引き起こす種ともなる。また、それは多くの専門分野からのアプローチが可能であり、そのような試みは是非とも必要である。さらに、それらの論点を深く掘り下げていけばいくほど、考察すべき課題は多岐にわたることとなる。しかし本書は、そのような大仰なことをめざしているわけではない。小さなものではあるが、より多くの人々を対象に、変化の渦中にあるわが国の社会に焦点を置き、新進気鋭の若手（但し編者は除く）研究者を中心にして、独自の専門的な立場から、いま「われわれが生きている同時代」の日本社会というものを、グローバル化する社会に影響される地域社会や私たちの暮らしの変化から解き明かし、記述しようとすることを目的としている。

　さて、いま「変化している日本」をひとつのメルクマールとして考えるならば、1970年代の西欧諸国ではじまり、1990年代に入って地球規模で展開されるようになった経済のグローバル化をひとつの分水嶺として考えても、それほど多くの異論は出ないであろう。グローバリゼーションと、それにともなうポスト産業社会は、今日起きている変化を読み解くキーコンセプトともいえる。グローバル化は生産性の向上や、生産・流通コストの削減による多様商品の海外調達を可能とする他に、自由貿易や経済の自由化の拡大が図れるなど、多くのメリットをもたらした。しかしその反面、産業の多国籍化が進行し、労働や財の分極化現象と富の分配の不平等などによる格差が引き起こされ、差別化が蔓延する。

　また、経済のグローバル化と金融・IT（革命）の急速な進展により、労働市場は大きく分断化され、雇用は不安定なものとなり、雇用喪失・低賃金・貧困の拡大が加速され、「底辺への競争」を激化させることとなった。かつてわが国は、「平等社会」を暗黙の了解としていた。それは、戦後社会を根底から支えた日本的経営の特性ともいわれる終身雇用制・年功序列制・企業別労働組合が3本の柱となって、雇用慣行や労使関係を安定的に機能させて

いたためである。しかし、1970年代の2回にわたる石油危機を契機に、高度経済成長を支えてきた日本的経営方式は影を潜め、世界中を席捲したグローバル化の波と、80年代に猛威を振るった新自由主義の影響の下で、フォーディズム（fordism）註は終焉し、福祉国家そのものも行き詰まりを見せることになった。

さらに、バブル経済崩壊以降の1990年代（日本経済の停滞を指して「失われた10年」とも呼ばれる）には、「氷河期」とも呼ばれた就職難が常態化し、リストラや失業の増加が顕在化した。パートやアルバイト、派遣社員などの非正規労働者の不安定化がさらに進行し、失業と不安定雇用の拡大が蔓延化した。まさに1980年代のヨーロッパ社会と同じような問題が生じたのである。

そして今日、このような変化はより大きなものとなり、深刻化している。もちろん、このような格差や不平等の問題は、所得や収入などの経済分野にとどまらず、家族・地域社会・職業・福祉、そして生活スタイル等々、あらゆるもののなかに見ることが可能であり、さらに、それらの構造をこれまでのものとは根本的に変えつつある。たとえば、都市化の進行は、情報機器の発達と相まって、生活スタイルを一新するとともに、家族や地域社会のもつ生活保障機能や家族機能を崩壊・縮小させる一方で、未婚や晩婚化、離婚等の増加によって家族自体までもが失われつつある。近年、大きな社会問題となっている「少子・高齢化」もこのような文脈のなかで考えられなければならないであろう。

さらに、こうした変化は個人の価値も大きく変化させてきている。元来、日本文化のなかには、個人的な利益の追求よりも、他者との精神的なつながりや質素で安定した生活を重視するところがあり、こうしたところに心の安寧を求めようとする態度に価値をおく傾向がある。しかし、経済のグローバル化や金融資本主義、IT（革命）の急激かつ広範な進展により、人々の精神的なつながりは寸断され、安定した生活は瓦解した。成果主義や市場主義、そして何よりも個人的・経済的な利益追求に価値を置こうとする風潮が蔓延し、他者への慈しみの心や集団への献身の精神は急速に廃れ、今や荒涼たる「無縁化した社会」が広がるばかりである。経済のみならず、雇用、医

療、福祉、教育、家族、地域社会などが疲弊し、多くの人々が社会から排除（social exclusion）されている。そして2008年のリーマンショック以降、こうした傾向は一層加速されているのである。

　社会とはひとつのシステムである。システムとは社会的な関係の環であるといってよい。そして、このシステムの中心に位置するものが価値である。価値にはさまざまなものが考えられるが、いま、その価値自体が揺らいでおり、システムそのものを大きく変えようとしているのである。

　本書は、そのタイトルが示すように、グローカル時代のなかで変動しつつある日本社会を、社会学的な視点から分析しようとするものである。しかし、それを構成している主題、たとえば家族や地域社会、労働、生活などといった特定の分野に論点を絞るといった手法は取らず、変化の渦中にある日本社会そのものを俯瞰できるようにするとともに、それぞれの執筆者が設けた12章からなる専門的な視点から、変化の状況や構造的な原因、またその動向や問題点、さらには今後の展望や課題等々を考察しようとするものである。

　本書の執筆にあたっては、多くの先輩諸氏の研究業績や成果を引用または参考にさせていただいた。ここに深く感謝申し上げたい。

2013年3月

編　者

註「フォーディズム」（fordism）とは、直接的には、1910年代にヘンリー・フォード（Ford, H.）が導入したベルトコンベアによる流れ作業を意味するが、それは今日の大量生産・大量消費システムを可能とした生産モデルであり、資本主義の象徴のひとつともいえる。

目 次

本書の刊行にあたって

第1章 経済の変化とくらし ... 13

1．戦後日本社会の経済変動 ... 14
（1）戦後社会の経済成長 ／14
（2）消費社会の成立と発展 ／17
（3）経済成長と幸福 ／18

2．消費社会とくらし・文化の問題 ... 21
（1）消費とくらし ／21
（2）リアリティの問題 ／22

3．国際的な問題と今後 ... 25
（1）経済のグローバル化と南北問題 ／25
（2）環境問題 ／27
（3）脱物質主義化 ／28

コラム「日本人は幸せなのか？」という問い ／32

第2章 地域社会の変化と「地域づくり」 ... 35

1．はじめに ―グローバル化のなかでの地域社会 ... 36
2．地域社会とは？―地域と地域社会 ... 37
（1）一般的な言葉としての地域 ／37
（2）科学言語としての「地域」と「地域社会」 ／38
（3）コミュニティとしての地域社会 ／40

3．地域社会の集団・組織の変化 ... 42
（1）地域社会の集団・組織 ／42
（2）都市化と地域社会 ／44
（3）過疎化と地域社会 ／46

4．地域に対する「まなざし」の変化 ... 47
（1）農村へのまなざしの変化 ／47
（2）都市農村交流とグローバル化 ／49

5．地域づくりとその実践への接近 ... 51
（1）地域づくりの登場 ／51
（2）地域づくりへの接近 ／53

コラム 価値の転換としての「ターン」／59

第3章　働く人の現状と雇用・処遇システムの変容　61

1．雇用・処遇システムとは何か …………………………………… 62
　（1）労働市場と採用・配置の仕組み　／62
　（2）異動・昇進・報酬決定の仕組み　／63
　（3）能力開発の方法とキャリア形成　／66
　（4）経営参加と労使コミュニケーション　／68
2．変貌する働き方 ………………………………………………… 70
　（1）雇用労働者と自営業者　／70
　（2）拡大する非典型雇用　／72
　（3）ワーク・ライフ・バランス　／74
　（4）ノーマライゼーションの進展と障害者雇用　／77
3．まとめ―雇用システムの部分変化と求められる協働社会 ……… 79

第4章　若者と仕事の意味　83

1．若者と仕事をめぐる問題状況 …………………………………… 84
　（1）あるインタビューの場面から　／84
　（2）近年の研究動向　／85
　（3）若い働き手が語る閉塞感　／86
2．エスノメソドロジーという視角 ………………………………… 87
　（1）知覚の衝突　／87
　（2）社会の構成性　／88
　（3）「人々の社会学」を描き出す　／89
3．閉塞感の具体的場面 …………………………………………… 91
　（1）AさんとX社の職場　／91
　（2）「日本的」で「理不尽」な職場　／92
　（3）言い返し、突き返す　／94
　（4）相手の「レンジ」に入る　／98
4．職場の「あたりまえ」を問い直す ……………………………… 100
　（1）閉塞感の解読　／100
　（2）変われない職場の姿　／101
　（3）警鐘としての若い働き手の声　／103

コラム 「語りたいこと」に出会うフィールドワーク　／106

第5章 「格差社会」としての日本　109

1．日本はいつから「格差社会」になったのか 110
（1）格差論争のはじまり　／110
（2）格差論の難しさ　／112
（3）格差をめぐる問題設定　／114

2．「格差社会」論の社会的文脈 116
（1）「格差社会」論と社会学　／116
（2）「格差社会」論と自由主義　／117
（3）格差の拡大はなぜ問題なのか　／119

3．「格差社会」と「機会の平等」 121
（1）「結果の格差」と「機会の格差」　／121
（2）格差と貧困　／122
（3）2つの震災が示すもの―阪神・淡路大震災と東日本大震災―　／125

4．格差拡大の原因を考える 126
（1）日米経済摩擦によるアメリカの対日強行圧力　／126
（2）自由貿易と国内産業の疲弊　／128
（3）国民経済の視点を失った政策　／130

コラム グローバリズムと「格差社会」　／135

第6章 無縁社会と社会関係　137

1．セレンディピティの功績 137
（1）無縁社会という言葉の誕生　／137
（2）無縁死という現象　／138

2．社会学の方法 140
（1）社会学における観察　／140
（2）社会学における概念と定義　／142

3．孤独死の考察 144
（1）孤独死の事例を通した考察　／144
（2）孤独死の統計を通した考察　／147

4．社会関係と縁 152

コラム 縁日で結ばれた縁　／155

第7章　現代日本のノスタルジアと「地域の記憶」
――映画『フラガール』を巡る言説の社会学的解読から　157

1. はじめに――ノスタルジアとは何か？……………………………158
   - （1）「昭和」ブームと映画『フラガール』／158
   - （2）ノスタルジアへの社会学的接近／159
2. 「地域の記憶」の商品化――消費への欲望、地域振興という課題………162
   - （1）名前のない局所感／162
   - （2）観光資源としての「地域の記憶」／163
3. 炭鉱（ヤマ）を巡る過去の両義性
   ――いわきにおける『フラガール』への理解から……165
   - （1）問い直される炭鉱（ヤマ）の過去／165
   - （2）『フラガール』に書き込まれた炭鉱（ヤマ）のリアリティ／167
4. 「復興」の物語とその隘路
   ――3.11前後の『フラガール』に関する言説から……………169
   - （1）関心の衰退と言説の陳腐化／169
   - （2）「復興」の物語への読み替え／170
5. おわりに――いま社会を問うために必要な想像力………………173

第8章　「少子高齢化問題」と国際人口移動　177

1. 「少子高齢化」の問題とは何か……………………………………178
   - （1）「少子化」と「高齢化」の現状／178
   - （2）人口推移と「少子化」「高齢化」／180
   - （3）「少子高齢化」から生じる具体的な問題群／182
   - （4）「少子高齢化問題」の本質＝「人口減少」問題？／183
2. グローバリゼーション下における人の国際移動と日本の人口変動…185
   - （1）増大する世界人口／185
   - （2）国際人口移動と日本への移民の流入／188
   - （3）日本の外国籍者数と人口補填／190
3. 移民社会の可能性……………………………………………………192
   - （1）外国籍者受け入れの現状／192
   - （2）外国人・移民政策と「日本人」の変容／193
   - （3）地域社会への新しい施策の可能性／195
4. まとめ――「少子高齢化問題」のゆくえ…………………………197

第9章　日本の家族はどう変わってきたか
――ジェンダー・性別役割分業・結婚に着目して　　201

1．日本の家族と社会の変容 …………………………………………………202
（1）家族とは何か　／202
（2）マクロな変化―家族・世帯構成の変化　／202
（3）ミクロな変化―働き方・暮らし方の変化　／204

2．ライフコースと性別役割分業 ……………………………………………205
（1）女性のライフコースの変化　／205
（2）性別役割分業の意識と実態の変化　／208
（3）ワーク・ライフ・バランスの実現へ向けて　／210

3．結婚と家族形成をめぐる問題 ……………………………………………212
（1）未婚化・晩婚化の進行　／212
（2）なぜ未婚化・晩婚化は問題なのか　／214
（3）未婚化・晩婚化の背景にあるもの　／216

コラム　生涯未婚率・合計特殊出生率はどのように求められているか　／219

第10章　社会的排除と貧困　　221

1．社会的排除・貧困のパースペクティブ …………………………………222
（1）社会的排除概念の登場　／222
（2）社会的排除論と貧困論の位相とその背景　／224
（3）社会的排除論の優位性とは　／227

2．EUと日本における社会的排除・格差・貧困論の展開 …………………230
（1）シティズンシップと社会的排除　／230
（2）社会的排除とアンダークラス論　／232
（3）社会の変容と重複排除の実体　／235

3．貧困と社会的排除の現状 …………………………………………………237
（1）福祉国家の崩壊とグローバル化、脱工業化　／237
（2）社会的排除としてのホームレス問題の現状　／240
（3）福祉国家の展望と社会的包摂への射程　／243

第11章 社会的包摂の課題—ワークフェアとベーシック・インカム 253

1. 社会的排除・包摂 ……………………………………………… 254
2. 「包摂」の社会政策としてのワークフェア ……………………… 255
   - （1）ワークフェアとは何か？ ／255
   - （2）アメリカのワークフェア ／257
   - （3）イギリスのワークフェア ／259
   - （4）ワークフェアの問題点 ／261
3. 「包摂」の社会政策としてのベーシック・インカム ……………… 263
   - （1）ベーシック・インカムとは何か？ ／263
   - （2）ベーシック・インカムの理念 ／266
   - （3）ベーシック・インカムの課題 ／268
- コラム 社会政策における理念と現実 ／272

第12章 「標準」と「逸脱」の規準
   —デュルケーム社会学からのアプローチ 275

1. 「社会学」の「社会」とは ……………………………………… 275
   - （1）はじめに ／275
   - （2）「社会学」における「社会」の捉え方 ／276
2. デュルケームの『自殺論』から見る個人と社会との関係 ……… 277
   - （1）デュルケームの『自殺論』とは ／277
   - （2）自殺の3類型 ／278
   - （3）「過度の個人化」と逸脱行為 ／280
3. ルール（きまり）とはなにか …………………………………… 282
   - （1）「公式のルール」と「非公式のルール」 ／282
   - （2）ルールとペナルティ ／284
   - （3）ルール（きまり）の優先順位 ／285
4. 「うち」と「よそ」 ……………………………………………… 287
   - （1）「うち」と「よそ」の関係 ／287
   - （2）「うちのルール」＞「よそのルール」 ／288
5. 「標準」と「逸脱」 ……………………………………………… 290
- コラム 『自殺論』こぼれ話 ／293

あとがき

第1章
経済の変化とくらし

　1991（平成3）年にバブル経済が崩壊して以降、日本経済は低迷が続いているといわれる。2002（平成14）年から2008（平成20）年にかけて、いざなみ景気と呼ばれる時期もあったが、豊かさの実感をともなうものではなかったというのが大方の見方である。このようなバブル経済崩壊以降の景気低迷期は「失われた20年」と呼ばれることがある（やがて「失われた30年」と言われるときが来るのだろうか…）。この本を手に取っている読者の多くはバブル期の記憶をもっていないだろうが、この時期を知る年長者の多くは、バブル崩壊以降の20年あまりの間に社会全体の雰囲気が大きく変わってしまったと感じているはずだ。

　景気の低迷は当然ながら経済的な問題に直接的な影響を与える。たとえば労働環境に関する変化がそうである。新卒者の就職氷河期、非正規雇用の拡大、若年層の長時間労働などは、バブル崩壊以降に問題視されるようになった現象である。

　しかし、経済の変化は経済的な事柄だけでなく、私たちのくらしや生き方、価値観にも影響を与える。たとえば婚姻率の低下とそれにともなう出生率の低下には経済の低迷が影響しているといわれる。また物心がついて以降、好景気を実感していない現在の若年層は、見栄を張らずに地に足のついた考え方をするということもしばしばいわれる。

　本章では、戦後の日本社会で経済がどのように変化し、それが社会のあり様や、私たちのくらし、価値観にどのような影響を与えてきたのかということを見ていこう。

1．戦後日本社会の経済変動

（1）戦後社会の経済成長

　日本は明治以降、欧米の文明を積極的に取り入れ、欧米以外の地域では近代化に最も成功した国家となったが、第2次世界大戦での敗戦で大きなダメージを負ってしまう[註1]。敗戦後しばらくは連合国軍の占領下にあったが、1951（昭和26）年にアメリカをはじめとする連合国諸国とサンフランシスコ講和条約を結び、1952（昭和27）年に法的に主権を回復する。1955（昭和30）年には経済も戦前の水準を超えるまでに回復し、翌1956（昭和31）年の経済白書には「もはや戦後ではない」と記されるまでになる。これ以降も日本経済は高成長を続け、奇跡の発展を遂げることになる。

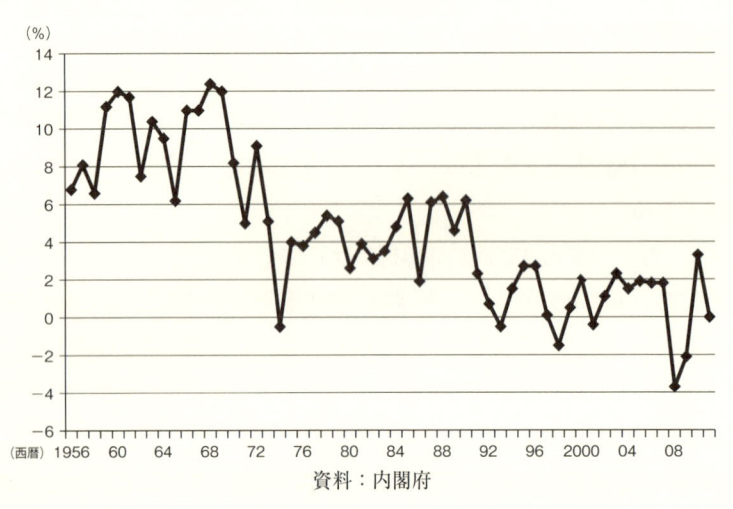

図1−1　日本の経済成長率の変化

資料：内閣府

　図1−1にあるように、1950年代半ばから第1次オイルショックが起こった1973（昭和48）年までの間、日本経済は高い水準の成長を続け、一般に高度経済成長期と呼ばれる。1960（昭和35）年に成立した池田勇人内閣は「国

民所得倍増計画」を策定し、10年間で国民の所得を2倍にすることを訴えたが、実際には、この目標は7年で達成され、10年で所得は2.8倍となった。

高度経済成長期には社会的にも大きな変化が起こった。以下に産業構造の変化、人口移動、家族構成の変化を順に見ていこう。

図1-2 産業別就業者の割合（国勢調査）

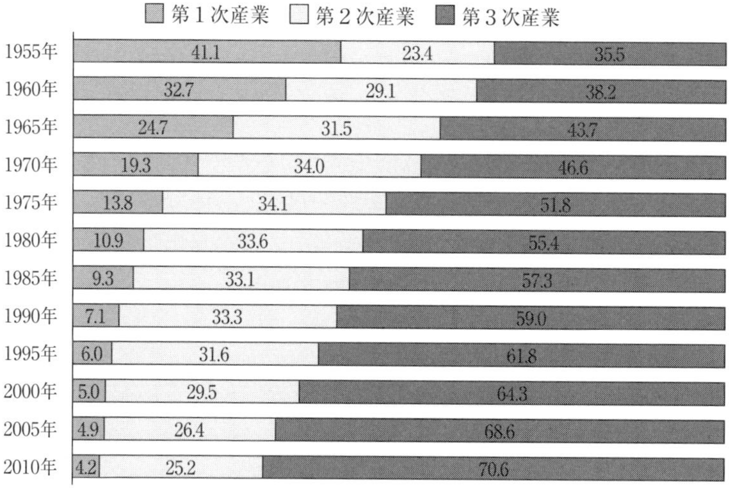

年	第1次産業	第2次産業	第3次産業
1955年	41.1	23.4	35.5
1960年	32.7	29.1	38.2
1965年	24.7	31.5	43.7
1970年	19.3	34.0	46.6
1975年	13.8	34.1	51.8
1980年	10.9	33.6	55.4
1985年	9.3	33.1	57.3
1990年	7.1	33.3	59.0
1995年	6.0	31.6	61.8
2000年	5.0	29.5	64.3
2005年	4.9	26.4	68.6
2010年	4.2	25.2	70.6

資料：総務省「国勢調査」

図1-2は産業別の就業者割合の変化を示している。第1次産業就業者が占める割合は1955（昭和30）年に41.1%であったが、高度経済成長が終わった1975（昭和50）年には13.8%にまで減少している。それに対して第2次産業就業者は23.4%から34.1%へと増加し、第3次産業就業者は35.5%から51.8%へと増加している。つまり日本は、高度経済成長期に農業などの第1次産業が優位である社会から、第2次産業および第3次産業が優位な社会へと変化したのである。

このような産業構造の変化は人々が居住する場所にも変化をもたらす。なぜなら農業をはじめとする第1次産業は人口の少ない地域に適合的であるが、第2次産業、第3次産業は人口が集中する都市に適合的だからである。

その結果、高度経済成長期には、農村部から都市部へと人口の移動が起こることで都市化が進み、さらにその周辺の地域は郊外化が進んだ。つまり産業構造の変化は、都市部の過密化と農村部の過疎化をもたらしたのである。このころ、中学校を卒業した地方の青年は「金の卵」と呼ばれ、若くて安価な労働力として都市で歓迎された[註2・3]。

　人々の移動は家族構成のあり方にも変化をもたらした。図1－3を見ると、高度経済成長期にあたる1960～70年代には核家族世帯の割合が大きくなる一方で、その他の親族世帯（その多くはいわゆる3世代家族）の割合が小さくなっていることがわかる。これには、都市へ移動した若年層が結婚をして核家族を形成したことも影響している。つまり産業構造の変化は、家族という人間関係のあり方にも影響を与えたのである。

図1－3　家族構成の変化

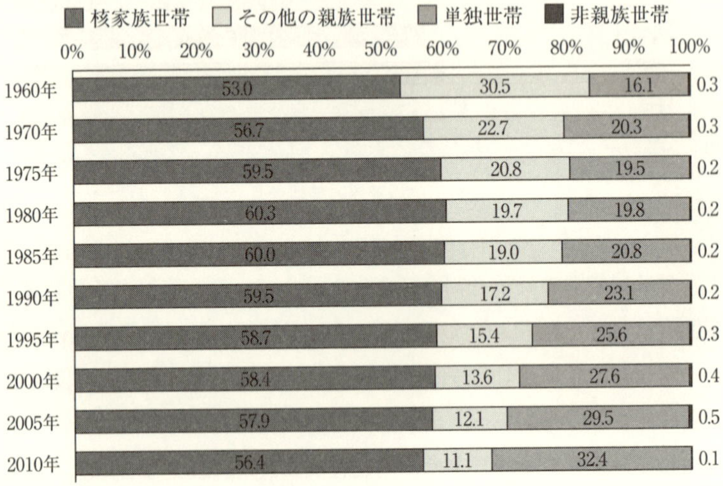

年	核家族世帯	その他の親族世帯	単独世帯	非親族世帯
1960年	53.0	30.5	16.1	0.3
1970年	56.7	22.7	20.3	0.3
1975年	59.5	20.8	19.5	0.2
1980年	60.3	19.7	19.8	0.2
1985年	60.0	19.0	20.8	0.2
1990年	59.5	17.2	23.1	0.2
1995年	58.7	15.4	25.6	0.3
2000年	58.4	13.6	27.6	0.4
2005年	57.9	12.1	29.5	0.5
2010年	56.4	11.1	32.4	0.1

資料：総務省「国勢調査」

　以上のように、高度経済成長は経済成長率、産業構造といった経済に直接関わる事柄の変化をもたらすだけでなく、地域社会および家族（地縁と血縁）という、人間にとって重要な意味をもつ2種類のネットワークのあり方にも

大きな変化をもたらした。つまり戦後の高度経済成長期は、日本社会の形が根本的な部分から変化した時代だといえるのである。

（2）消費社会の成立と発展

高度経済成長期に生活水準が上昇していく過程で、人々は新しい消費生活を通じて豊かさを実感していくことになる。1953（昭和28）年は家庭の電化元年と呼ばれており、このころに洗濯機、掃除機、冷蔵庫は３種の神器と呼ばれるようになった。これら３種の神器はいずれも家事労働の手間を軽減するもので、その普及は家庭の主婦の役割や意味を変化させていった。さらに1966（昭和41）年には第２次電化ブームが起こり、カラーテレビ、クーラー、自動車(car)の３つを指す３Cという言葉も生まれた。当時の日本人にとっては、豊かさを象徴するこれらの製品を手に入れることが共通の目標であった。

アメリカの社会学者リースマン（Riesman, D.）は、手に入れるべき消費

図1-4　耐久消費財の普及率

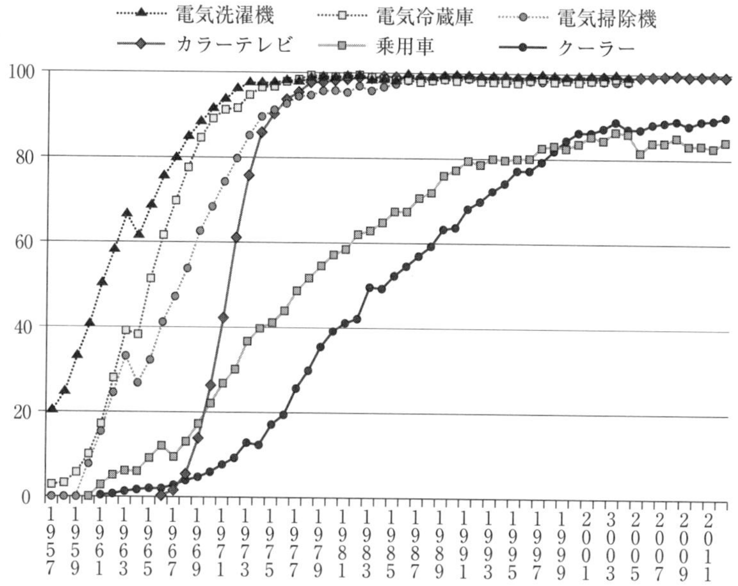

資料：総務省「全国消費実態調査」

財のひとまとまりのことをスタンダード・パッケージと呼び、それを所有することがアメリカの中産階級の一員であることを示すものであると述べている。つまり、ある特定の消費財を所有することがその人の社会的地位を表す印として機能しているのである。日本の高度経済成長期における3種の神器や3Cもまたスタンダード・パッケージと言いうるもので、人並みの生活を送っていることを示す印として機能していた。このような同じモノを所有するという国民的な目標の存在は、人々の志向や価値観が同質的であったということを示している。

1973（昭和48）年に第1次オイルショックが起こると、高い水準の経済成長は終わりを告げ、これ以後は低成長の時代となる。このような経済の変化を背景に、1980年代には消費者の成熟や多様化が議論されるようになる。

たとえば山崎正和は、「柔らかい個人主義」という言葉によって、成熟した消費者像を示した。山崎によれば、柔らかい個人主義者は芸術的人間とも言いうるもので、しなやかでありながら有機的な一貫性を保ち、能動的でありながら受動的でもある存在である。このような自我は、効率性を重視し目標に向かっていく近代的で生産主義的な自我とは異なり、消費の楽しみをじっくりと味わおうとする。山崎が思考したこのような人間像は、2000年代以降話題になることが多くなったスローライフという考え方と通じる面をもっている。

また、同時期にマーケティングの分野では少衆や分衆という言葉が生み出され、大衆という画一性の高い存在が消失し人々が多様化したという認識が示された。

（3）経済成長と幸福

日本社会は高度経済成長期からバブル経済が崩壊するまでの間、右肩上がりの成長を続け、人々は豊かさを享受するようになった。これはもちろん人々が求めたことであり望ましい変化である。しかし、経済的豊かさは本当に人々を幸せにしたといえるのだろうか。

経済成長と幸福の関係は古くから取り上げられてきた重要なテーマであ

る。たとえばフランスの社会学者デュルケーム（Durkheim,E.）は1893年に出版した『社会分業論』のなかで、産業化の進行によってもたらされる快は必ずしも幸福と結びつくわけではないとして、経済的豊かさが幸福を増大させるという素朴な功利主義的見方を否定している[註4]。

図1-5は国民生活選好度調査の「あなたは生活全般に満足していますか、それとも不満ですか」という質問に対する回答結果である。

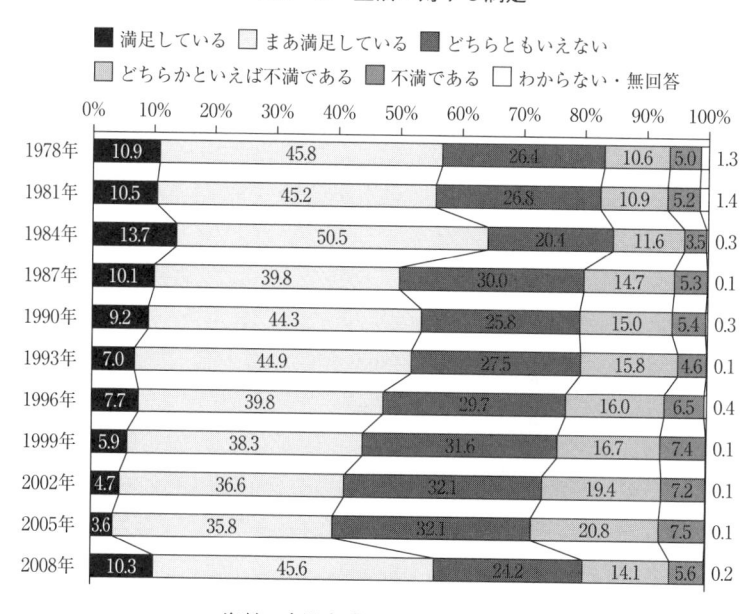

図1-5　生活に対する満足

凡例：■満足している　□まあ満足している　■どちらともいえない
　　　■どちらかといえば不満である　■不満である　□わからない・無回答

年	満足している	まあ満足している	どちらともいえない	どちらかといえば不満である	不満である	わからない・無回答
1978年	10.9	45.8	26.4	10.6	5.0	1.3
1981年	10.5	45.2	26.8	10.9	5.2	1.4
1984年	13.7	50.5	20.4	11.6	3.5	0.3
1987年	10.1	39.8	30.0	14.7	5.3	0.1
1990年	9.2	44.3	25.8	15.0	5.4	0.1
1993年	7.0	44.9	27.5	15.8	4.6	0.1
1996年	7.7	39.8	29.7	16.0	6.5	0.4
1999年	5.9	38.3	31.6	16.7	7.4	0.1
2002年	4.7	36.6	32.1	19.4	7.2	0.1
2005年	3.6	35.8	32.1	20.8	7.5	0.1
2008年	10.3	45.6	24.2	14.1	5.6	0.2

資料：内閣府「国民生活選好度調査」

これを見ると、2005（平成17）年から2008（平成20）年にかけての例外的な変化を除くと、全般的に満足が低下し不満が増加する傾向のあることがわかる。先に見たように、バブル崩壊以前は当然のこと、それ以後も基本的には日本経済は成長していたのであるから、上記の変化は経済成長と幸福が単純には結びついていないということを示している[註5]。

この種の問題に関しては別の研究もある。図1－6はイングルハート（Inglehart ,R.）が中心になって行っている世界価値観調査の結果から、主観的幸福感と1人当たりGNPの関係を国別に示したものである。

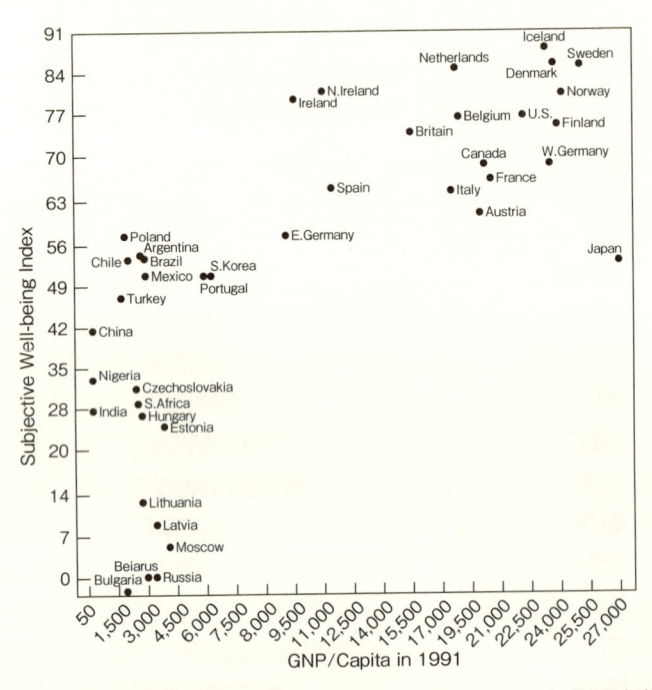

図1－6 主観的幸福感と1人当たりGNP（世界価値観調査）

資料：世界価値観調査協会（World Values Surver Organizaiton）「世界価値観調査」1991年

　この図を見ると、1人当たりGNPが小さい途上国の間では幸福感のばらつきが大きく、1人当たりGNPが大きい先進国の間では幸福感のばらつきが小さいということがわかる。これは、発展途上の国においては経済成長が幸福感の増大に大きな影響を与えるが、一定の経済発展を遂げた先進国では、経済成長は幸福感の増大に大きな影響を与えないということを示している。つまり、経済発展を遂げた日本のような社会では、経済成長をすれば社会全体の幸福度も上がるとは単純にはいいにくいのである。

2．消費社会とくらし・文化の問題

（1）消費とくらし

　経済成長にともなう消費社会化の進展は、人々に多くの楽しさや便利さ、快適さをもたらした。しかし、このような豊かさの達成自体が新たな問題を引き起こしているとする見方も存在する。たとえば、アメリカの経済学者ガルブレイス（Galbraith, J. K.）は1958年に出版した『ゆたかな社会』で、豊かになった社会ではそれまでに存在しなかった新たな問題が発生していると述べ、その1つに依存効果をあげている[註6]。

　ガルブレイスによれば依存効果とは、欲望を満足させる過程によって、それまで存在していなかった新たな欲望がつくり出されることを意味する。より具体的には、生産者による宣伝や販売術、あるいは人々の見栄によって欲望がつくり出されることをいう。これらは、本来必要ではない事物についての欲望を喚起することであり、社会が一定程度豊かになって人々に必需品が行き渡った段階において作用するようになると考えられている。ほしいと思っていなかったものをつい買ってしまい、あとで後悔したという経験は誰しも身に覚えがあるのではないだろうか。

　アメリカの経済学者ショア（Schor, J. B.）は、1980年代から1990年代にかけて、アメリカ社会では競争的な消費が拡大し、過剰な消費主義が広がったとしている[註7]。ショアは、1990年代のアメリカの中流階級の消費生活を次のように描写している。

　　典型的な中流階級から中流階級上層の世帯は、床面積が2000平方フィート（約185平方メートル）以上の家に住み、少なくとも2台の車、いくつかのソファ、数え切れないほどのいす、そしてベッド、テーブル、洗濯機に乾燥機、2台以上のテレビと1台のビデオがあり、さらにケーブルテレビに加入している。キッチンには、ガス・オーブン、電子レンジ、自動霜取り付き冷凍庫、ミキサー、コーヒーメーカー、やかん、フードプロセッサー、そしてたくさ

んあり過ぎて数えたこともない鍋やフライパン、食器、カップ、ガラス器、保存容器、台所用品、ナイフやフォーク類が詰まっている。…（中略）…車庫や地下室には自転車やスキーといったスポーツ用品が、旅行鞄や手提げ鞄、芝刈り機やガーデニングの道具、壊れた電化製品などと一緒に詰め込まれている。これら一連の耐久財に加え、その他のサービスに対しても多大な支出をしている。たとえば、ベビーシッターなどの育児費用、映画、レストランやバーでの飲食、ホテル滞在費、飛行機代、散髪、マッサージ、ディズニーランドに遊びに行く費用、弁護士費用、保険の掛金、利子支払い、そして、時にはさらに物を詰め込むための倉庫を借りる費用までが含まれることもある[1]。

　このような贅沢な消費は満足をもたらすが、同時に不満や不安ももたらしてしまう。というのも、このような高水準の消費を維持するためには長時間働いて高い収入を得る必要があるからである。そして、その長時間労働によってたまったストレスは贅沢な消費を行うことによって解消することになるのである。つまりここにあるのは、働きすぎと浪費の悪循環である。このような悪循環に陥ってしまっては、何のために働いているのかがわからなくなってしまう。

　ショアは、アメリカ人のなかにはこのような余裕のない競争的な消費生活から降りて、収入を減らしてでもゆとりのある生活を選択する者、すなわちダウンシフターと呼ばれる人々が現れてきていると述べている。彼らが望んでいるのは、たくさんの時間と少ないストレス、そして生活のバランスである。ショアが行った調査によれば、自発的に生活をダウンシフトした者のうち85％は、そのことに満足しているそうである。

（2）リアリティの問題

　経済成長、あるいはその帰結としての消費社会化は私たちのものの見方や感じ方にも影響を与える。

　見田宗介は「夢の時代と虚構の時代」という論考のなかで、「現実」の反

対語として「理想」「夢」「虚構」の3つをあげている。これらは「理想と現実」「夢と現実」「虚構と現実」というように使用される言葉である。そして見田は、1990（平成2）年までの戦後社会が、これらの3つの反対語によって性格づけられるのではないかと述べている。

1945（昭和20）年から1960（昭和35）年頃までのプレ高度成長期は、人々が理想に生きようとした理想の時代、1960（昭和35）年から1970年代前半までの高度成長期は、人々が夢に生きようとした夢の時代、そして1970年代中ごろから1990（平成2）年までのポスト高度成長期は、人々が虚構に生きようとした虚構の時代である。見田はこのような3つの時代をそれぞれ以下のように述べている。

敗戦直後であるプレ高度成長期には、アメリカン・デモクラシーとソビエト・コミュニズムという2つの政治的理想が存在した。これらは敗戦という経験を受けて掲げられたもので、いずれの理想も現実化することを前提にしている。この時代にあっては、人々は現実というものの存在に疑いをもっていない。

見田が夢の時代と呼ぶ高度成長期に入ると、先にも見たように産業構造の変化、都市化の進行、家族形態の変化等が起こり、社会が大きく変わる。高度成長期の繁栄ムードのなかで、社会には泰平感や幸福の感覚が共有され、1963（昭和38）年に行われた社会心理調査の、現在を色彩で表すとしたら何色がふさわしいと思うかという質問に対する最も多い回答はピンクであった。この回答は、この時代の明るさ、幸福感、夢といったものを象徴するものであろう。また、この時代の後半に起こった学生運動、ヒッピー・ムーブメント、フラワー・チルドレンという動きのなかには、解放を求める熱い夢が沸き上がっている。

1973（昭和48）年にオイル・ショックが起こると、高度成長は終わりを告げる。ある演劇には、妻が夫に向かって「わたしたち、今日も、夫婦の会話をしたわね」と確認するシーンがある。この、家庭の幸福を演技することについての演技は、家庭でさえもが虚構化しているという感覚の存在を示している。また、都市においては、ディズニーランドに象徴されるように、かわ

いいもの、キレイなもの、オシャレなものがもてはやされる一方で、リアルなもの、ナマなもの、キタナイものが排除されていく。ジャーナリストを養成する学校に通う20歳前後の若者に「現代社会にリアリティはあるか」と問うと、「リアリティなんかないというのがリアリティなんだ」という答えが多かった。このように、ポスト高度成長時代においては、かつてその存在が信じられていた現実は、同じようには信じられなくなっており、現実感覚が変容してしまっているのである。

　吉見俊哉は、見田が虚構の時代と呼んだこの時期の日本人の意識の変化を、ディズニーランドのあり方と重ね合わせて分析している。というのも、吉見によれば、1970年代以降の消費社会化が進行した日本社会はディズニーランド化した社会だからである。

　吉見は、1970年代以降の日本社会とディズニーランドの共通点を2つあげている。ひとつは、ディズニーランドにおいてあらゆるものがショーとして完璧に演出されているのと同じように、現実社会の盛り場、商店街、観光地、住宅地も演出された空間になっているということである。もうひとつは、暴力的で残酷であった白雪姫の原作が、ディズニー版白雪姫ではかわいらしい少女のファンタジーへと変換されていることと同じように、1970年代以降の日本社会では若者の間で「かわいい」文化が隆盛しているということである。

　このような、演出された空間や、かわいい文化が共通に示しているのは、不確実なもの、キタナイもの、かわいくないものといった不快な現実から目をそらし、無菌化され閉じた世界のなかで生きようとする意識のあり方なのではないのだろうか。現実はしばしば不快さをともなうものであるが、消費社会化の過程で、人々はそれらから目をそらし、虚構のなかに逃げ込もうとする志向を増大させてきたのかもしれない。

　長く続く経済の低迷のなかで、私たちは、格差、災害といったたくさんの見たくない現実に直面している。そのような現実に直面しながらも、私たちは虚構的な世界を愛しながら生きていくことができるだろうか。

3．国際的な問題と今後

（1）経済のグローバル化と南北問題

　これまでは社会の内側にある問題を見てきたが、視野を広げて国際的な問題を見ていこう。

　1990年代からグローバル化ということが盛んにいわれるようになっている。これは端的にはカネ、ヒト、モノが国境を越えて多く移動するようになっていることを意味する。グローバル化という言葉が使われるようになったのは比較的最近であるが、現象自体はもっと古くから存在している。時期を早くとる場合には15、6世紀のヨーロッパの大航海時代にはじまったものだとされ、もっと最近の問題として捉える場合には、第2次世界大戦後にはじまり1970年代以降にそれが加速していくものだとされる。以下では後者の時期における経済のグローバル化を取り上げよう。

　ここでは経済のグローバル化を問題にするが、これにはいろいろな事柄が含まれている。企業や労働者という点から見ると、外国企業の日本への進出や日本企業の海外進出、あるいは、日本で働く外国人と海外で働く日本人の増加がある。日本企業の海外進出に対しては、国内の産業の空洞化をもたらすとして問題視する議論もあるが、一部の企業では英語の社内公用語化が進められている[註8]。また、消費という点から見ると、私たちがスーパーマーケットやデパートでしばしば手にする外国産の食材や衣服が思いつく。さまざまな国で生産された商品を手にすることができることで私たちのくらしは便利になったが、それが世界中の文化を均質化してしまうのではないかと危惧する見方もある。

　このように多様である経済のグローバル化という現象のなかから、以下では私たちのくらしと密接に関わっている、消費に注目して問題を見よう。

　消費と関係する国際問題に南北問題がある。これは地球の北半球に多い先進国と、南半球に多い発展途上国との間に存在する経済格差についての問題である。しかし、単に南北間に格差が存在するということだけが問題なので

はなく、格差が構造的に固定化される傾向があるということも問題になっている。途上国の経済は生産性が低い第1次産業に依存する傾向が強いのだが、これには、先進国との関係においてそのような産業構造から抜け出しにくくなっていることが影響している。また、さらにこのことと関連して、以下に見るように労働者の待遇に関する問題も発生している。

　私たちが日常的に口にするバナナは手軽に買うことができる安価な果物であるが、日本で買うことのできるバナナは、フィリピン産のものがかなりの割合を占める。これは、アメリカや日本の企業がフィリピンのバナナ農園の多くを経営し、日本に輸出するルートをもっているからである。しかし、このような仕組みは不公正さを生み出している。というのもバナナ農園の経営者はバナナを生産することで多くの利益を手にできるのだが、農園で働いている労働者は少ない収入しか手にできないからである。つまり、私たちがスーパーマーケットやコンビニでバナナを安く買うことができる背景には、フィリピンの農民が低賃金で働いているという現実があるのである。この種の問題はバナナのほかに、コーヒー豆やチョコレートの原料であるカカオなどについても指摘されている。

　このような問題に対しては、途上国の労働者が生産したものを安く買い叩くのではなく、労働者が適正な収入を手にすることができるような公正な取引の仕組みをつくろうとする、フェアトレードという動きが世界的に拡大している。フェアトレードは第2次世界大戦後にアメリカやイギリスではじまったもので、当初は慈善的な性格が強かったが、徐々に活動の形態が多様化し、現在では企業も参入するようになっている[註9]。

　イギリスやスイスをはじめとする欧米のいくつかの国ではフェアトレードの一般的な認知度が高く、日本と比べてフェアトレード商品の売上も大きい。しかし、日本でフェアトレードが広がりはじめたのは2000年代の半ばからで、認知度はまだ高くない。内閣府が2008（平成20）年に行った国民生活選好度調査では、フェアトレードを「とてもよく知っている」「よく知っている」と回答した者の合計の割合は2.2%である。とはいえ、日本でもフェアトレードを知る人や販売額は少しずつ増えており、着実に広がっているようである。

このようなフェアトレードの広がりは、先進国の消費者が社会的な問題に、以前より関心をもつようになっていることを示しており、最近では社会的な問題に配慮した消費を倫理的消費、社会的消費と呼ぶことが定着しつつある。

（2）環境問題

私たちの消費と結びついている国際的な問題には環境問題もある。環境問題には大気汚染、土壌汚染、水質汚染、温暖化、異常気象、ごみ問題といった自然環境に関する問題と、石油などの鉱物資源、森林資源といった資源問題に分けることができる。しかし、これらは結びつきが強いために、まとめて環境問題と呼ばれる[註10]。

環境問題は1960～70年代から世界的に認識されはじめたが、わが国ではこの言葉が一般に広まりはじめる1980～90年代までは公害という言葉がよく使われていた。公害は高度経済成長期に工場等の排水や排気による汚染などが、地域住民にもたらした健康被害のことをいい、水俣病、四日市ぜんそく、イタイイタイ病、第2水俣病がその代表的なものである[註11]。

公害問題と環境問題には共通した部分もあるが異なる部分もある。公害問題は水俣湾周辺の住民、四日市市の住民というように被害者が一定の範囲に限定されるが、環境問題は資源問題にみられるように被害の範囲が広くなりがちである。また、公害においては、水質汚染や大気汚染によって被害をもたらす加害者としての企業や国家と、被害を蒙る地域住民という対立関係がはっきりしているが、環境問題においては、消費者の消費活動が原因であると同時に被害を蒙るのも同じ消費者であるというように、加害者と被害者がはっきり分かれていない。

このような違いは対処の仕方にも違いをもたらす。公害問題の場合には、加害者と被害者が分かれているので責任を追及し、問題の改善を求めることが相対的に行いやすいが、環境問題の場合は特定の誰かの責任とはいいにくいので問題が焦点化しにくい。また、問題がゆっくりしたスピードで進んでいくことが多いために問題自体が認識されづらい。したがって環境問題を解決するためには、広く消費者に問題を知らせるための取り組みが必要となり、

さらには生活スタイルの変化を促すための取り組みも必要となる。つまり、環境問題の存在は、南北問題の場合と同じように、消費者としての私たちのモラルや生活スタイルのあり方を問い直す契機となっているのである。

（3）脱物質主義化

　以上のように、南北問題や環境問題の解決には消費者のあり方が重要なのであるが、以下ではこのことと関連する人々の価値観や考え方の変化を見ていこう。

　豊かさがもたらす価値観の変化を象徴する言い方に「モノの豊かさから、こころの豊かさへ」というものがある。図1－7はこの言い方が示す価値観の変化を表わすもので、「今後の生活において、物の豊かさか心の豊かさかに関して、次のような2つの考え方のうち、あなたの考え方に近いのはどちらでしょうか」という質問に対して「物質的にある程度豊かになったので、これからは心の豊かさやゆとりのある生活をすることに重きをおきたい」および「まだまだ物質的な面で生活を豊かにすることに重きをおきたい」とい

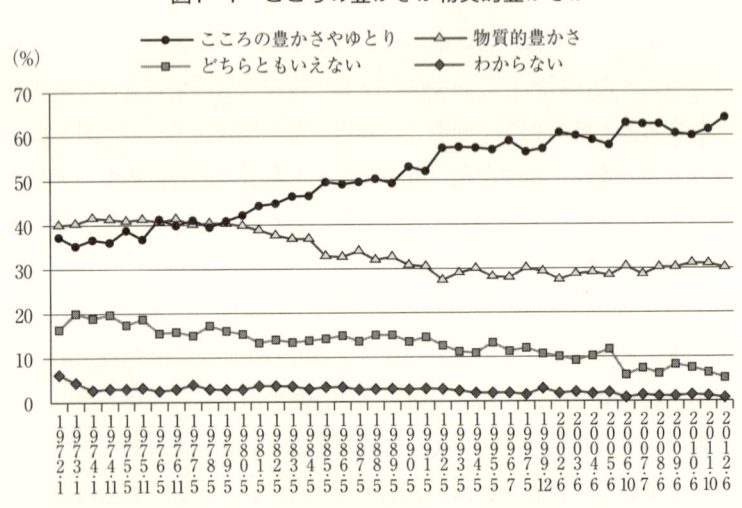

図1－7　こころの豊かさか物質的豊かさか

資料：　内閣府「国民生活に関する世論調査」

う回答の割合の変化を示している。

　図を見ると、1980年代はじめ以降、こころの豊かさを重視したいとする回答が、物質的な豊かさを重視したいとする回答を上回るようになり、2006（平成18）年以降は60%を超えるまでになっている（2012年6月の調査では、心の豊かさ重視は64.0%、物質的豊かさ重視は30.1%）。この結果は、経済的豊かさが達成されるにしたがって、人々の求めるものが非物質的なものへと変化していることを示している。

　このような変化に関しては、マズロー（A. Maslow）という心理学者の欲求階層理論を下敷きにして、経済発展にともなって変化する人々の価値観を論じたイングルハート（Inglehart,F.）の脱物質主義論がよく知られている[註12]。

　イングルハートは、十分に豊かでない社会においては、経済成長や経済の安定、あるいは国家の防衛や国内の治安といった事柄が重視される傾向にあるが、経済成長を達成し社会が豊かになるにつれて、言論の自由や自己表現が重視されるようになり、他者一般に対する信頼や外国人に対する寛容さが増大すると述べている。イングルハートは前者の社会で見られる価値観を物質主義的価値観と呼び、後者の社会で見られるそれを脱物質主義的価値観と呼んでいる。

　このイングルハートの脱物質主義論は、豊かになるにつれて、より民主的でより他者を尊重しようとする価値観が広まっているということを述べており、先に取り上げた、フェアトレードや環境問題に対する関心の高まりも、このような価値観の広がりという変化のなかに位置づけることができるのかもしれない。

　つまり、南北問題や環境問題は経済成長がもたらした問題なのだが、経済成長は脱物質主義的価値観という、それらの問題の解決につながる価値観の変化もまた生み出していると考えることができるのである。このような変化が問題の解決にどれだけつながるかははっきりしないが、明るい材料ではあるといえる。

【註】

註1　近代化とは、文化的には合理的・科学的な思考様式、経済的には動力革命による産業化、政治的には民主主義的な制度等を主要な構成要素とする、ヨーロッパを発祥とする社会全体の変化のことである。

註2　中学校を卒業した者のうち高校に進学した者の割合は、1955（昭和30）年で51.5％、1960（昭和35）年で57.7％である（通信制課程への進学者を除いた数字）。ちなみに2011（平成23）年は96.4％である。（『文部科学統計要覧（平成24年版）』文部科学省）

註3　この時代の一側面を描いた映画に2005（平成17）年に公開された「ALWAYS　3丁目の夕日」がある。この映画の時代設定は1958（昭和33）年で、集団就職列車に乗って青森から上京する主人公の六子（むつこ）は中学校を卒業したばかりである。映画中には、この時期の人々の希望を象徴するものとして、この年に完成する建設中の東京タワーが描かれている。

　この時期を象徴する出来事には、ほかに、東海道新幹線の開通（1964〔昭和39〕年）、東京オリンピックの開催（1964〔昭和39〕年）、大阪万博の開催（1970〔昭和45〕年）などがある。

　とはいえ、この時代がまったくのバラ色だったわけではない。中学校を卒業し、集団就職で青森から上京した永山則夫という青年は、1968（昭和43）年に、盗んだ拳銃で4人を殺害するという連続射殺事件を起こし日本中を震撼させる（事件当時19歳）。この事件には、彼が生まれ育った家庭の貧困が大きな影響を与えているといわれる。見田宗介の「まなざしの地獄」という1973（昭和48）年の論考は、永山則夫の内面を、当時の社会状況や、「金の卵」として地方から上京することがもつ意味との関係において理解しようとした社会学的な分析である。

註4　さらにデュルケームは好況期に自殺者数が増加しているという統計的事実を発見し、これを『自殺論』においてアノミー的自殺と名づけている。デュルケームによればアノミー的自殺とは、欲望が肥大化する一方で、それに対する十分な規制が欠如し、精神の安定が損なわれることによってもたらされるものである（第12章を参照）。

註5　シトフスキー（Scitovsky,T.）や、フライ（Frey,B. S.）とスタッツァー（Stutzer,A.）は、アメリカにおいても、経済成長は幸福度の上昇をもたらしていないと述べている。

註6　『ゆたかな社会』が出版された1950年代のアメリカは景気がよく、消費社会化が進展したことで知られている。この時代の消費文化を象徴する人物には、俳優のマリリン・モンローやジェームス・ディーン、歌手のエルヴィス・プレスリーがいる。

註7　ショアはその社会的要因として、テレビなどのマス・メディアの影響、高学歴な女性の社会進出、上位の階層への富の集中をあげている。

註8　英語の社内公用語化を進めていることで知られるユニクロは、2012（平成24）年10月末時点で、以下の12か国に252店舗を展開している（カッコ内は店舗数）。中国（169）、フランス（3）、香港（16）、韓国（6）、マレーシア（5）、フィリピン（1）、ロシア（2）、シンガポール（7）、台湾（24）、タイ（4）、イギリス（10）、アメリカ（5）：ユニクロホームページ http://www.uniqlo.com/jp/ （2012年10月閲覧）

第1章　経済の変化とくらし

註9　たとえばスターバックスコーヒーやイオングループがフェアトレードの取り組みを行っている。
註10　ただし、温暖化問題の大きな原因が、石炭、石油等の化石燃料を燃やすことによって排出される二酸化炭素であるとする説に対しては否定的な見方もある。
註11　公害問題はまだ過去のものにはなっていない。2012（平成24）年現在において、水俣病の認定とその救済措置をめぐる問題は完全に決着していない。
註12　マズローは人間の欲求を5つに分類し、人間は低次の欲求が満たされるにしたがって高次の欲求を求めるようになるとしており、これを欲求階層理論という。マズローは、低次の欲求から順に次のように分類している。①生理的欲求（食欲など）、②安全欲求（安全、保護、恐怖からの自由など）、③所属と愛の欲求、④承認の欲求（自己尊敬、自尊心など）、⑤自己実現の欲求（芸術など）。

【引用文献】
1）ジュリエット・B・ショア『浪費するアメリカ人』岩波書店　2000年　pp.105-106

【参考文献】
・A.H.マズロー（小口忠彦訳）『人間性の心理学』産業能率大学出版部　1987年
・伊豫谷登士翁『グローバリゼーションとは何か』平凡社　2002年
・E.デュルケーム（田原音和訳）『社会分業論』青木書店　1971年
・E.デュルケーム（宮島喬訳）『自殺論』中央公論社　1985年
・金子勇『環境問題の知識社会学』ミネルヴァ書房　2012年
・J.K.ガルブレイス（鈴木哲太郎訳）『ゆたかな社会　決定版』岩波書店　2006年
・鶴見良行『バナナと日本人』岩波書店　1982年
・T.シトフスキー（斎藤精一郎訳）『人間の喜びと経済的価値』日本経済新聞社　1979年
・D.リースマン（加藤秀俊訳）『何のための豊かさ』みすず書房　1968年
・B.S.フライ・A.スタッツァー（佐和隆光監訳）『幸福の政治経済学』ダイヤモンド社　2005年
・間々田孝夫『消費社会論』有斐閣　2000年
・見田宗介『社会学入門』岩波書店　2006年
・見田宗介『まなざしの地獄』河出書房新社　2008年
・山崎正和『柔らかい個人主義の誕生』中央公論社　1984年
・多木浩二・内田隆三編『零の修辞学』リブロポート　1992年
・R.イングルハート（三宅一郎ほか訳）『静かなる革命』東洋経済新報社　1978年
・渡辺龍也『フェアトレード学』新評論　2010年
・Ronald Inglehart, *Modernization and Postmodernization*, Princeton University Press, 1997.

> **コラム**　「日本人は幸せなのか？」という問い

　筆者は大学生だった1990年代半ばに、タイやインドといったアジアの途上国を2度旅した。アジアの途上国を訪れたのは、ひとつには自分が住む世界とは異なる世界を見てみたいという冒険心によるものであり、もうひとつには旅行代が安いという現実的な理由によるものであった。

　1990年代の半ばは、バブル経済は弾けていたがその余韻はまだ消え去っておらず、当時、その後長く続くことになる経済の低迷やそれにともなう社会を覆う閉塞感を想像していた人はあまりいなかったと思う。そんな日本を離れて旅先で目にする光景はとても新鮮だった。はじめて口にする料理、活気に溢れたバンコクの街、道路を牛がのそのそ歩くインド、ガンジス川で沐浴をしている人々、時間通りに動かない電車など。

　タイの首都バンコクに滞在中のある夕暮れ、あちこちを歩き回った末にくたびれて道ばたに腰をかけてぼーっとしていた。すると現地の中学生ぐらいの男の子が話しかけてきた。彼はその年頃のタイの男の子にしてはおしゃれな格好をしていて、片手には日本のファッション雑誌をもっていた。彼はその雑誌に掲載されたある写真を指さしながら、あまり上手ではない英語で筆者に何かを質問している。どうやら「日本ではこのような髪型が流行っているのか？」と尋ねているようだ。彼の指さした先には奇抜な髪型をした日本人男性の写真があった。筆者は答えた。「いやいや流行ってないよ。この髪型はちょっと変わっているね」、そして「かっこいいと思う？」と尋ねると、彼は「うん」とうれしそうに答えた。さらに話を続けると、大事そうに持っていたその雑誌はバンコク市内にあるデパート、伊勢丹で買ったとのことだった。彼は日々、日系のデパートで手に入れた日本の雑誌のページをめくりながら、海の彼方に存在する豊かでおしゃれな国、日本へと憧れを募らせていたのだろう。

　けれども日本に帰国して筆者が感じたのは、整然とした街の冷たさで

あり、人々があまり幸せそうには見えないということであった。やがて筆者には「経済発展に成功したにもかかわらず、日本人はなぜ幸せそうに見えないのか？」という問いが沸き上がってきた。筆者が社会学の研究をはじめるようになったきっかけの1つは、この問いの存在である。私たちの社会は、かつてと同じような熱気を取り戻すことはできないだろう。そして解決すべき問題もたくさんある。しかし、成熟した幸せな社会への道はどこかにあるのだと思う。今後の日本社会ではそれを考えることが重要なのだと思う。

第2章
地域社会の変化と「地域づくり」

　本章では、近代化とグローバル化のなかで変化を続ける地域社会と、変化に対応して各地で取り組みが進む地域づくりの特徴を紹介する。そこで、最初に地域と地域社会の特徴と押さえたうえで、地域社会／コミュニティにおける組織のあり方を概観する。そのうえで、都市化や過疎化といった近代化にともなう変化により、都市においても農村においても地域社会における共同性が変容していく様子を紹介したい。

　また、グローバル化が進むなかで人々の地域に対するまなざしが変化し、それに対応した動きとして都市農村交流等の活動が振興されていった点を紹介する。ここにおいては、都市農村交流が都市住民の農村体験を指す一方通行的な言葉である点などを指摘しながら、農村における地域づくりの手段として用いられていった様子を示したい。また、都市部においても、住民の生活環境に対する要望の多様化や中心市街地の置かれた危機的な状況などを背景に地域づくりへの注目が集まり、現在では、日本全国どこでも地域づくりが行われるようになっている様子を示す。そのうえで、地域づくりという実践への接近方法について考えたい。

　以上を通じて、グローバル化による地域社会の置かれた状況の変化と、それに対して地域社会で進む地域づくりという取り組み、そして、その地域づくりへの接近の手法の理解をめざしたい。

1．はじめに－グローバル化のなかでの地域社会

　グローバル化を地球規模で（国境を越えて）、モノやヒト、お金や情報が動くことと捉えるとすると、その影響は至るところで感じ取ることができる。試しに、あなたのまわりにあるモノをいくつか取って見てもらいたい。朝食でパンを食べたなら、その原料となる小麦はかなりの割合で、国外で生産されたものが使われている。あなたが使っているパソコンのなかには、いろいろな国でつくられた部品が入っているし、そのパソコンの電源をつければ、インターネット経由で世界中の情報を手に入れることが可能だ。現代社会においてグローバル化を感じ取ることは容易である。

　グローバル化を体感することは、地域においても容易である。もし、あなたが東京や大阪、名古屋や仙台といった大都市部に住んでいるのであれば、繁華街に買い物に行ったときのことを思い出してほしい。大都市の繁華街に行けば、海外の高級ブランド店（あるいはファスト・ファッション店）が軒を並べ、さまざまな言語の看板が溢れていることにすぐ気づくであろう。大都市でなくても、駅前や大きな国道沿いには、外国語の会話が学べる所、海外発のファーストフードやコーヒーショップ等があることをすぐに確認できる。地域を歩けば、至るところにグローバル化の痕跡を発見できるのだ。

　こうした地域の風景は、私たちの生活の条件であり、結果でもある。つまり、グローバル化の痕跡が風景から読み取れるとするならば、私たちの生活がグローバル化の影響を受けているということにほかならない。そして、その影響は風景以外の部分（視覚的に現れにくいところ）にも深く及んでいる。たとえば、現在、日本全国どこにいっても「地域づくり」や「地域活性化」が盛んに行われている。詳細は後で述べるが、実は、こうした活動も、グローバル化が進むなかで地域社会が差異を模索し、地域のアイデンティティを保とうとする試みであるともいえる。

　それでは、地域や地域社会はどのような形でグローバル化の影響を受けているのだろうか。いや、その前に、「地域」や「地域社会」とはどのような

概念なのであろうか。次節で考えていきたい。

2．地域社会とは？－地域と地域社会

（1）一般的な言葉としての地域

　あなたは、普段の生活で「地域」という言葉を使うことがあるだろうか。あるいは、「地域」という言葉を目にすることがあるだろうか。おそらく、「地域」という言葉は、頻度は多くはなくとも、日常的に使ったことがあるか、あるいは、使うのを目にすることがある言葉であるだろう。

　そこで、まずは日常的に使われている意味での「地域」という言葉について考えてみたい[註1]。それは、日常生活を営む場所、町内会や自治会といった隣近所での集まり（読者諸氏の場合は、小学生時代に経験したであろう「子ども会」の方が身近か？）などであろうか。あるいは、プロ・スポーツで盛んに取り入れられた「地域密着型チーム」を連想し、地元の野球やサッカーチームのことを思い浮かべるであろうか。それとも、最近メディアで取り上げられることも多い「県民性」なるものを思い出し、都道府県のような単位を思い浮かべるであろうか。あるいは、単に地元の大字や市町村を思い浮かべるだけであろうか。

　私たちは地域という言葉に、さまざまなイメージを込める。それは、"隣近所"程度のごく狭い範囲を表すこともあれば、"都道府県"のような広い範囲を表すこともある。また、それは、"場所に根差したさまざまな組織"（町内会や自治会、市町村など行政機関）を意味する場合もあれば、"そこに住む人々の特性"を意味することもある。あるいは、単純に"場所"を意味するだけのこともある。

　このように、私たちは地域という言葉を、非常にあいまいに使っている。一方で地域という言葉は、どのような使われ方をしても、私たちの生活と切り離しにくいものでもある。たとえば「地域密着型チーム」とは、チームの

活動を通じて、地域の人々の生活のなかに当該スポーツとチームが溶け込むことを意味しているといえるであろう。あるいは「県民性」(地域性)の意味する内容は、その地域の人々のもつ生活習慣で、ほかの地域にはない特性といったところであろう。地域とは、私たちの生活に密着した言葉なのである。

(2) 科学言語としての「地域」と「地域社会」

　地域という言葉が生活に密着した言葉であるとして、もちろん、それだけでは地域という言葉の意味を理解できたとはいえない。地域という言葉が、生活に密着した何ものであるのかを理解する必要がある。ここでは、地域という言葉のもつ広がりを考え、その意味(科学言語としての地域の概念)について考えてみたい。

　まずは、地域という言葉の根幹から考えよう。地域といった場合に、共通して意味するところは何か。当然、それは「一定の広がりをもった空間」ということであろう。私たちは「農村地域」「地域振興」「地域交流」など、地域を使ったさまざまな言葉を使う。一方、地域という言葉が用いられたときは、どの場合でも「一定の広がりをもった空間」が指し示されている。たとえば「農村地域」といった場合、農村という広がりをもった空間のことが示されているし、「地域振興」といった場合、どこか一定の広がりをもった空間を振興するという意味となる。地域を抽象的な言葉として用いれば、それは「一定の広がりをもった空間」ということになるのである。

　これでイメージがつきにくければ、具体的に考えればよい。「一定の広がりをもった空間」とは、具体的には何らかの固有名詞をもった場所である。それは、あなたが生まれ育った集落、地区、大字でもあるし、市町村でもあるし、都道府県でもある。地域という言葉の根幹は「一定の広がりをもった空間」であり、具体的には何らかの場所なのである。

　一方で地域という言葉の広がりは、単なる空間や場所に留まるものではない。上述のとおり、それは、生活への密着というイメージを内包したものでもある。たとえば、地域交流という場合を考えてみよう。この場合、地域と地域が交流するということが示されているわけであるが、ここでいう地域と

は、明らかに単なる空間や場所という意味に留まるものではない。地域交流といった場合、当然、交流するのは地域の人々同士である。冒頭の用例と合わせ、ここでは地域という言葉の指し示す意味が、単なる空間や場所を超え、そこにいる人々へ広がっていることが理解できる。このことは、地域という言葉を使ったさまざまな用語にも当てはまる。たとえば、前述の「地域振興」の場合も、その意味に単なる空間や場所を超えた広がりがあることは、容易に想像することができるだろう。

　地域という言葉は空間や場所はもちろん、そこにいる人々という意味を内包している。ところで、こうした空間と人々の関係について、磯村英一は、都市社会には3種類の空間があることを指摘した。つまり、都市においては、人々が居住し生活を営む空間（第1空間）があり、それとは別に働いたり学んだりする空間（第2空間）があり、さらに、第1空間と第2空間の間には、盛り場をはじめとして趣味や娯楽等のさまざまな余暇活動を行うもう1つの空間（第3空間）があるとしたのである。

　広い意味で地域という言葉には、このすべてが含まれる。たとえば「都市地域」といった場合は、この第1空間から第3空間までのすべてが含まれるだろう。一方で、地域という言葉を「空間や場所及びそこにいる人々」という点から考えると、特に空間や場所に根差したものとして、第1空間を取り上げることができる。もちろん第2空間や第3空間も具体的には個々の場所との結びつきを強くもったものであるが、そこを訪れる人々と場所との関係は必ずしも強いとは限らない。一方、そこに居住し生活を営む空間である第1空間では、そこに居る人々と場所との関係が必然的に強くなる。

　上述の地域を使った言葉（「地域交流」や「地域振興」）の場合も、地域を第1空間として捉えると理解が容易になる。地域という言葉は、広くは空間や場所とそれに結びついた人々一般を指すが、主には、居住や生活を軸にした空間や場所とそれに結びついた人々のことを指すのである。

　私たちは、こうした第1空間に代表されるような居住と生活を軸にした地域のことを、地域社会と呼ぶ。それは、住むことを中心にして広がる社会関係の存在を前提にした、具体的な場所に関連づけられた社会のことであり、

そうした関係はしばしばコミュニティともよばれる。それでは、コミュニティとは何だろうか。

（3）コミュニティとしての地域社会

　日本の住民生活の一面を、わざわざ英語を使ってコミュニティと呼ぶのであるから、そこには日本語では表現できない何らかの意味が込められている。

　近代化やグローバル化とともに伝統的な「共同性」はその必要性が減じられた。人々の仕事の中心は近代化によって、第一次産業から第二次・第三次産業へと転換し、生活と仕事が分離していった。最近のグローバル化は、さらにそれに拍車をかけている。もちろん、現在においても第一次産業に従事する人々は多数いる。しかし、農村部においても、第一次産業に従事する人のみで地域社会が形成されるということは稀である。「農地のための水路を整備する」ことのように、地域の人々が生計を成り立たせるために共同の課題をもち、その課題を解決する必然性は、もはや著しく低下したといわざるを得ない。

　加えて、従来は「共同体」で解決してきた生活上のさまざまな課題は、行政や市場が提供する専門的なサービスによって代替されるようになった。住む場所の近くの道路も公園も、設備を整える主体は行政となった。屋根葺きなども「共同体」で行うのではなく、工務店が行うようになった。また、少し前はどこの地域にもあり、地域の人々の日常的なコミュニケーションの拠点となっていた生活雑貨店は姿を消し、日常的な買い物も地域社会から離れた場所にある全国チェーンのお店、グローバル資本が関わるお店に行って買い物することが一般的になっている。

　近代化やグローバル化とともに、大幅に役割を失った「地域の共同性」であるが、近代的組織で抜け落ちる役割を担う組織への期待が常にある。それが、英語の「コミュニティ」の言葉に託されているのである。ここには、日常語の近隣、近所、地区、区域、地方、村、町内などでは、表現できない地縁的共同性の新たな意味が込められている。この意味で、コミュニティの概念は＜期待概念＞であり、＜現実在概念＞ではない。あるいは認識概念であっ

て、存在概念ではない。

　コミュニティはこうした期待の多様性を反映して、さまざまな意味で用いられる。コミュニティの概念があいまいなのは、この期待の多様性に起因しているのである。これまで、コミュニティの概念のあいまいさは、ことあるごとに指摘されてきた。それにもかかわらず、コミュニティの概念が繰り返し使われ続けるのは、こうした事情による。つまりコミュニティはあるべき（当為）概念であって、ある（存在）概念ではないのである。

　近年、日本海中部地震、阪神・淡路大震災、中越大震災のような大きな災害において、地域における「共同性」の存在が、被災に際して大きな役割をすることが明らかになった。被災地において「共同性」が緊密に維持されていた地域と、そうではない地域において、初期の救助活動からその後の復旧・復興に至るまでの経緯に大きな違いが生まれることが示されたのである。たとえば、浦野は「災害は社会の相対的に弱い部分に顕在化する。（中略）地域を復元＝回復していく原動力は、その地域に埋め込まれ育まれてきた文化や社会的資源の『中から』見いだされるべきではないのか」と述べている[1]。

　防災に限らず、防犯や子育て、高齢者介護についても地域における共通の課題という認識が広まりつつある。これらの課題は、それに対応する専門的なサービスが整えられつつある一方で、それだけで十分と言い切れる分野ではない。保育施設等の不足は、当該地域の親にとって共通した悩みとなる。介護施設や介護支援事業等の不足は、当該地域の高齢者を抱える家庭にとって共通した悩みとなる。また、身近な地域で犯罪が生じれば、地域の人々が共通して抱える不安となる。こうしたさまざまな課題に対応するものとして、共同性をもつ地縁組織としてのコミュニティへの期待が高まっている。

　また、近年の地方分権の議論のなかにおいては、盛んに「補完性の原理」という言葉が登場している。これは「小さい単位でできることは小さい単位で行い、小さい単位でできないことのみ、より大きな単位で行う」という考え方であるが、これが、地方分権の議論の土台として用いられている。つまり「地方自治体でできることは地方自治体で行い、そうではないことを中央政府で行う」という視点から、どのような権限や事業を地方が行うかが検討

されているのである。この考え方も「コミュニティ」への注目を高めている。というのは、この考え方は地方自治体内部の公共空間の管理についても適用され、そこにおいては「地域でできることは地域で行い、できないことを地方自治体で行う」という形で議論されている。この場合の地域とは、「コミュニティ」を指しているといってよいであろう。人々が、より快適な生活をするために共同で生活する関係を形成する必要に迫られるとき、コミュニティの概念が多様な姿をとりながら頭をもたげてくるのである。

3．地域社会の集団・組織の変化

（1）地域社会の集団・組織

　このように、コミュニティとは共同で生活する関係を形成する必要に迫られたときに出現するものであるが、その関係性が具現化・組織化されたものが「自治会」や「町内会」などの地縁組織である。これは、都市部においても農村部においても、概ね実際に生活する範囲を基盤につくられた、当該地区の生活を住民の手で管理・運営するための組織である。

　農村部においては、この地縁組織の範囲が江戸時代の「むら」と重なることもめずらしくない。ここで「むら」と表記するのは、1888（明治21）年の政府による町村大合併政策で複数の村が合併してつくられた行政村と区別するためである。なお、農政学者の横井時敬は町村大合併で生み出された「行政村」に対して、旧村を「自然村」と名づけた。のちに農村社会学者の鈴木栄太郎はこの自然村の概念を、自然村の社会学理論として提示した[2]。農村地帯では、この「むら」が少し前までは、日常的に生活を営む範囲であった。むらのなかには寄り合い（のちの自治会）をはじめとして青年団、消防団、生産組織、協働労働組織が存在し、宗教的な講の単位、祭の単位となっていた[3]。明治の町村大合併後も、「むら」のなかのさまざまな組織では、「寄り合い」がその他の組織を束ねる中心的な組織となっていた。これは戦時下の

部落会としての制度化を経て、戦後の昭和の町村大合併後も生き続け、現在の「寄り合い」や「自治会」となったものが多い（地域によっては、部落会や区会等と呼ばれることもある）が、自治会を基盤に、地域のなかのさまざまな課題（先述の防災や防犯、子育てや高齢者に関する課題）に対応した関連組織がつくられている。

　都市部においても、街区ぐらいの範囲において「むら」に対応する生活の単位が形成されており、それは「町」や「丁」、「ちょう」などと呼ばれていた。「むら」と同様に、「寄り合い」を中心に、地域を運営するためのさまざまな関連組織がつくられていた。しかし、都市部においての自治会や町内会は、これらの歴史的組織との関係を遡ることは難しい。現在の町内会や自治会の前身組織は東京では関東大震災後から登場する。その後、町内会は戦時体制へ至る過程で「隣保旧慣」の美風の復活を掲げて、全国的に町内会・隣組として制度的に整備され法制化されたものである。戦後、町内会・隣組は戦争の協力機構として禁止される。その後、町内会は占領体制の解除とともに、自主的組織として全国的に復活する[4]。現在の自治会や町内会は直接的には、ここに起因する。

　とはいえ、自治会や町内会など地縁組織は、伝統的な「むら」や「ちょう」がモデルとして意識されている。鳥越皓之によれば、自治会などには、① 明確な境界を持っている、② 構成単位が「家」である、③ 入会が半自動的である、④ 地域における正統な代表である、という４つの特徴があるという[5]。

　確かに、都市部においても農村部においても「むら」や「ちょう」の範囲は決まっており、その範囲は明確に意識されている。たとえば、都市部のなかの同じ名前を冠した商店街であっても祭の組織は自治会単位となり、同じ商店街で同じ日に別々のお祭りが催され、自治会単位に盆踊りが行われたり、御神輿が出されたりしている。

　自治会やマンションの管理組合の構成単位が「家」であり、自治会の会合には家から一人が代表として出席することが前提であるというのは、今でも普通に行われていることであり、理解もしやすい。この場合の「家」という

のは、土地と建物を所有している単位ということであり、実は、この考え方は都市部のビジネス街においてすら成り立っている。たとえば、借家の住人が自治会とは関わらずに生活していることや、実際にそこには住んでいなくてもビルのオーナーが自治会の重要な構成員であることは、こうした点から理解しやすいだろう。

　また、自治会への加入強制は法律のうえで禁止されている。だが、自治会への加入は住民に圧力を感じさせるものとなっている。たとえば、自治会に加入しないと、ゴミを出すことも容易でないところがあるほどである。このことを考えれば、自宅を構えた場合には自治会への入会を断りにくいということもわかるだろう。行政もしばしば自治会が自主的組織であるにもかかわらず、自治会への加入を前提とした政策をとっている。

　最後の点は、個人で行政に道路整備等の要望をする場合と、自治会の意見として要望をする場合との行政の対応の違いを考えるとわかりやすい。行政にとっては、何か施策を行う場合、当該地域の自治会と相談し、自治会が了承すれば「地元が了承している」として施策を実施する場合が多い。つまり、問題の状況よりも自治会の意見であることが、地域における「正統」な課題として取り扱われるのである。逆説的にいえば、要望の内容よりも誰が要望しているかの方に正統性を求める傾向があるのだ。

　以上、地域とコミュニティ、地域社会における集団と組織について、その概念と特徴、変化を簡単に押さえた。では、次に、地域が抱えるもう少し大きな変化について、都市化、過疎化という点から考えてみよう。

（2）都市化と地域社会

　現在に至る社会の大きな変化 ─ すなわち近代化とは、都市化であったともいえる。農村から都市への大量の人口移動も、近代化を象徴する主要な変化のひとつであった。日本人の就業形態は、経済の高度成長と都市化で、生業の世界から職業の世界へと大きく変化した。

　これについての代表的な論考には、ワース（Wirth,L.）の「アーバニズム論」がある。ワースは、人口の規模、集積度、異質性という3つの変数から生み

出される生活様式（Way of Life）に都市の特徴を見ていた。そして、都市化は人々の人間関係を大きく変えていった。

また、ジンメル（Simmel,G.）は、「大都市と精神生活」のなかで、都市生活の心理的基礎が「神経の高揚」にあると論じた。かつてウェーバー（Weber,M.）は、都市の特徴を多数の住民の存在で、人々がお互いを知らない、つまり「相識関係」がなくなる場所であると主張している。都市とは匿名性の社会であり、「隣は何をする人ぞ」という世界なのである。都市の人間関係の特徴は、＜多面性＞、＜一時性＞、＜匿名性＞なのである[6]。

こうした都市的生活様式は、今や都市部から郊外、そして農村にまで広がりつつある。今や農村部においても、地域に根差した「顔の見える」活動は限られた範囲へと減少し、日常的な買い物や娯楽、余暇等の多くの活動は、車で少し走らせたロードサイドのチェーンストアで行われ、そこにおいては匿名性の高さが演出されている。

一方で、こうした都市（そして都市的生活様式が営まれる場所）の匿名性は、互いの無関心や殺伐な人間関係の原因として非難されてきた。人間同士のつながりの欠如は、グローバル化が進む現代社会の問題として取り上げられることも多い。そして、都市でも近隣のふれあいや交流などの共同性があるべきものとされ、「コミュニティ」の形成が各所で称揚されている。

しかしそれは、都市の社会生活の半分にしか着目していないものである。誰も匿名性を望まなかったのであれば、都市的な生活様式が農村にまで広がらなかっただろう。都会の匿名性に代表される人間関係の希薄さは、一面で、都会の気楽さや解放感を生み出している。都市生活はわずらわしくなくてよいのである。強いられた共同性（コミュニティ）の弱いところが、都市を住みやすいところと感じさせていることも事実である。大多数の自治会で役員のなり手を探すのがひと苦労なのも、できれば地域とあまり深く関わりたくないからである。熱心な自治会や町内会の活動が、逆に住民間に不和や不信感をもたらしている例も少なくない。われわれは、ある意味、匿名性の高い社会を望んでつくり上げてきたともいえるのだ。しかし匿名性の享受には、よい側面もあれば、負の側面もある。気軽で豊かな都市的生活は、快適なこ

とばかりではない。都市はさまざまな矛盾の集中する場所ともなっているのだ。

（3）過疎化と地域社会

　日本の森林面積比率は67％と世界でもっとも高く、緑に覆われた国である。都市の周辺には、豊かな農地が広がっている。日本人の多くは三、四世代前までは農民であり、二、三世代前までは農村の出身者であった。つまり、農村は日本人の心の原風景となっていたのである。一方で現在、農村は多くの問題を抱えている。特に中山間地域は過疎化で苦しんでいる。

　過疎化とは、① 地域の人口（戸数）が急減し、② そのことで産業の衰退や生活環境の悪化がもたらされ、③ 住民意識が低下し、④ 最後には地域から人がいなくなる（集落が消滅する）ことと捉えられる[7]。この過疎化が急激に進み、現在では④の段階である集落の消滅の危機を迎えた「限界集落」[註2]にあるところも少なくない[8]。歴史的に過剰人口にあえいできた日本農村の姿は嘘のようである。かつて日本の農村が、過剰人口を移民として海外に送り続けたことなど想像することすら難しくなっている。

　過疎地においては、高度成長期のような急激な人口減はなくなったが、現在も人口流失は続いている。こうした地域のなかは高齢化率が50％を超え、全国の平均より20年も先行しているところもある。過疎市町村の約7割で住宅の整備などといったUターンやJターンなどの促進策がとられているほか、近年では、地縁も血縁もない人々までを新たに呼び寄せる（Iターン）方策まで検討されている[註3]。しかし、過疎地の約1割の集落で、耕作放棄地の増大や伝統的祭事の衰退など集落機能の維持が困難になっている。

　農村から人口が流出する一因には、農業の構造変化がある。かつて農業はきびしい重労働を必要とした。そうした労働は農家一戸で成し遂げることはできず、周辺農家との共同を必要とするものであった。そして、こうした農作業の共同という基盤に支えられて強固に成り立っていたのが農村コミュニティであった。しかし、田植え機、コンバイン、トラクターなどの機械の導入や化学肥料の導入、除草剤や防虫剤など農薬の普及で省力化が進んだ。機

械化・省力化された農作業は、もはや農作業の共同を必要としなくなりつつある。このことは、農村のコミュニティの基盤を弱体化させた。また、農作業の効率化によって農家の他の仕事への就業が進むとともに、零細な農地は三ちゃん（じいちゃん、ばあちゃん、かあちゃん）農業、休日農業によっても耕作可能となった。しかし、効率化したにもかかわらず、農業者の所得は期待されたほど向上しなかった。そのため、働き盛りの人々は、より大きな所得が期待できる別の職業に移っていったのである。

　こうして、高度経済成長期の1960（昭和35）年には1,175万人いた日本の基幹的農業従事者[註4]は、2011（平成23）年には186万人に減少した。また、基幹的農業従事者のうち65歳以上が占める割合は、1970（昭和45）年には17.8％であったのが、2011（平成23）年には59.1％へと増加している。耕地面積も1960（昭和35）年には、607万ヘクタールであったものが、2011（平成23）年には、456万ヘクタールに減少した[9]。

　農村はあってもかつてのような「農民」はいない。現代においては、農民の大多数は経済的には農業で生活しているわけではない。ほとんどの農家は所得の大半を農業外から得ているのである。農民といっても実は大多数が農業を兼務する農地環境に住む人々となっている。

4．地域に対する「まなざし」の変化

（1）農村へのまなざしの変化

　前節で見た農業と農村の変化を背景にして、私たちの農村への見方（まなざし）も変化しつつある。（農産物）生産を基盤とした見方から、そうではない見方へと変化しつつあるのだ。上述のように、ムラにおける生活の基盤は、すでに農業生産ではなくなりつつある。もっというと、農業生産だけではムラでの生活は維持できない状況になっているのだ。だからこそ、農村から若者を中心にした人口流出が止まらず、ムラは過疎化と高齢化に悩むこと

になるのである。

　一方で、ムラに住み続ける人々もいる。しかし、ムラのなかで仕事として農業に携わる人の数が減りつつある。では、ムラでは何を収入源にして生活を営んでいるのであろうか。もちろん、高齢化が深く進行しているわけであるから、多くが年金を収入源にして生活を営んでいることは想像に難くない。一方で、それだけでムラが成り立っているわけでもない。現在、ムラのなかに、農業生産以外の生活の基盤、産業を創る模索が続いているのである。

　たとえば、近年、さまざまなところで取り組みが進みつつある都市農村交流も、こうしたなかで創りだされつつある農村での新しい産業のひとつであるといえる。都市農村交流そのものについては次項で説明するとして、ここでは、そこに現れた私たちの農村への見方の変化について考えてみたい。

　かつての農村理解は、いうまでもなく農業生産を基盤としたものであった。そこでは、農村は、農業生産をする空間として捉えられ、そこでの生活も農業生産を基盤にして営まれるものと理解されていた。そして、その根底には「農村とは、農産物の生産の場である」というまなざしがあった。しかし、現在は、「農業生産という関心から離れたところで、農村に対する需要が形成され、この需要に応じて農村が再構築され、消費されるという現象が生まれている」10)のだ。

　このことは、私たちが農村に対して抱いているイメージを考えてみると、わかりやすいかもしれない。あなたが都市部に住んでいるとしたら、農村に対してどのようなイメージを抱いているだろうか。「癒し」という言葉に象徴されるような、温かい人間関係のある／自然にあふれた／人間的な空間といったイメージであろうか。あるいは、古くて／ダサい／パッとしない空間であろうか。どちらのイメージも、いわれてみればそうかもしれないというところだろうか。

　さまざまなメディアのなかで描かれる農村は、前者のような「癒しの空間」として描かれることが多い。たとえば、『となりのトトロ』で描かれているような農村は、基本的には「善きもの」「美しいもの」として描かれているといって間違いないだろう11)。あるいは、テレビ番組『ザ！鉄腕！

DASH!!』の企画であった『DASH村』は、廃村になった集落に農村的なものを詰め込んだものであり、「都市住民による、農村に対して抱かれた欲望が純粋な形で表れて」[12] おり、そこには、「手づくり」で「自給的で伝統的な暮らし」を「環境調和的」に行う姿がデフォルメされて描かれていた。

　ここでの農村へのまなざしは、都市住民が、都市との対比として考える農村像、農村的なものを抽出した姿なのである（表2－1）。いうまでもなく、農村が本当にこうした特性をもっているかどうかは、別の話である。あなたが農村に住んでいるのであれば、都市住民の抱くこうしたイメージと農村の現実の違いに戸惑いを覚えるかもしれない。しかし、農村在住の経験のない都市出身の都市住民が多数派になりつつある現在、至極農村的な部分がデフォルメされた農村イメージが抱かれやすい環境が、ますます整いつつある。

表2－1　都市との対比においての農村的な特性

	都　市	農　村
空間の特性	人工的・機械的・コンクリートに囲まれた空間	山・川・海等に囲まれた自然にあふれる空間
対人関係	匿名的・儀礼的で互いに無関心	名前のわかる関係・温かみのある人間関係
時　間	せわしなく・常に時間に追われた	ゆとりがあふれる・ゆっくりとした・人間的
環　境	公害・汚染された環境・身体にわるい	自然のままの、身体によい、健康的な
雰囲気	すさんだ、息が詰まる	癒しにあふれる、温かみのある

筆者作成

（2）都市農村交流とグローバル化

　都市と農村の交流も、こうした農村に対する見方の変化に対応して出現してきたものである。それでは、都市と農村の交流とは一体どのようなものを指しているのであろうか。考えてみればすぐに気がつくことであるが、都市と農村の交流における都市と農村の関係は、決して対照的なものではない。というのも、そこで想定されていることは、都市の住民が農村に行き農業・自然・伝統工芸といった農村的なものを体験しながら農村の住民と交流する

というものであり、農村の住民が都市に行って何かすることは、通常、都市と農村の交流とは呼ばれない。たとえば、農村の住民が東京ディズニーランドに行って楽しんでくることは、都市と農村の交流とは呼ばれない。都市と農村の交流とは、きわめて非対照的な関係のものなのである。

このことは、都市と農村の交流の代表的な形態がグリーン・ツーリズムという点からも容易に推察できることである。グリーン・ツーリズムとは、「都市住民などが、緑豊かな農山漁村地域において、その自然、文化、人々との交流を楽しむ滞在型の余暇活動」[13] として定義されるものであるが、ここにあるように、都市農村交流はあくまで都市住民が農村に行く活動として理解されているのである。

また、この定義が農水省設置の研究会が提唱していることにも表れているとおり、これは、国が政策的に振興してきたという色合いの強いものである。この背景には、先に述べたように、農産物の生産では成り立たなくなりつつある農村を、別の方法で振興する必要に迫られていたという背景もある。同省において、この時期から農業の多面的機能論（農業生産は、環境保全や景観の維持等のさまざまな機能があるという議論）が強調されるようになっていったことや都市農村交流を表彰していく動きが増えてきたことも、このことと無関係ではない。これに加えて、前節で触れた通り、都市出身の都市住民がメディアで描かれる農村イメージによい印象を抱くようになったことも、都市農村交流の動きを加速している要因となっている。

立川は、前者を「政策的まなざし」の変化、後者を「消費的まなざし」の変化と捉え、都市農村交流の背景に、農村へのまなざしの変化があったことを指摘している[14]。

さて、このように農村へのまなざしの変化を受けて盛んになりつつある都市農村交流であるが、これは、グローバル化と無関係な現象ではない。というのも、まず、こうした形で都市住民が農村をいわば「消費」する動きは、日本だけではなく多くの先進国で共通して進行しているものである。日本の場合も、欧米での動きを参考にしながら政策的に導入されたものであった。農村に対するまなざしの変化は、グローバルな規模で進む現象として捉えら

れるものなのである。

　また、実際に都市農村交流を進めるにあたっては、農村は、各々が固有の農村性を強調し、都市住民の消費の対象としての地位を向上させようと努めている。こうした努力は「地域活性化」や最近では「地域づくり」という名前で全国どこでも行われて然るべきものとして取り扱われている。今では、農村地域のみならず都市部においても、地域づくりを行っていない地域を探す方が難しいぐらいである。日本全国各地で個性溢れる「地域づくり」が行われ細かい差異化が図られているが、このことは、いわば「グローバル化した準拠枠のなかで、自分たちの地域という境界を再編し、他とは異なるみずからのアイデンティティを構築していく」現象とも捉えることができる[15]。グローバル化が進むなかで、多くのモノや情報が移動するが、そのことはかえって自分たちのアイデンティティの模索につながる。都市農村交流のなかで進む地域づくりも、このようなグローバル化のひとつの現象として位置づけることができるのである。

　それでは、「地域づくり」とは、いつごろから使われはじめたものであり、それが指し示す内容は、いかなるものなのであろうか。本節では、農村に軸足を置いた議論をしてきたが、次節では、都市に軸足を置いて再度その登場の背景を探り、地域づくりの実践への接近を試みたい。

5．地域づくりとその実践への接近

（1）地域づくりの登場

　「地域づくり」といった場合の地域も、単なる場所という意味を表しているわけではない。それは、上述の通り、主として住む場所を軸に形成された社会を意味している。つまり、地域づくりとは、場所に根差した社会を形づくることなのである。

　この言葉は1970年前後から使われはじめたが、広く注目を集めるように

なったのは1990年代に入ってからである[註5]。それでは、なぜ、1990年代からこの言葉が注目を集めるようになったのであろうか。それまでは、地域づくりということは必要がないものであったのだろうか。

そのことを考えるために、似ていて異なる言葉である都市計画という言葉を手がかりに考えてみよう。近代[註6]の都市計画は、ハワード（Howard,E.）からはじまったといわれる。彼は、産業革命以降、都市部に人口が集中し交通・景観・防災・公衆衛生をはじめさまざまな問題が噴出するなかで、ロンドン近郊に職住近接の田園都市を建設しようと試みた。それは、実際にハードとしての新しい町を建設し、それによって都市生活における快適性を取り戻そうという試みであり、この構想にしたがって実際にレッチワースという都市が創りだされた。

以降、日本にもハワードの都市計画は影響を与えていくが、その基本はハード面の整備を通じて人々が暮らす場所の快適性を向上させるというものであった。しかし、近代以降の日本の場合、この都市計画はさまざまな事情によって十分に機能はしてこなかった。その主な要因としては、震災や戦災等、都市計画により快適性を向上させるよりも都市機能を復興させることを重視せざるを得なかったこと、戦後の高度経済成長期に想定を超えた都市の集中と拡大が生じ、計画による制御が上手く機能しなかったことなどがあげられる。

このように都市計画が上手く機能しないなかで、高度経済成長期が過ぎて1990年代に入り、グローバル化が進展するとともにバブル経済が崩壊し景気が低迷するなかで、新たに地域づくりという言葉に注目が集まるようになる。それでは、この時代になって、なぜ、地域づくりに注目が集まるようになったのであろうか。

都市計画も地域づくりも、めざす所は人々が暮らす場所の快適性を向上させるというものである。一方で、都市計画の場合はそれをハード整備中心に進めるのに対して、地域づくりの場合はソフト面での活動を中心に進めるという違いがある。

高度経済成長期が過ぎて日本も高度消費社会[註7]に突入するようになると、

人々がもつ生活環境への要望も多様化するようになる。そこには、生存のための一律的な要望から、より快適性を高める多様な要望への変化が生じるようになる。前者の場合、共通の基準を用いて上意下達する形で進めることができるが、後者の場合は個別の要望が異なるため、そうした形で進めることは難しい。そして、当時の日本の都市計画の場合「市民によって構成された都市自治体が自発的に自らの環境を維持向上させていこうという考え方が欠如していた」[16]のであった。そうしたなかで注目を集めるようになったのが、地域の人々の考えや活動に軸足を置いた地域づくりだったのである。

　また、先述の通り、農村においては高度経済成長期のころから既に過疎化や高齢化が問題にされていたが、道路（やその除雪）や拠点施設の整備といったハード面での整備をいくら進めても、それが止まらないという事情もあった。さらに1991（平成3）年にバブル経済が崩壊し景気が長く低迷するようになると、都市部においても中心市街地の空洞化[註8]といった問題が噴出するようになる。

　こうして、一律的なハード面での整備では人々の暮らす場所の快適性を向上させるのに限界が生じ、地域が危機的な状況に追い込まれるなかで、個別の活動、ソフト面の活動に軸足を置いた地域づくりに全国的な関心が集まるようになったのである。

（2）地域づくりへの接近

　社会学に限らず、具体的な地域を対象として何か研究を行う場合、対象となる地域の人々との「つながり」が欠かせない。社会学の場合でも、アンケート調査やヒアリング調査を行う際、地域の人々の協力がなければ成り立たないことは想像できるだろう。地域の統計や歴史的資料を入手するといった場合でも、何らかの形で地域とのつながりが必ず生まれる。地域を研究するということは、地域とつながりをもつということなのである。そこで、最後に、地域づくりに関わるということについて考えてみたい。

　上述のように、地域づくりがソフト面の活動、すなわち地域の人々が考え／話し合い／アイデアを出し合って行動していくものとして捉えた場合、社

会学者がここに入り込む理由が浮き彫りになる。というのも、社会学とは、人と人の関係のあり方に注目した学問であり、地域づくりが行うソフト面の活動に注目する学問といえるからである。

　つまり、調査や研究という枠を超えたとき、社会学者が地域に最も接近しやすいものが地域づくりなのである。それでは、社会学者[註9]は具体的にはどのように地域づくりに関わることができるのだろうか。ここでは、2つの側面から考えてみよう。

社会学者が人間として地域づくりに関わる

　社会学者が地域づくりに関わる手法のひとつは、研究とは一旦切り離した形で地域づくりに関わるという形である。たとえば、調査を契機に「つながり」を得た地域で、その「つながり」をもとに地域づくりへの協力を要請され、研究とは直接つながらない形で地域づくりに関わるということがある。この場合、地域の人々とともに考え、行動し、そのなかで自らの専門知識や経験を提供することになる。

　実は、こうした形での関わり方（専門知識をもって実践的な活動に関わること）は、社会学においては地域づくりに限らず、以前から頻繁に行われていたことであった。たとえば、この章の前半で紹介した磯村英一は、都市社会学者として研究に励む一方で東京都の行政職員として活躍しており、その専門知識を行政施策に発揮していた。あるいは、環境社会学の研究者が研究対象である環境運動に関わるといったことは、過去も現在もよく見受けられることである。

　こうしたとき、よく問題にされるのが科学の中立性である。つまり、実際の地域に関わりながら地域に関連した研究を進める場合、どうしても地域の人々の側に偏った視点に立ってしまうのではないか、という懸念である。たとえば、何らかの環境破壊に反対する運動に入り込んだ研究の場合は、反対する者の視点に偏ってしまうのではないか、といったことである。しかし、かつてウェーバーが価値自由という概念で示そうとしたように、社会学に限らず科学というものは何らかの価値に依拠しているものである。であるならば、重要なことは自らが依って立つ価値を自覚することであって、無色透明

第2章　地域社会の変化と「地域づくり」

な立場に立とうとすることではないのだ。

　地域づくりの場合でも、研究と一旦は切り離した形で関わる社会学者も多い。その場合、たとえば、当該地域と同種の悩みを抱えた別の地域において課題を克服した事例を紹介し、それをもとに地域の人々とともに考え、行動するといった形がある。ここでは、研究者もさまざまな形で地域に入るよそ者[註10]の一人として、自らの知識や経験を地域づくりの場へと提供するのである。

　筆者の場合も、地域を対象に研究を進める一方で、地域づくりに関わるNPOに所属し、研究とは切り離した形で地域づくりに関わる活動に参加している。あるいは、調査で関わった地域において、調査とは別に地域づくりの活動に関わることもある。「つながり」を意識して地域に入って研究を進めた場合、こうしたことは自然と生まれてくる。そのなかで、社会学者の場合、最も関わりやすく貢献しやすいものが、地域づくりなのである。

　もちろん、研究者である以上、地域づくりに携わるなかで考えたことをもとに、研究を進めることもある。それは、関わっている個別の地域づくりそのものを対象にしたものもあるが、直接関わっている事例から離れ、地域づくり全般の現代的な意義や問題を考える場合もある。

　当該地域を直接の研究対象としない形でも、社会学者は地域に関わり、そこから研究を進めることができるのだ。

研究のなかで地域と関わる

　もちろん、研究のなかで直接地域づくりを取り上げ、取り上げながらそこに関わるという方法もある。この場合でも「つながり」を意識することが極めて重要になってくる。

　研究で地域づくりを取り上げるということは、基本的には研究者の側の都合で地域づくりについての調査や研究を進めることになるが、当然のことながら、地域づくりは研究とは別の論理で進んでいる実践的な活動である。ゆえに、地域づくりの実践を理解し、それとある程度は「つながる」形で調査研究を組立てる必要が出てくる。

　特に、地域づくりの「先進地」と呼ばれる所は、卒業論文等で調査の対象

とされることも多々あるだろうが、こうした先進地の場合は、より慎重に「つながり」を意識しなければならない。というのも、数多くの調査が入るなかで、いわゆる調査疲れを起こしている場合もあるからである。

　学問上の調査研究は、少なくとも社会学の場合、そのまま当該地域の地域づくりに直接「役に立つ」というケースは少ない。地域づくりが活発に行われている「先進地」の場合、当然のことながら地域の人々は忙しく活動をしており、その合間を縫って調査に協力をすることになる。一方で、調査そのものから地域の人々が得る利点は見えにくい。そのなかで、次々と調査が行われれば、当然、地域の人々から疑問もあがるだろう。

　実際、筆者が山形県において地域づくりで有名な山村地域に調査で訪れた際、はっきりと「研究のための研究、調査のための調査には協力できない」と言われたことがある。調査に慣れ、調査に疲れた地域においては、単なる調査というだけで協力を得ることが難しくなりつつあるのである。

　ただ、そうした地域づくりの先進地と呼ばれる地域には、他の地域でも参考になる貴重な取り組みが多々あり[註11]、調査研究の対象として設定することは意義深いこともあるだろう。では、そうした地域で調査研究を進めるには、どのようにしたらよいのであろうか。

　これについては、ひとつのヒントが「つながり」を意識することである。すなわち、「つながり」を得るなかで対象地域の人々の考えや調査に対する意識を理解し、そのうえで、調査研究のなかに、当該地域づくりが抱える課題やその解決に向けた視点や地域の人々が知りたいと考えていること、改善したいと考えていることを盛り込むのである。つまり、地域づくりの実践に関わる形で調査研究を進めるのである。

　地域づくりについての調査は「つながり」を意識したとき、それは実践と関わる形になるのである。

第2章　地域社会の変化と「地域づくり」

【註】
註1　普段の生活においては、言葉は、特に定義等も意識されることなく曖昧なまま使われている。一方で、研究上用いる言葉や概念は、厳密に定義されて使われることが多い。前者のような、生活上用いている言葉のことを、「生活言語」や「一般言語」といい、後者のように学問上用いる言葉のことを、「特殊言語」や「科学言語」などという。大学の授業で説明される言語や概念は、基本的に後者と思ってよい。

註2　限界集落とは「65歳以上の高齢者が集落人口の50％を超え、冠婚葬祭をはじめ田役、道役などの社会的共同生活の維持が困難な状態にある集落。老人夫婦世帯、独居老人世帯が主」な集落であるという（大野晃『限界集落と地域再生』京都新聞出版センター2008年 p.21）。現在、全国各地でこうした限界集落が増加し、それにともない各地の伝統芸能や文化、山村風景が失われることや、自然環境の悪化、森林資源の荒廃、治水力の低下等が懸念されている。

註3　進学や就職等を契機に農村部から都市部に移動し、後に出身地へ戻ることをUターンという。これに対して、出身地までは戻らずとも、就業機会のある地方都市（出身地近くの都市や県庁所在地など）まで戻ることをJターンという。これに対して、都市部出身者が地縁も血縁もない農村へと移住することをIターンという。

註4　基幹的農業従事者とは、農業統計上の用語であり、農業を普段の主たる仕事にしている人のことを指す。

註5　たとえば、国立国会図書館のデータベース（http://www.ndl.go.jp/）を使って「地域づくり」で雑誌記事のタイトルを検索してみると、1960年代でわずか2件、1970年代でも37件、1980年代で148件であったのに対して、1990年代は916件、2000年代になると3000件を超す結果が出てくる。ここからも、1990年代ごろからこの言葉が盛んに用いられるようになったことをうかがい知ることができる。

註6　社会学で言う近代は、modernの訳語であり、現在までを含めた概念である。社会学そのものが近代に入って社会が変化することで誕生したということ、また、社会学が主に対象とするのが近代社会ということもあり、近代とは社会学にとって極めて重要な概念である。

註7　高度消費社会とは、モノ（商品）が単に機能によって評価されるのではなく記号的な意味によって評価されることが、消費の中心的位置に来る社会のことを指す。

註8　もちろん、単なる景気低迷だけではなく、大都市周辺部を除いた地域では全国的に車中心のライフスタイルが形成され、ロードサイドの大型店が次々に登場し、中心市街地に人が集まらなくなったという事情もある。

註9　ここでは、社会学の視点をもって地域を研究する者全般を指す。学生であっても社会学を学び地域と関わる者であれば、ここでいう社会学者に含まれ、同種の影響力や責任を保持するものなのである。

註10　地域づくりの現場には、学識者以外にもコンサルティング会社の人間、学生、地域外の行政職員、新たに移住してきた人々などさまざまな形でそこに住んではいない／いなかった人々が入ることが多く、それを総称して「よそ者」と呼ぶ。地域づくりにおい

ては、「よそ者」「若者」「ばか者」が必要と言われることが多く、そのなかで「よそ者」は、地域の外の価値観や考え、知識を伝える存在として期待されている。
註11　もちろん、近年の地域づくりが外から人を呼び込む観光に軸足を置いている所を考えると、ある地域で成功した取り組みを繰り返した所で、すべての地域で地域づくりが成功するわけではない。ただし、その取り組みの過程、手法には学ぶべき点があることも事実である。

【引用文献】
1）浦野正樹・大矢根淳・吉川忠寛編『復興コミュニティ論入門』弘文堂　2007年　p.4
2）藤田弘夫「都市空間の創出と社会生活」山室信一編『空間形成と世界認識』岩波書店　2006年　p.166
3）日本村落研究学会編『むらの社会を研究する』農山漁村文化協会　2007年　p.13
4）前掲書2）　p.186
5）鳥越皓之『『サザエさん』的コミュニティの法則』NHK出版　2008年　pp.110-116
6）藤田弘夫『都市と文明の比較社会学』東京大学出版会　2003年　pp.11-12
7）安藤生恒『過疎地再生の道』日本経済評論社　1981年　pp.88-98
8）土居洋平「「地域コミュニティ問題」の現状と課題」『共済総研レポート』No.95農協共済総合研究所　2008年　pp.3-5
9）農林水産省『平成24年度版 食料・農業・農村白書 参考統計表』　pp.90-91
10）立川雅司「ポスト生産主義への移行と農村に対する「まなざし」の変容」日本村落研究学会編『年報 村落社会研究41 消費される農村―ポスト生産主義下の「新たな農村問題」』農山漁村文化協会　2005年　p.8
11）内田順文「アニメ映画の風景としての農村」石原潤『農村空間の研究（下）』大明堂　2003年　p.437
12）秋津元輝「カルチュラル・ターンする田舎―いまどき農村社会研究ガイド―」野田公夫編『生物資源から考える21世紀の農学7 生物資源問題と世界』京都大学学術出版会　2007年　p.150
13）農林水産省『グリーン・ツーリズム研究会中間報告書：グリーン・ツーリズムの提唱―農山漁村で楽しむゆとりある休暇』農林水産省　1992年　p.11
14）前掲書10）　pp.18-24
15）前掲書12）　pp.147-178
16）田村明『都市を計画する』岩波書店　1977年　p.120

【参考文献】
・磯村英一『都市社会学研究』有斐閣　1959年
・E.ハワード（長素連訳）『明日の田園都市』鹿島出版会　1968年

コラム　価値の転換としての「ターン」

　本文中で指摘したように、近年、〈田舎〉ぐらしや生業としての農業に対する注目の高まりから、都市から農村（あるいは大都市圏から地方）へと移住する人々に注目が集まっている。

　こうした都市から農村への移住には、いくつかのパターンがあり、「〜ターン」と称されることが多い。

　最も伝統的で一般的なものは「Uターン」である。これは、地方出身者が進学や就職等を契機に都市部に移住して一定の期間を過ごした後に、出身地へ戻ることを指している。これは、1960年代から増加し1980年前後に注目を集めた。背景には、大都市の生活環境悪化、出身地の生活環境改善、親の介護のために戻る必要が生じたことなどがあった。なお、農業用語として農家子弟が他産業に従事した後に農業を継ぐことを指すこともある。

　同時期、出身地の農村までは戻らないまでも、出身地周辺の市部や出身県の県庁所在地に戻るというパターンもあり「Jターン」と称された。この背景には、地方都市での就業機会拡大があったことを指摘できよう。

　そして、近年、本文で指摘した農村へのまなざしに対応して、都市在住者が地縁も血縁もない農山漁村に移住するケースも生じている。これを「Iターン」という。もともとは1986（昭和61）年に長野県の人材還流事業ではじめて用いられた造語で、次第に現在の意味で使われるようになった。

　さて、UターンやJターンが農村から大都市へ移住した後に農村や地方都市へ「戻る」という点で、実際に物理的に折り返して（ターンして）いるのに対して、Iターンの場合、大都市出身者がまっすぐに農村をめざすものであり、特に折り返して（ターンして）いるものではない。

　この点については、（後づけではあるが）ここでいう「ターン」という言葉の意味が、価値観の転換を表しているという指摘がある。つまり、

> 近代以降、人口の基本的な流れは農村から都市であり、そこにおいては都市が憧れの地であり目標とされる場所であるという価値観が支配的であった。この考え方を転換しているという点で「ターン」しているというのである。
>
> 　後づけとはいえ、実態に即した上手い説明といえよう。

第3章
働く人の現状と雇用・処遇システムの変容

　1990年代後半以降、雇用環境の厳しさは一向に改善しない。そうした状況のなかでは、労働弱者が労働市場の仕組みのなかで、座るべきいすを得られずにいる。一時的に子育てに生活の軸足を置かなければならない女性が働けないのは仕方ないのだろうか。長時間労働を続けてメンタルヘルスに問題を抱えた人は元の職場に戻れないのだろうか。大学を卒業したときに安定的な雇用を得られなかった若者は、将来もやりがいのある、仕事能力を伸ばせる仕事に就きにくいのは本人のせいなのだろうか。

　働く意欲と能力をもつ誰もが社会のなかで協働していくにはどのようにしたらよいだろうか。人は誰でも自らの能力のなかで、得意なところをもっている。これを見出し、その力を社会で生かしていく、これが「比較優位」の考え方である。イギリスで活躍した経済学者デヴィッド・リカードが「比較生産費説」として主張した「比較優位」の考え方は古典ではあるが、現在でもなお経済学の金字塔である。国際貿易の際に、対象となる国が相対的に生産コストで優位となる（どちらかというと低いコストで生産できる）産物に特化して輸出することで対象国全体の経済厚生が高まる。得意なことに特化して分業することで、分業する以前より豊かになるのである。

　重要なことは、他者との比較で優位となる「絶対優位」ではなく、相対的に（どちらかというと）優位であることに注目する点である。子育て中の女性に、病のある壮年者に、第一線で活躍してきた高齢者に、障害のある人々に、強みを見出す社会をつくり出すのは私たち一人ひとりの知恵なのである。

1．雇用・処遇システムとは何か

（1）労働市場と採用・配置の仕組み

　労働市場とは、自分がもっている労働力を企業など第三者に提供して働きたいと考えている人（労働供給）と、労働力を必要としている企業など（労働需要）が、労働力（人と切り離せない）を取引する"ところ"である。だが、外国人の観光スポットとしても有名な「築地市場」のような実際の市場があるわけではない。しかし、それをもつ人と不可分な労働力が取引される仕組みは、金融や穀物、レアメタルなどを扱う他の商品市場と同様に、需要と供給の量により状況が変化し、つり合う状態（均衡）になる。

　求人（労働需要）が求職者（労働供給）よりも多い、つまり求職者が少なく、求職者が優位な「売り手市場」の時期は、労働条件（賃金・休日・福利厚生など）がよくなる場合が多い。反対に、求人（労働需要）が求職者（労働供給）よりも少ない、つまり求職者が多く、求人を出す側が優位な「買い手市場」の時期は、労働条件を下げても働きたい人が増えるため、労働条件はそれほどよくならない。労働条件がよくなれば、新たに働こう、あるいは条件のよい職場に転職しようという人が増えるし、逆に労働条件が悪くなれば（たとえば交通費は自己負担など）働かないという選択をする人もいる。労働市場では、求人（労働需要）と求職者（労働供給）の量により労働条件が変化し、その結果、求人（労働需要）と求職者（労働供給）が、つり合う状態を経済学では「労働市場の均衡」という。このような仕組みを通じて、労働力（人と切り離せない）が配分され、価格づけされる。

　だが、現実の社会では、働きたいと考える人すべてに仕事が配分されるわけではない。大学生を対象とした新卒労働市場を例にとろう。文部科学省の学校基本調査[1]によれば、2012（平成24）年春に大学を卒業した約56万人のうち約8万6000人（15.5％）が進学も就職もしなかった。そして、進学準備中、就職準備中以外のその他は、約3万3000人（卒業者の約6％）いるとされ、そのなかには仕事探しをあきらめてしまった人も含まれているだろ

う。労働市場から退場者が出ることによる労働需要の調整は短期的にはともかく、長期的には仕事に就いていない本人の職業能力開発の不全のみならず、労働力が減ることを通じて、納税や社会保障の担い手不足など社会にさまざまな影響を与える。

これまで述べてきたのは企業などの組織の外に存在する一般の労働市場（外部労働市場）についてである。これに対して、企業内など組織内部で外部労働市場と同様に仕事や権限の配分と価格づけされる仕組みは「内部労働市場」と呼ばれている。この内部労働市場は、採用とその後の配置に大いに関係する。企業は学校卒業後、直ちに採用する新規学卒者に対し、長期雇用を前提に、企業内部で仕事を通じて評価し、育成し、仕事と権限を配分する。

採用は、こうした企業など組織内部に広がる内部労働市場と外部労働市場の接点である。企業なり組織が労働力を調達する方法として「採用」と表現するのは、企業や組織が直接「雇用」する場合である。雇用しない形態で労働力を調達する方法については、次節で述べる。

雇用契約期間に「定めのない」契約は、いわゆる「正社員」とされ、雇用契約期間に「定めのある」契約は、いわゆる「非正社員」である。労働時間が短時間の場合、「パートタイマー」や「アルバイト」、フルタイム勤務であるが、契約期間に定めのある「契約社員」、「嘱託社員」などがある。

一般に労働市場は「いす取りゲーム」に似ているとされる。ゲームの開始や終了時期、用意されるいすの数や参加できる人の属性などゲームのルールは、景況や労働者に求める能力・資質、採用後の処遇や教育訓練のあり方、労働法規の影響を受ける。直近では1986（昭和61）年の施行以来、初の規制強化となる短期派遣の原則禁止などを柱とした改正労働者派遣法が2012（平成24）年10月1日より施行された。私たち働く者は、こうした労働市場に影響を与えるルール構築の動きに関心をもち注目していく必要がある。

(2) 異動・昇進・報酬決定の仕組み

組織内部に広がる内部労働市場は、比較的やさしい入門レベルの仕事を担当する人の採用活動を通じて外部労働市場と接している。そして、先に述べ

たように、主に大企業においては、学校を卒業後切れ目なく、直ちに雇用する新規学卒採用を行い、入門レベルの仕事から次第に難しい仕事にOJT（on-the-job training）による仕事能力開発を受けながら組織内の仕事の階梯を上がっていく。その過程を上司が評価し、その情報をもとに仕事の配分（異動・昇進）と価格づけ（報酬決定）がなされる内部労働市場が発達してきた。

　内部労働市場による組織内部の人材の登用が合理的なのは、いわゆる新卒や第二新卒など比較的若い時期に採用した人を組織内部で仕事ができるように訓練し、実際に仕事をさせてみて、そのできばえを評価し、適性を判断したり、別の仕事に就かせてみたり、仕事がよりできる人に、重要な仕事や責任ある仕事を任せたりすることができるからである。組織内部の人材であれば、能力開発と評価、選抜の過程の情報を蓄積することができ、それを活用することで適材適所を低コストで実現できる。高度な仕事能力を求められる仕事や権限の大きなポストにふさわしい人材を、実際の仕事ぶりの情報が乏しい（履歴書と面接で判断するしかない）外部労働市場の多数の人のなかから選ぶとなると膨大なコストがかかるからである。

　組織内における仕事の配分と価格づけ（異動・昇進・報酬の決定）は、企業など実際の職場では、「人事管理」としてなされている。人事管理は、人が集い形成した組織において、経営活動を円滑に、効果的に、そして効率的に進める仕組みのひとつである。組織における人事管理は、外部労働市場の影響を受けるとともに、労働関係の諸法により、募集の方法や契約方法、労働時間、賃金の水準や支払い方法、定年退職年齢や解雇などについて枠組みが決められている。

　人事管理の役割は、組織がその経営目標の実現のために、人を集め、仕事に配置し、そして人の能力が生きるように効果的・効率的に促すことであり、その目標は、短期的にそして、長期的に組織の経営活動の維持・向上を図ることである。これを実現するために人事管理には４つの機能があるとされる。

① 人を確保し、仕事に配置する「雇用管理」
② 確保した人が能力を発揮できる就業条件を整える「就業条件管理」
③ 働きに対する報酬を決める「報酬管理」

④ 働きぶりを評価する「人事評価管理」

特に④の「人事評価管理」は、働きぶりを見て、現在の仕事配置が適切であるか評価して、次の配置に反映させる、仕事と能力が合っているか評価して、次の能力開発に反映するなど、評価結果を採用、配置、能力開発、報酬といった人事管理に反映させる重要な役割を果たしている。

人事管理は、図３－１に示すように、組織により異なる経営目標が「人事管理の原点」のようなものである。これは、その組織にとって「どのような人材を重視し、高く処遇するのか」を示す。これに基づき評価基準が示され、それが雇用管理（採用、配置・異動、能力開発、退職・人員調整）、就業条件管理、報酬管理（賃金、福利厚生、昇進）すべてに反映する。

企業ごとに重視する人材は、少しずつ異なり、それをもとに構築される仕組みは、同業、同規模の組織であっても上手くいく組織もあれば、そうでない組織もある。また、外部環境の変化によって、従来うまくいっていた仕組みに変化が生じる場合もある。また内部労働市場による仕事の配分と価格づけの仕組みも労働諸法の改正や、労働政策の変化、進学率の上昇や女性の社会進出の進展、労働者の職業観・勤労観の変化など社会情勢の変化にともなう外部労働市場の影響を受ける。こうした変化に対応するために近年、仕事と家庭の両立を支援する福利厚生制度の導入や定年退職後の継続雇用制度、障害者雇用のための工夫などを考慮した制度構築が進められてきている。

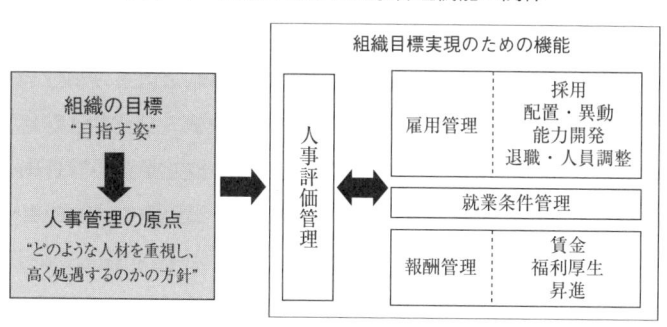

図３－１ 組織の目標と人事管理機能の関係

出典：筆者作成

(3) 能力開発の方法とキャリア形成

　労働者を雇用する企業や組織で行われる能力開発やキャリア形成がなぜ重要なのだろうか。働く人の仕事能力の向上を意図した能力開発は、雇用の質の向上をもたらす。玄田・佐藤は、能力開発に積極的に取り組んできた企業ほど雇用を創出しており、能力開発による雇用の質の向上が、雇用を量的にも拡大するという好循環の存在を指摘している[2]。製品を製造する機械設備に大きな差がないのに、なぜ各企業や組織のパフォーマンスに差が出るのだろうか（たとえばトヨタとGMのように）。模倣困難な付加価値の高い製品・サービスを生み出すのは、人であることを考えれば、不確実性をこなす技能、人材育成の取り組み方の違いが説明力をもつ。では、企業、組織で行われる能力開発とは、どのようなものか。方法は、大きく3つに分けられる。

① OJT（on-the-job Training）
② Off-JT（off-the-job Training）
③ 自己啓発

　OJTとは、職場で実際に仕事に就き、そこで上司や先輩の指導を受ける方法であり、Off-JTとは、職場を離れ、たとえば教室などで行われる研修などである。自己啓発は、直接職場の上司や先輩の指導を受けず、自分で資格取得などのために勉強する方法である。自己啓発の費用の一部を企業が支給する制度をもっている場合もある。これら3つのうち最も重要なものがOJTである。

　OJTについては、企業特殊性を強調する主張がある。ドーリンジャーとピオレ（Doeringer and Piore）は、職務を遂行する能力は、特定の職務に固有のものになる傾向にあるため、能力開発の方法は、仕事に就きながら働く場で行われるOJT（on-the-job training）が中心となるとしている[3]。

　この見解に対して小池は、それではほとんどの技能が企業特殊的となり、ほとんどの労働市場も内部労働市場となり、日本や米国の大企業の内部労働市場と中小企業や職人の外部労働市場を説明できないと指摘している。小池は「労働問題の核心は技能の内実であり、たとえば職場の効率を大きく左右する」として、小池を中心に行われてきた一連の研究のなかで、「長期に経

験する関連の深い仕事群」と表現し、関連が深く、必要な技能が重なる仕事群のなかで、はじめは簡単な仕事から、次第に難しい仕事へと異動し、キャリアを形成することで、習う方も指導する方も訓練にかかるコスト（経済的・時間的・人的負担など）を小さくすることができ、習う人の習熟度に合わせて個別に、具体的に指導ができるといったメリットがあるとしている[4]。

　Off-JTについては、理論を学び仕事経験を整理する、節目での短いOff-JTが有効としている。たとえば、営業部門、人事部門、経理部門など仕事に関連した「分野別専門研修」などがそれにあたる。他に新入社員として入社した直後の新入社員研修や管理職に昇進した直後の管理職研修などの「階層別研修」がある。

　現在の仕事をするうえでの有効な能力開発機会について日本、アメリカ、ドイツについての調査[5]では、上位3位の能力開発機会のうち、2つは3か国で共通している（表3-1）。それは④「当該職能内の色々な仕事の経験」と⑤「当該職能内の特定の仕事の経験」であり、現在配置されている職能内での仕事経験ということになる。これはまさにOJTによるといえる。

表3-1　現在の仕事をする上での有効な能力開発機会

	有効度指数 日本 1567人	アメリカ 752人	ドイツ 674人
①最終学歴の教育内容	0.86	1.50	0.87
②会社が実施するOff-JT	0.96	1.15	1.19
③独学や自費で受ける教育訓練	1.26	1.34	1.46
④当該職能内の色々な仕事の経験	1.70	1.71	1.58
⑤当該職能内の特定の仕事の経験	1.46	1.57	1.41
⑥当該職能以外の職能の仕事の経験	1.47	1.06	1.19
⑦職場の上司の指導やアドバイス	1.40	1.35	1.06

有効度指数＝(「かなり役に立った」(%)×2＋「多少役に立った」(%)×1＋「役に立たなかった」(%)×0)／(100－「経験しなかった」(%)－「無回答」(%))

出典：佐藤博樹「キャリア形成と能力開発の日米独の比較」小池和男・猪木武徳編『ホワイトカラーの人材教育―日米英独の比較』東洋経済新報社　2002年　P.256

特に「当該職能内の色々な仕事の経験」が国を超えて有効であり、ここから適切な配置と異動がキャリア形成、人材育成にとっていかに大事であるかが見てとれる。

(4) 経営参加と労使コミュニケーション

　雇用は、企業や組織（雇用者）に労働者（被雇用者）が自らの労働力を限定した時間で提供し、対価として賃金を受け取ることで、法的には企業と労働者の間で労働契約が締結されて行われる。民法上の契約自由の原則に基づき、企業や組織と労働者が対等の地位にあるとの前提のもとに、締結される契約である。しかし、実際には個人である労働者が、契約に際して企業や組織に対し対等に契約条件を交渉することは難しい。そのため、国家としては、労働三法（労働基準法・労働関係調整法・労働組合法）を柱に労働契約法等の各種労働法規により労働者の保護を図る。また労働者としては、憲法28条と労働組合法に規定されている団結権・交渉権・行動権をもとに労働組合を自ら組織し、集団で交渉を行う。

　主に日本の大企業においては、企業単位に労働組合が組織され、企業別労使関係が構築されてきた。企業別労働組合は労働者が労働諸条件の維持・向上をめざして主に企業内で活動する。さらに産業別労働組合やナショナルセンター（労働組合の全国組織）の統一運動方針のもと賃上げなど労働条件の改善を求めて春季に企業との交渉や協議を集中的に行うのがいわゆる「春闘」である。

　こうした企業別労使関係は、企業をいわゆる「株主のもの」と捉えるのではなく、正社員である労働者をコミュニティの構成員とした一種の共同体とみなす「企業コミュニティ」として把握すると、稲上は①内部労働市場の発達によるキャリアの内部化、②職場の社会構造、③緊密な労使コミュニケーション、④生活保障の4点がこれを成り立たせてきた要因としてあげている[6]。

　雇用されている労働者が仕事を経験することで仕事能力を高め、仕事実績を積み、企業や組織の内部で昇格していく。また、日本の労働組合は構成員の学歴や職種による区別を行わないケースがほとんどで、多くは現場労働者

も事務職員も同一の組合に加入する。これらは構成員の利害の共通性と一体感を高めることになる。提案制度、自己申告制度、従業員意識調査、小集団活動、人事担当者との定期的な面談、職場懇談会や労使協議機関、苦情処理機関の設置などさまざまな方法での労使コミュニケーションが行われ、企業や組織も労働者のライフステージに配慮した福利厚生制度を設けるなどの生活保障をして、成立してきた企業コミュニティが企業別労使関係を支えてきたとされている。

　長期雇用により、その間に経験する仕事の達成度を観察、評価することで適材適所を実現する企業側と企業、組織内部でキャリアを形成する労働者の間には共通する利害関係が生じる。そこで、労使は先に述べたさまざまな方法を用いて経営方針や生産計画、人員計画、報酬制度などについての話し合いを通じて情報の共有化を進め、共通する課題解決の組織力を蓄積してきた。こうした取り組みが労使コミュニケーションである。そして「経営参加」は、前述のような経営上の意思決定に労働組合など労働者代表が発言し、一定の影響を及ぼしていることをいう。

　厚生労働省の2009（平成21）年の「労使コミュニケーション調査」によれば、最も設置率が高いのは、職場懇談会で52.8％である。労使協議機関は平均で39.6％であるが、労働組合がある場合は83.3％となる。日本の労使コミュニケーションの代表的機関のひとつである労使協議機関は、法律によらず労使の自主的な判断で設置されている。また、団体交渉と明確に区別されていないことや労使協議制が重んじられていることが特徴であるとされている。

　このように労使共通の利害関係から経営活動を通じて生じる双方の諸課題を解決し、発展していくために円滑な労使コミュニケーションの仕組みを構築してきたが、いくつかの課題も生じている。図3-2のように、労働組合の組織率が1980年前後から一貫して低下していることと、雇用形態の多様化から利害の共通性が弱まっていることなどがあげられる。こうした変化を受けて労使コミュニケーションをどのように成り立たせていくのか、今後とも注視していく必要がある。

図3-2　労働組合の組織率

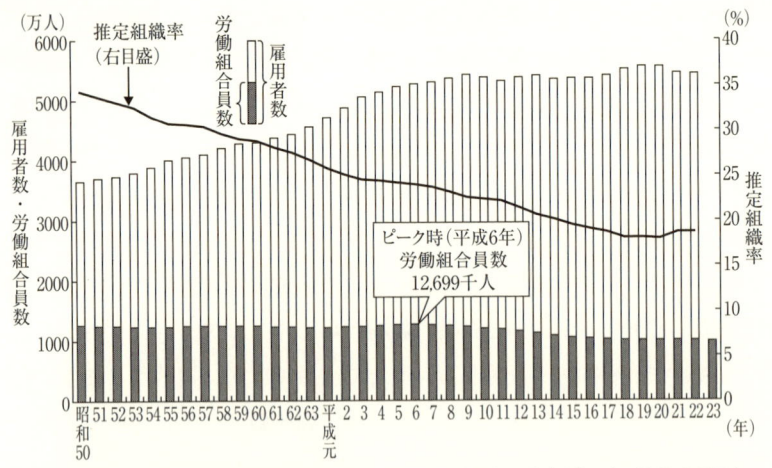

注：平成23年の雇用者数及び推定組織率については、労働力調査（平成23年6月分）が東日本大震災の影響により調査実施が困難となった岩手県、宮城県及び福島県を除いて雇用者数の結果を公表しているため表章していない。

資料：総務省「平成23年労働組合基礎調査」2011年

2．変貌する働き方

（1）雇用労働者と自営業者

　雇用者と自営業に従事している人を総務省の労働力調査の2011（平成23）年平均で把握しよう。雇用者は5,244万人で前年に比べ13万人の増加になり、就業者に占める雇用者の割合は87.7％と前年に比し0.2ポイントの上昇となった。男女別の内訳は、男性3,007万人で5万人の増加、女性は2,237万人と8万人の増加となった。これに対し、自営業主、家族従業者は709万人で、14万人の減少となった[註1]。

　内閣府の「平成23年度年次経済財政報告」によれば、家族従業者を含む自営業者が、わが国では年々減少している。1990（平成2）年には、1,395万人であったので、この20年間に半減した。

第3章　働く人の現状と雇用・処遇システムの変容

　自営業率を見てみても、1990年は22.3％であったのに対し、2010年には12.3％となっている。開業率は1990年代半ばまで低下傾向にあったが、その後は上昇、低下を繰り返している。2004年～2006年の年間平均の開業件数約36万件のうち、個人事業主は4割弱を占め、残りがさまざまな形態の法人である。廃業率は、1990年代半ばまでは、ほぼ横ばいの動きであったが、1990年代後半に急増した後、再び横ばい状態にある。近年の特徴としては、廃業率が開業率を上回っていることであるとしている。

図3－3　開業率・廃業率の推移

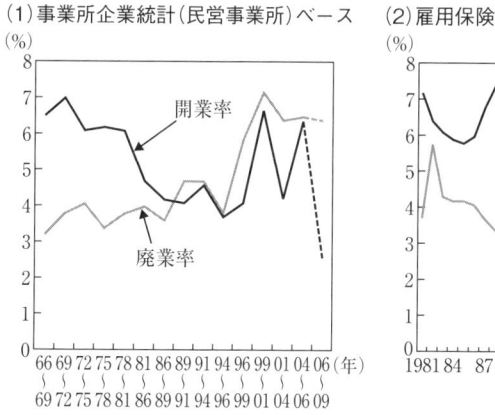

(1)事業所企業統計（民営事業所）ベース　(2)雇用保険事業年報ベース

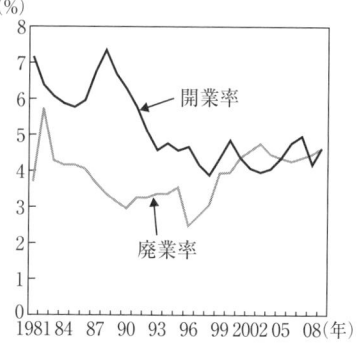

(備考)1．総務省「事業所・企業統計調査」「経済センサス基礎調査」、厚生労働省「雇用保険事業年報」により作成。
　　　2．(1)について、04～06年までは「事業所・企業統計調査」により、06～09年は09年の「経済センサス基礎調査」及び06年の「事業所・企業統計調査」を接続して作成した、農林漁業を除いた開業率である。また、「経済センサス基礎調査」では、以下の理由により対象範囲が広がっている等、「事業所・企業統計調査」と単純に接続できない点に注意が必要である。
　　　　・商業・法人登記等の行政記録の活用
　　　　・本社等の事業主が当該支所等の分も一括して報告する「本社等一括調査」の導入　等

資料：内閣府「平成23年度年次経済財政報告」2011年

　起業の業種構成は、年齢によって大きく異なる指摘がなされている。若年層、特に20歳代では、その他個人向けサービスが非常に多く、従来の業種区分では明示されない新分野への進出が盛んであると推察される。また、医療・福祉も比較的多い。これに対し、高齢層では、特に60歳代で製造業の人気が

高い。そのほか、卸売、運輸、情報通信が比較的多いのも高齢層の特徴である。企業で高い技能をもっていた雇用者が定年退職後にその技術を活かして起業しているのかもしれない。このことは高齢化がさらに進んでも起業のベンチャー性が維持される可能性を示唆する一方で、長期雇用慣行の下で、高齢になるまで独自のアイデアを活かす機会が得られない状況があることも示唆する。

一方で近年、自宅で仕事ができ、労働時間や働き方をコントロールしやすいことから、仕事と家庭の調和を図るいわゆる「ワーク・ライフ・バランス」の観点から自営業者が注目されている。なかでも個人が企業や団体から仕事を請け負い、自営業主個人で仕事をこなす「インデペンデント・コントラクター」、「フリーランサー」、「個人業務請負」、「一人親方」と呼ばれる働き方について考えてみよう。こうした働き方は、組織にとらわれない自律的な就労形態であると肯定的に見る立場とそれとは逆に否定的に見る立場で見解が分かれている。

業務委託を受け働いている人は、高学歴でプロフェッショナルであり「ポートフォリオ労働者」(portfolio worker)[7]であるとする一方で、業務委託を利用するのは、企業のコスト削減と繁忙への対応があるとする研究[8]や「縁辺化された労働者」(marginalized worker)とする見方[9]もある。業務委託を受け自営業主個人で仕事をこなす働き方をしている人を把握する統計は現段階ではない。厚生労働省の就業構造基本調査では、「雇い人のいない自営業主」を集計しているが、個人商店の経営者も含まれているからである。今後こうした働き方の実態を調査し、さらに研究を積み重ね検討していくことが重要となろう。

(2) 拡大する非典型雇用

「非典型雇用」(atypical employment)は聞きなれない用語かもしれない。典型的な雇用形態に対しての「非典型」ということになる。非典型雇用とは、パートやアルバイト、派遣労働者、契約・嘱託社員、請負労働者などさまざまな雇用形態、働き方を包括的に表現する言葉である。非典型雇用の前提と

第3章　働く人の現状と雇用・処遇システムの変容

して、日本と他国ではどのような働き方を「典型的」な雇用形態と位置づけるのかは、少しずつ異なる。「アングロサクソン・モデル」「欧州モデル」（フランス）「日本モデル」に類型化し、その特徴を比較した研究[10]もある。これによれば、典型的な働き方として「長期雇用」「フルタイム労働」は共通している。一方でたとえば、いわゆる短時間正社員制度が普及しているオランダを考えると労働時間が短い働き方だからといってただちに非典型雇用とはいえなくなる。どのような働き方を「非典型」とするのかは、何を「典型的」と位置づけるのかにより、さまざまな考え方ができるのである。

　1990年代以降、わが国の非典型雇用は拡大している。総務省の労働力調査は、勤め先の呼称により、「パート」「アルバイト」「労働者派遣事業所の派遣社員」「契約社員・嘱託」「その他」を「非正規の職員・従業員」として集計している。2011（平成23）年平均で見ると、非正規の職員・従業員は1,733万人と、48万人増加となった。役員を除く雇用者4,918万人に占める非正規の職員・従業員の割合は35.2％となり、前年に比べ0.8ポイント上昇し過去最高となった。

　5年に1度行われる総務省の「就業構造基本調査」は、直近では2007（平成19）年に実施され、そこから非典型雇用の動向がうかがえる。「非正規の職員・従業員」の定義は労働力調査と同じである。1987（昭和62）年当時19.7％であった非正規雇用者が2007年には35.5％となっている。雇用者の3人に1人以上にのぼる。こうした非典型雇用の拡大は、日本だけでなく先進国に共通した傾向である。その背景には、需要の変動幅が大きく、時期の予測も難しくなっていることから、企業が需要の変動に迅速に対応できる人員調達方法を選択する可能性が高いことが理由のひとつとして指摘されている[11][12]。

　厚生労働省の「平成22年就業形態の多様化に関する総合実態調査」（前回調査平成19年）では、雇用形態が「契約社員」、「嘱託社員」、「出向社員」、「派遣労働者」、「臨時的雇用者」、「パートタイム労働者」、「その他」を「正社員以外の労働者」として集計している。この調査では、正社員以外の労働者がいる事業所について、正社員以外の労働者の活用理由を複数回答で尋ねており、結果は「賃金の節約のため」が43.8％（前回40.8％）と最も高い割合であり、

次いで「1日、週の中の仕事の繁閑に対応するため」33.9%（前回31.8%）、「賃金以外の労務コストの節約のため」27.4%（前回21.1%）の順であった。前述の通り、需要の変動への対応がうかがえるが、賃金や賃金以外の労務コストを低く抑えるという側面も小さくないことが見えてくる。

一方で、正社員以外の労働者がいる事業所について、「活用する上での問題点」について複数回答で尋ねている。そこでは「良質な人材の確保」が50.8%（前回51.4%）、「仕事に対する責任感」が50.5%（前回48.3%）、「仕事に対する向上意欲」が38.4%（前回37.5%）をあげている事業所が多い。2008（平成20）年の中小企業白書では成長著しいサービス産業での非正規雇用の増加をとりあげ、正規雇用者の比率低下がサービス産業における人的資本の蓄積を阻害する恐れを懸念する見解を示している。少子高齢化が進展するなかで、典型的な働き方をどのように位置づけるのか、働く人と企業双方が非典型雇用の雇用形態をどのように活用していくのか。雇用者が8割を超える現状から、ほとんどの日本人は雇用により生活の基盤をつくっているのであり、働き方に関わる幅広い国民的議論が必要である。

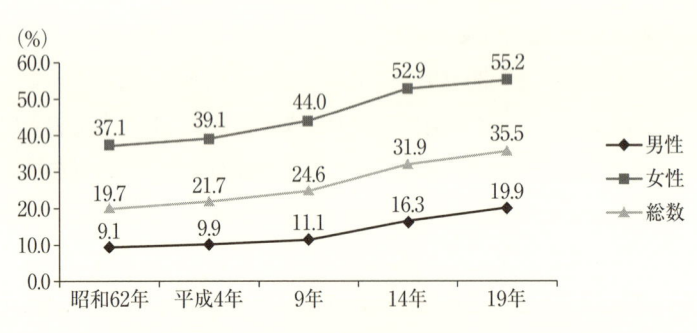

図3-4　非正規雇用者の割合の推移

	昭和62年	平成4年	9年	14年	19年
男性	9.1	9.9	11.1	16.3	19.9
女性	37.1	39.1	44.0	52.9	55.2
総数	19.7	21.7	24.6	31.9	35.5

資料：総務省「平成19年度就業構造基本調査」2007年

（3）ワーク・ライフ・バランス

「ワーク・ライフ・バランス」（work-life balance）とは、1990年代後半以降イギリスで広がった概念であり「仕事と生活の調和」と訳される。少子高

齢化により、すでに人口減少社会となっているわが国では、これまで以上に仕事と仕事以外の役割（子育て・介護・地域活動等）を担う必要がある国民が増えている。仕事以外の役割を抱える多様な人材を社会で生かしていくためには、企業における働き方を見直し、多様な働き方を可能とする方策が求められている。

総務省が5年に1度実施している「社会生活基本調査」において、生活行動に関する結果（自由時間における主な活動に関する結果）から、これまで25年間の主な行動の種類別生活時間の推移を夫婦と子どもの世帯での、夫と妻の生活時間を共働きか否かで比べてみる（図3－5）。

「共働き世帯」の夫と「夫が有業で妻が無業の世帯」の夫の仕事等の時間はともに減少していたが、2006（平成18）年で増加に転じている。「共働き世帯」の妻の仕事等の時間は減少を続けていたが、2006（平成18）年で増加に転じ、2011（平成23）年は減少している。家事関連時間は、共働きか否かに関わらず、夫は増加傾向にあったことがわかる。また、妻の家事時間は共働きか否かに関わらず、減少傾向を示している。育児時間は、共働きか否かに関わらず、夫と妻共に増加傾向であり、特に2001（平成13）年から大幅な増加を示している。これは国の政策の転換と無関係ではないだろう。

1990（平成2）年に発表された1989（平成元）年の合計特殊出生率は、丙午（ひのえうま）の年であったために異常な低さであった1966（昭和41）年の出生率1.58よりさらに低い1.57となり、社会に大きな衝撃を与えた。政府や関係省庁による少子化対策は、この1990年の「1.57ショック」以降本格化し、1994（平成6）年には、「今後の子育て支援のための施策の基本的方向について」（エンゼルプラン）が策定され、1999（平成11）年には、少子化対策推進関係閣僚会議において「少子化対策推進基本方針」を決定し、同年12月、同基本方針に基づき、「重点的に推進すべき少子化対策の具体的実施計画について」（新エンゼルプラン）が策定された。この後2002（平成14）年9月に、厚生労働省において「少子化対策プラスワン」が取りまとめられ、同提案をふまえ、2003（平成15）年3月、少子化対策推進関係閣僚会議において、現在の法律のもととなる「次世代育成支援に関する当面の取組方針」が決定さ

れた。こうした一連の政策の流れは、「共働き世帯」、「夫が有業で妻が無業の世帯」ともに生活時間に変化をもたらしたことがうかがえる。

　国は、内閣府男女共同参画局仕事と生活の調和推進室を設け、「仕事と生活の調和（ワーク・ライフ・バランス）憲章」「仕事と生活の調和のための行動指針」を示し、「国民一人ひとりがやりがいや充実感を持ちながら働き、仕事上の責任を果たすとともに、家庭や地域生活などにおいても、子育て期、中高年期といった人生の各段階に応じて多様な生き方が選択・実現できる」社会をめざしている。

　このようにワーク・ライフ・バランスは、「少子化対策」のためだけのものではない。人口減少社会において、性別や年齢や子の有無、介護を必要と

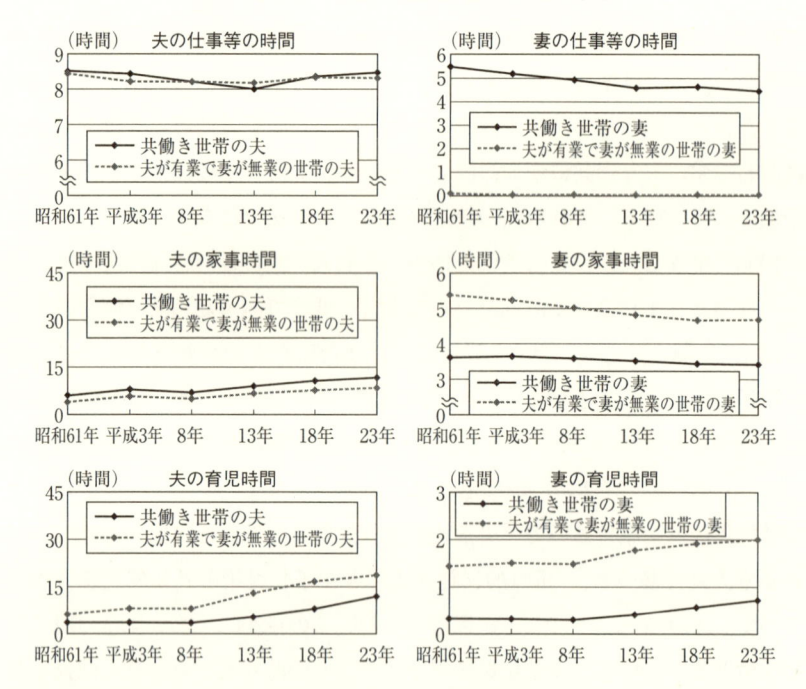

図3-5　主な行動の種類別生活時間の推移

資料：総務省「社会生活基本調査」

する家族の有無、障害の有無、日本国籍の有無など多様な背景をもつ人材を受け入れ、その能力を社会のなかで生かしていけるかを問う試金石でもある。そして企業だけがその責任を担うものでもない。人が少ない、若者が少ない社会で、地域でどのように活力を見出していけばよいのか、地域社会のメンバー全員で取り組まなければならない課題であるとの認識を国民全体で共有することが求められている。

（4）ノーマライゼーションの進展と障害者雇用

　ノーマライゼーションを世界ではじめて提唱したのはデンマークのバンク-ミケルセン（Bank-Mikkelsem,N.E.）である。これは「高齢者も障害者も子どもも女性も男性もすべての人々が、人種や年齢、身体的条件に関わりなく、自分らしく生きたいところで生き、したい仕事や社会参加ができる、そうしたチャンスを平等に与えられる」という理念である。この理念を雇用の現場で実現する法律としては、「障害者雇用促進法」がある。日本では1960（昭和35）年に「身体障害者雇用促進法」として制定された。1987（昭和62）年の改正法で、法の対象が知的障害者および精神障害者に拡大された。その結果、法の名称から「身体」が除かれ、「障害者雇用促進法」（障害者の雇用の促進等に関する法律）となった。

　障害者の雇用の促進等に関する法律には「障害者雇用率制度」が設けられており、事業主は、その「常時雇用している労働者数」の1.8％以上の障害者を雇用することが義務づけられている。また、雇用納付金制度により1人不足につき月5万円の納付金を納めることになっている。平成27年4月1日からは、常時雇用している労働者数が100人を超え200人以下の中小企業事業主に納付金制度の適用が拡大される。また、法定雇用率は「労働者の総数に占める身体障害者・知的障害者である労働者の総数の割合」を基準として設定し、少なくとも5年ごとに、この割合の推移を考慮して政令で定めるとしており、平成25年4月1日から法定雇用率は2.0％（現行1.8％）に引き上げられることになっている。

　これまでの経緯は、身体障害者から知的障害者そして精神障害者へと法律

の対象となる障害種別の拡大が図られ、雇用率の引き上げがなされてきた。こうした法改正により、障害者雇用は量的には着実に進展してきたといえる。一方で、今後は雇用の質について考えていく必要がある。障害者が、日々の仕事のなかで、その仕事をこなす能力を身につけ、それらを高めていくことが重要であり、同時に質の高い仕事と環境が必要である[13]。そのことは障害者のみならずすべての労働者にとって雇用の安定継続と質の向上をもたらすと考える。

　知的障害者は、雇用労働者として社会参加するには困難を抱えた労働弱者であろう。しかし、大手百貨店Ｉ社の特例子会社（障害者雇用促進法により障害者を雇用するために設立される子会社）ＩＳ社は、もとは親会社の従業員や契約社員が行っていた業務を①人の手でしかできない、②単純反復的、③工程が少ない、④納期が長い、無い、⑤失敗しても影響が少ない、ことを基準に親会社から切り出し、徹底的に構造化し、単純化することで、重度の知的障害のある労働者に雇用を生み出した。障害のある従業員のうち、実に82％が重度の障害がある従業員である。ＩＳ社の代表取締役社長のＳ氏は、2011（平成23）年12月に全国ではじめて重度知的障害者の逸失利益を認定した青森地裁での裁判で原告である両親の要請を受け、重度の知的障害がある従業員の業務内容などの資料を提供した。これまで、重度の知的障害がある人は、将来にわたり得られる収入は無いとされ、逸失利益が０円という判例が続いていた。裁判を通じて、重度の知的障害がある従業員に、最初に間違いなく指導すれば、正確に集中して、業務を継続できる、相対的に得意な能力を生かせるということを社会に示された。親会社の百貨店の販売員が、バックヤードで行っていたこれらの仕事をＩＳ社の従業員が担うことを可能にした。親会社の百貨店の販売員や管理部門の従業員は、本来の業務に専念し、残業を減らすことができた。

　まさに、障害者のみならず、すべての労働者にとって雇用の質の向上が実現したのである[14]。

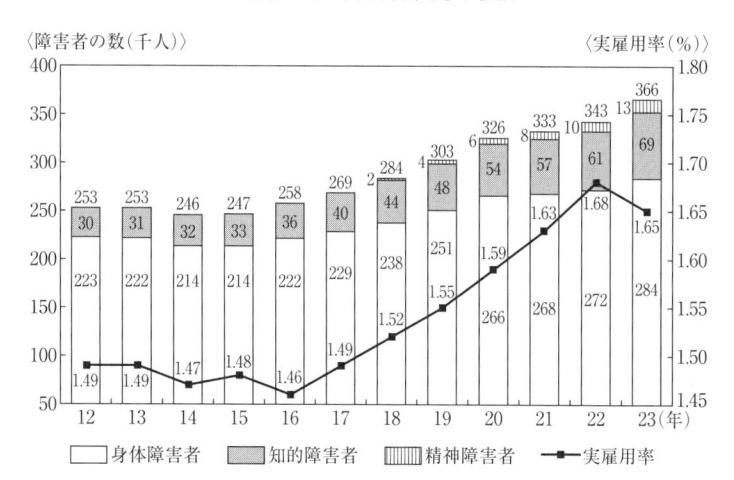

第3章 働く人の現状と雇用・処遇システムの変容

図3-6 障害者雇用の状況

〈障害者の数(千人)〉　　　　　　　　　　　〈実雇用率(%)〉

年	身体障害者	知的障害者	精神障害者	合計	実雇用率
12	223	30		253	1.49
13	222	31		253	1.49
14	214	32		246	1.47
15	214	33		247	1.48
16	222	36		258	1.46
17	229	40		269	1.49
18	238	44	2	284	1.52
19	251	48	4	303	1.55
20	266	54	6	326	1.59
21	268	57	8	333	1.63
22	272	61	10	343	1.68
23	284	69	13	366	1.65

資料：厚生労働省

3．まとめ―雇用システムの部分変化と求められる協働社会

　若者が少なく、高齢者が増えていく社会は、社会保障制度の支え手が不足し、制度の基盤を揺るがす。貯蓄を取り崩す高齢者が増加することによる貯蓄率の低下は、長期金利の上昇を招き、労働力人口の減少とともに経済成長を鈍らせる。企業にとっては将来の市場の縮小、労働力不足が悩ましい問題と認識されてきた。人口減少社会においてわれわれは、どのように行動すべきなのだろうか。

　これまで見てきたように、わが国では、主に大企業を中心とした伝統的な雇用システムが変化しつつある。1990年代からの変化のひとつは、主たる働き手の非典型雇用の拡大である。厚生労働省の「平成22年就業形態の多様化に関する総合実態調査」では、生活をまかなう主な収入源について尋ねている。臨時的雇用者及びパートタイム労働者を除いた正社員以外の就業形態で

は、「自分自身の収入」とする労働者割合が5割を超えている。この結果は、これまで正社員以外の雇用形態で働く人は、主婦であったり、正社員として働く親と同居する未婚の若年層であったり、家庭のなかで主たる働き手でないことが一般的であると考えられてきたが、実際には主たる働き手が非典型雇用であることも特別ではなくなったことが見てとれる。

　しかし一方で、一定の基幹的人材を長期雇用の形で組織内に留保しようとする企業は依然多い。不確実性に対処する高度な技量の形成には入職した企業や組織での長期にわたる仕事経験が有効である。企業内であれば関連のある仕事を能力開発のために効果的に配置することが可能だからである。大企業が潜在能力の高い人材を新卒として採用し、長期雇用のもとに内部に抱え込むため、わが国では、優秀な人材による起業の妨げになってきた可能性は否めない。しかし、中小企業で独立の機会をうかがい、起業して、失敗すればまた中小企業の雇用労働者となるダイナミズムがこれまで日本の産業の底辺を支えてきたという指摘もある。起業に失敗してもやり直しができる社会であることはリスクをとって挑戦することへの後押しとなろう。

　最後に、部分変化を生じさせながらも長期雇用という暗黙の契約は、その対象範囲は次第に狭まりながらも温存され、そのことが長時間労働や勤務地への柔軟な対応が難しい労働者を区別して処遇する仕組みとして機能し続ける可能性もある。これはまたワーク・ライフ・バランスにとっても障害となる。

　不安定な就業を選ばざるを得なかった人にどのような手当てを実行していくのか。労働力不足が叫ばれるなか、こうした人たちが職業能力開発の機会にも恵まれず不熟練労働者として堆積することは、社会的に不利益である。労働者がそれぞれ、若者も壮年も高齢者も、女性も障害のある人も自らの比較優位を生かして社会に参加し、協働する。そして、ときに失敗すれば「再挑戦」できる社会の実現のためには、政府だけにその責を負わせるのではなく、国民全体で真剣に議論するときがきているのではないだろうか。

第3章 働く人の現状と雇用・処遇システムの変容

【註】
註1　3月11日に発生した東日本大震災の影響から調査が困難だったため、岩手県、宮城県、福島県を除く全国の平均となっている。

【引用文献】
1) 文部科学省「平成24年度学校基本調査（速報）結果の概要」2012年
http://www.mext.go.jp/b_menu/houdou/24/08/attach/1324865.htm
2) 玄田有史・佐藤博樹「人材育成がカギを握る中小企業の成長」佐藤博樹・玄田有史編『成長と人材—伸びる企業の人材戦略—』勁草書房　2003年　pp.33-58
3) Doeringer, Peter B. and Michael J. Piore, *Internal Labor Markets and Manpower Analysis, Massachusetts*: D.C. Heath and Company Lexington, (1971) p.2
4) 小池和男・猪木武徳『人材形成の国際比較—東南アジアと日本—』東洋経済新報社　1987年　pp.7-16
5) 佐藤博樹「キャリア形成と能力開発の日米独の比較」小池和男・猪木武徳編『ホワイトカラーの人材教育：日米英独の比較』東洋経済新報社　2002年　p.256
6) 稲上毅『労使関係の社会学』東京大学出版会　1981年　pp.106-109
7) Janet Fraser and Michael Gold 'Portfolio Workers': Autonomy and Control amongst Freelance Translators Work, Employment & Society 15(4) (2001) pp.679-697
8) Stanworth,C. and Stanworth,J. 'Managing an Externalised Workforce:Freelance Labour Use in the UK book Publishing Industry', Industrial Relations Journal 28(1) (1997)　pp.43-55
9) Mangan,J *Workers without Traditional Employment.Gloucester*:Edward Elgar (2000) p2
10) 小倉一哉「非典型雇用の概念と現状−国際比較を中心に」『独立行政法人労働政策研究・研修機構』No.505　2002年　p.5
11) Houseman,Susan and Machiko Osawa *"Part-Time and Temporary Employment in Japan."* Monthly Labor Review, October, (1995) pp.10-18
12) Comin,Diego and Thomas Philippon *"The Rise in Firm-Level Volatility:Causes and Consequences,"* M. Gertler and K. Rogoff, Nber Macroeconomics Annual 2005. Cambridge,Ma:The MIT Press, (2006)　pp.167-201
13) 眞保智子「知的障害者の職場における能力開発−自動車部品を組立てる雇用型福祉工場と特例子会社の事例から」『キャリアデザイン研究』第6号　日本キャリアデザイン学会　2010年　pp.49-67
14) 眞保智子「人事管理における『合理的配慮』へのアプローチ—『比較優位』の視点から—」『職業リハビリテーション』日本職業リハビリテーション学会第24巻No.1　2010年　pp.31-36

【参考文献】
・今野浩一郎・佐藤博樹編『人事管理入門』日本経済新聞社　2002年
・小池和男『日本企業の人材形成』中公新書　1997年
・厚生労働省『労使コミュニケーション調査』　2009年
・厚生労働省『平成23年労働組合基礎調査』　2011年
・総務省『平成23年労働力調査』　2011年
・内閣府『平成23年度年次経済財政報告（経済財政政策担当大臣報告）―日本経済の本質的な力を高める―』　2011年
・厚生労働省『就業構造基本調査』　2007年
・厚生労働省『平成22年就業形態の多様化に関する総合実態調査』　2010年
・中小企業庁『平成20年中小企業白書』　2008年
・総務省『平成23年社会生活基本調査』　2011年
・小池和男『仕事の経済学』（第3版）東洋経済新報社　2005年

第4章
若者と仕事の意味

　近年の産業構造の変化や人々の労働に関する意識の変化を背景として、若者と仕事をめぐるさまざまな問題が表面化している。たとえば、若者の就業困難、不安定な非正規労働、貧困といった問題が、従来の研究によって取り上げられてきた。

　一方で、安定した正規雇用の職場で働く若者の問題は、これまであまり注目されてこなかったといえよう。しかしながら、若者が職場という新たな社会に参加し、その一員となって働くところには、彼らなりの葛藤がある。そして、その葛藤の具体的場面で繰り広げられる人々の実践は、職場のこれまでとこれからを映し出す鏡なのである。「格差」といった言葉にとらわれることなく、安定した正規雇用の職場で働く若者の問題にも目を向けてみる必要がある。

　本章で取り上げるのは、正規雇用の職場で働く若者の、閉塞感という問題である。具体的には、正規雇用の専門職として、ソフトウェア開発の現場で働く若者が語る閉塞感を取り上げ、エスノメソドロジーという社会学的視角から、若い働き手にとっての閉塞感とはいかなるものかを考察していく。本章の分析を通して、いかにして若い働き手が語る閉塞感を捉え、現場で働く人々にとって望ましい職場のありようを模索していくことができるか、その一例が示される。また、本章の分析視角は、さまざまな社会問題を、問題が起こっている現場から遊離することなく考察していこうとする際にも、応用することができるはずである。

1．若者と仕事をめぐる問題状況

（1）あるインタビューの場面から

　今から数年前、ソフトウェア開発の現場で働く経験を聞き取ろうと、何人かのエンジニアにインタビューをしていたときのことである。なかでも一番若い20代後半の男性エンジニアAさんが語ったのは、日ごろ働くうえで感じている、強い閉塞感であった。

　ある意味割り切っちゃってる。しょうがないじゃん、言っても無駄だし。そういう感覚は、やっぱりありますね。

　「しょうがない」「言っても無駄」という言葉で語られる閉塞感は、Aさんが職場のさまざまな場面で「理不尽」な出来事に直面し、それに対して異議を唱えても、その声が先輩たちによってことごとくかき消されてしまうという、いくつかのエピソードによって例証されていた。たとえば、朝から晩まで長時間働くことについてAさんが異議を唱えても、先輩たちから返ってくるのは、「そういわずに」「限界までやってみろ」という「論理のない」言葉なのだという。
　こうしてAさんが閉塞感を語り、筆者がそれを客観的分析者の立場からまとめながら、インタビューは順調に進んでいるように思えた。ところが、聞き取りが終盤にさしかかったころ、Aさんは少し苛立った様子で、次のような一言を発したのである。

　確か、宮地さん（註：筆者のこと）にも言われた記憶あるんですよね。一回、死にもの狂いでやってみなって。

　筆者は元エンジニアであり、Aさんはかつて一緒に働いていた職場の後輩である。帰路、さまざまなことが思い出されてきた。新卒で入社してきたA

さんが、自分たちの職場について、ことあるごとに文句を言っていたこと。そして確かに、職場の親睦会が開かれた居酒屋で文句を言うAさんに対し、「まずは死にもの狂いでやってみるように」と言ったこと。今ではこの業界の「新3K（きつい、厳しい、帰れない）」と呼ばれる問題にも関心をもつ自分が、当然のように「死にもの狂いで」働くことを後輩に勧めていたという「おかしさ」。

　客観的分析者という立場から筆者を引きずりおろし、職場の日常において「あたりまえ」のように行っていた行為の意味を問い直させたAさんの一言は、現代の若い働き手が直面する典型的問題のひとつをいかにして捉え、理解すべきかについて、重要な示唆を与えているのではないだろうか。

（2）近年の研究動向

　ここで、若者と仕事をめぐる問題についての、近年の研究動向を整理しておきたい。これまでの研究が主に取り上げてきたのは、若者の就労困難や不安定な非正規労働、貧困といった問題である。

　たとえば、本田由紀は、働いておらず、大学や職業訓練といった教育も受けていない状態にある若者たちの問題を取り上げ、彼らを呼びあらわす「ニート」という言葉が独り歩きすることへの強い危惧を表明した。若者たちは、さまざまに異なる背景のもと、さまざまな過程を経て、そのような状況に置かれるようになったはずだ。しかし、「ニート」という言葉が帯びるようになった「働く意欲のない」「病んだ」若者という響きは、若者たちが直面する状況を、個人的な問題として一括りにしてしまう。本田は、若者の個人的意識やふるまいだけが一面的に責められることで、企業が新卒採用を抑制してきたという労働需要側の問題や、従来の「学校経由の就職」が成り立たなくなってきたという社会的要因が見逃されてしまうことを指摘した[1]。

　また、阿部真大は、1年間にわたる参与観察[注1]をもとに、若者たちの「やる気」が欠如しているどころか、彼らが「団塊ジュニア世代」の特徴である「やりたいこと志向」のもと、バイク便ライダーという不安定な非正規労働に進んで没入していくありさまを具体的に記述した。若者たちは、結果として、

企業にとって都合のよい勤勉で安価な労働力になっているというわけだ[2]。

さらに、湯浅誠と仁平典宏は、「若年ホームレス」と呼ばれる若者たちの存在を取り上げ、たとえ「働く気がない」ように見える場合でも、その「意欲の貧困」を若者の自己責任とみなすことはできないと指摘した。そして「若年ホームレス」の問題を、自己責任論と両立可能な「格差」ではなく、「貧困」と捉え、「自立支援という名の放り出し」ではない、社会に「溜め」を備給する施策の必要性を説いている[3]。

このように、従来の研究は、いわゆる「社会的弱者」としての若者が、仕事をめぐって直面するさまざまな問題を取り上げ、それを若者の個人的問題や自己責任と決めてかかることなく、いかにして彼らが就労困難な状況に追い込まれたり、不安定な非正規労働を選び取ったり、貧困に陥ったりしていくのか、その具体的な状況や背景をつぶさに調べ、明らかにしようとしてきたのである。

(3) 若い働き手が語る閉塞感

若い働き手が直面する問題がいかなるものか、つぶさに調べ明らかにするという意識を従来の研究と共有しつつ、本章では、これまであまり取り上げられてこなかった、若者と仕事をめぐる問題を考察してみたい。

本章で取り上げるのは、安定した正規雇用の職場で働く若者が語る、閉塞感という問題である。若者の就労困難や不安定な非正規労働、貧困といった問題はもちろん深刻なものであり、それらを取り上げてきた従来の研究の意義は十全に認めることができる。だが、「社会的弱者」としての若者の問題に注目が集まるなか、いわゆる「勝ち組」とみなされる職場で働く若者たちの問題は、見逃されてきたのではないだろうか。

就労困難や不安定な非正規労働、貧困といった問題が解決したとしても、その先に待っているものが閉塞感であれば、若者たちが継続的に働き続けることは困難になるであろう。また、より本質的なことだが、どんな職場のどんな状況に置かれているとしても、若い働き手が直面する問題は、その当人にとって何よりも深刻なものではないだろうか。当事者が語る問題を第三者

が外側から眺め、その深刻さを客観的に判断することはできないのである。「勝ち組」「負け組」といった枠組にとらわれることなく、若い働き手が語るさまざまな問題に目を向け、その具体的な状況や社会的背景を明らかにしていく必要がある。

　本章では、具体的事例として、冒頭で語りを引用したソフトウェア開発エンジニア、Ａさんが語る閉塞感を取り上げてみたい。Ａさんが正社員として働く職場は、大手企業の安定した職場である。また、専門的なスキルをもつ職種として、出退勤の時間や仕事の進め方について、大幅な裁量が認められている。そしてＡさんは、年齢だけでなく、今、多くの職場で新しい世代を形成しつつある「グローバル人材」であるという意味で、現代社会における典型的な若い働き手であるといえる。

　そのような若い働き手が語る閉塞感とはいかなるものだろうか。さまざまな社会学的アプローチが考えられるだろうが、ここでは、エスノメソドロジーという視角を用いて考察していくことにしたい。

２．エスノメソドロジーという視角

（１）知覚の衝突

　エスノメソドロジーとは、アメリカの社会学者ガーフィンケル（Garfinkel,H.）によって命名された社会学的視角のことを指す。ガーフィンケルの初期のころから一貫した「トラブル」へのまなざしに着目するところからはじめて、この視角の基本的な立場と、他の視角から区別される強みを押さえておこう。

　ガーフィンケルは、ノースカロライナ大学の大学院生だった1940年、「カラートラブル」と題した短編小説を発表している[4]。この小説で描かれたのは、ガーフィンケル自身が目撃した、ある事件であった。

　事件は、1940年３月、ワシントンD・Cからノースカロライナ州に向かう

長距離バスのなかで起こった。バスがバージニア州のある停車場に到着したときのことである。運転手がバスに乗ってきた若い黒人の男女を見とがめ、後ろの席に移動するように指示をした。当時まだアメリカの南部には人種差別の慣習が色濃く残っており、バージニア州法には、有色人種は後方の座席から順に詰めて座るという規定があったのだ。

　この運転手の指示に対して、若い黒人女性は強く反発する。北部のニューヨークから来たというこの女性は、自身が自由と平等を保障する合衆国憲法に守られた市民であることを根拠に反論を展開する。運転手は警官を呼び、警官たちは、バージニア州法を根拠に女性を説得しようとする。対立は完全な平行線をたどり、その間、黒人も白人も、他の乗客のほとんどは黙って体をこわばらせている。運転手から妥協案が示され、事態は収拾するかに思われた。ところが、若い黒人女性は運転手に謝罪を要求し、これに激昂した運転手は再び警官を呼び、若い黒人の男女は逮捕され、バスから無理矢理連れ出されてしまう。

　この小説は、一見、人種差別というひとつの問題をめぐる、黒人と白人の利害の対立を描いているように思える。だが、ガーフィンケルのまなざしは、若い黒人女性と運転手・警官の双方が、目の前の「トラブル」をまったく異なる問題として捉えているという、「知覚の衝突」に向けられていた。ニューヨークで暮らし、合衆国憲法に象徴される理念を自明の常識とする黒人女性から見れば、バスのなかで起こった事件は、自由な市民の権利の侵害という問題に他ならない。だが、南部の社会に暮らし、バージニア州法に象徴される理念を自明の常識とする運転手・警官にとってこの事件は、「カラートラブル」、つまり黒人が起こす些細なゴタゴタでしかなかったのである。

（2）社会の構成性

　ガーフィンケルが「知覚の衝突」としての「トラブル」に着目するのは、それによって、国家や地域、職場、家族といった社会がどのように成り立っているのか、その具体的なあり様が見えてくるからである。

　若い黒人の男女が後方の座席に座らなかったことは、南部社会の「あたり

第4章　若者と仕事の意味

まえ」の日常にひびを入れた。警官たちが現れ、バージニア州法を根拠として女性の説得を試みる。その説得の語りの一つひとつが、黒人女性を市民ではなく「ニグロ」として位置づけ、乗客たちの沈黙がさらにその現実を強化していく。このように、事件の舞台である南部社会における自明の常識と、それを根拠とした語りとが循環しながら互いを強化していくなかで、「ニグロ」が起こした些細なゴタゴタという現実が支配的なものとして立ち現れる。そして、市民の権利の侵害というもう一方の現実は説得力を失い、若い黒人の男女は、バスから排除されていったのだ。

　人々が自明のこととして生き、その意味でほころびのない確固たる実在であるように思える社会が、実は、人々の日常的実践によって他のありようを刻々と排除し続けることで成り立ち、維持されている流動的な過程であること。「知覚の衝突」としての「トラブル」に着目することで明らかになったのは、このような社会の構成性であった。

　こうしたものの見方は、すべての物事は人間の意識によって構成されると考える、シュッツ（Schütz, A.）らの現象学の考え方に影響を受けている。ガーフィンケルは、その後、家族に対して下宿人のようにふるまうなど、人工的に「知覚の衝突」をつくり出す「違背実験」を行うことによって、日常のさまざまな場面を支える秩序が、人々の実践によって達成されたものであることを明らかにしていった。

（3）「人々の社会学」を描き出す

　エスノメソドロジーを他の社会学的視角から分かつ強みは、社会をつくりあげる日常的実践の場における、「人々の社会学」を描き出すことにある。ガーフィンケルは、次のような奇妙な公式を使って、このことを説明している。

　　｛　｝→（　）

　｛　｝はある場面で起こっている現象そのものを指す。→は専門家による分析の手続きであり、（　）は分析によって得られた説明のことを指す。たと

えば、従来の社会学は、｛バスのなかで起こった事件の具体的場面｝を、客観的・一般的な理論に即して、〈人種差別事件〉と説明するだろう。それに対して、エスノメソドロジーは、｛バスのなかで起こった事件の具体的場面｝そのものを、その場面のアクターである当事者の論理に即して、具体的に記述しようとする。それによって、〈人種差別事件〉と説明した瞬間に抜け落ちてしまう、人々の行為の意味が見えてくるのだ。

たとえば、運転手や警官たちが若い黒人の男女に対してとった行為は、運転手や警官たち当人にとって人種差別的行為なのではなく、南部社会で自明とされる常識に照らして当然の行為であり、また、そのようにふるまうことで、彼らは、バスの運行や治安維持という各々の職務を「適切に」成し遂げたのであった。「人々の社会学」という言葉は、このような実践のことを指す。人々は、日常を生きる社会学者として目の前の状況を分析し、その場の行為の妥当性を支える自明の常識が何であるかを見抜き、それに沿って行為することで、各々の関心をしたたかに達成しているのである。

日常を生きる人々のリアリティに即して、人種差別という現象を批判し解決していこうとするならば、人種差別的行為ではなく、そのような差別を自明のこととみなす社会に生きる人々の「あたりまえ」の営みをこそ、問題化していく必要があろう。「人々の社会学」を描き出し、｛問題が起きている現場｝から遊離することなく、その社会のあり様を批判し変革していく視座を提供することがエスノメソドロジーという視角の強みなのである。

本章で取り上げる問題は、安定した正規雇用の職場で働く、若者が語る閉塞感であった。｛閉塞感の具体的場面｝から遊離することなく、彼らにとっての閉塞感とはいかなるものかを解読し、それに即してこれからの職場のあり様を模索していくには、まず、｛閉塞感の具体的場面｝を、当事者の論理に即して記述してみる必要がある。

3．閉塞感の具体的場面

（1）AさんとX社の職場

　Aさんは、大手外資系ソフトウェア開発企業X社の開発部門に勤めるエンジニアである。北米の大学のコンピュータエンジニアリング学科を卒業後、2000年代の前半に新卒採用でX社に入社し、いくつかのソフトウェア開発プロジェクトに携わってきた。筆者がインタビューを行った時点の経験年数は5年ほどである。

　Aさんは、ソフトウェア開発エンジニアという職業を選んだ経緯について、次のように語る。10代のころ、父親の仕事の都合で断続的にアメリカで暮らすことになり、飛行機やスペースシャトルに憧れるようになった。子どものころの夢は、宇宙工学に携わることであったという。しかし、大学で宇宙工学を専攻したとしても、卒業後の進路はNASAしかない。そこで、日本でもアメリカでも、卒業後の進路を柔軟に選択できると考え、コンピュータエンジニアリング学科に進んだのだ。そして、大学卒業時、外資系企業の日本法人や日本企業が留学生向けに開催するイベントを通してX社の日本法人に応募し、採用が決まったのである。

　Aさんのように、海外で専門的教育を受け、多国語を話す若い働き手は、今、多くの職場で新しい世代を形成しつつある。X社日本法人の職場もそのひとつだ。その背景には、昨今の社会経済的状況を鑑み、採用側がいわゆる「グローバル人材」を求めるようになってきたという事情がある。また、まだ歴史が浅いこの業界についていえば、大学で専門的教育を受けて職業生活に入るという経歴も、Aさんたち若い世代で一般化したことである。このような、増えつつある「グローバル」な若いエンジニアの存在は、業界の草創期から成長期にかけて、必ずしも専門的教育課程を経ることなく趣味の延長で職業生活に入り、現場で育ってきた、「叩き上げ」のエンジニアたちと好対照をなしているといえよう。

　そして、X社の職場に入り、Aさんが感じるようになったのは、本章の冒

頭で述べられたような閉塞感であった。Aさんは、自身が感じる閉塞感の象徴として、新卒当時に配属されたチームのベテランエンジニア、寺田さん（仮名）との闘いの物語を語るのである。

（2）「日本的」で「理不尽」な職場

　寺田さんは、Aさんがまだ中学生だったころ、1990年代の前半からX社に勤務するベテランのPTエンジニアである。PTエンジニアの職務は、プログラマが書いたプログラムをテストし、バグ（不具合）がないかどうかを検証することだ。寺田さんとAさんが一緒に働くことになったチームには、3人のPTエンジニアがいた。3人のうちAさんは新卒、もう1人の女性エンジニア小島さん（仮名）も新卒2年目で、他のプロジェクトから移籍してきたばかりという事情があり、このチームのPTの仕事はすべて一旦寺田さんに集められ、そこから、Aさんと小島さんに割り振られることになっていた。
　「叩き上げ」世代の、そのなかでも年長者である寺田さんは、この職場における「あたりまえ」の働き方の象徴のような存在である。いわゆる「職人気質」な人物で、朝早くから夜遅くまで仕事に没頭する。チームに配属されたAさんは、直属の先輩である寺田さんの言動に、強い反発を覚えるようになったのだ。
　Aさんは、配属された翌日に起こった、次のような出来事を語る。

入ってきて次の日に、バグをとにかく上げろ。バグって何？っていうところから入るんで… とにかく上げろってのは意味わかんないじゃないですか。どういうのがバグか、どういうのがバグじゃないのか判断できないうちに上げろって言われても、何？

　同僚たちとの顔合わせを済ませ、Aさんが次に期待したことは、マニュアルやトレーニングプログラムを通して、順次、仕事のやり方を覚えていくことであった。ところが寺田さんは、何の説明や指導もないまま、製品のテストに入るよう指示したのだ。驚いたAさんが説明と指導を求めたとき、返っ

てきた言葉は、「とにかくやれ」「まずやってみろ」であった。「普通はありえない」という言葉で語られるように、このことは、Ａさんにとって、まったく予想もしない出来事であった。

Ａさんは、さらに寺田さんから「消化できない」指示を受けたことを語る。

> なんでこれを僕がしないといけないの？っていう。たとえば、マシンルームの整理とか、降りてくるじゃないですか。なんで僕？ リソースぱんぱんなのに、なんでそれが降ってくるの？

製品のテスト作業という本来の職務で手一杯なところ、寺田さんは、チームの共有スペースの整理という雑用を、Ａさんに命じたのである。それに輪をかけてＡさんが驚いたのは、小島さんやチームメンバーたちが、このような寺田さんの指示に対して、まったく反論しようとしないことであった。Ａさんにとって、小島さんやメンバーたちの態度は、「ノーと言えない」「日本人」の典型的態度に思えたという。

さらに、Ａさんは、寺田さんから、「意味がわからない」言葉を投げかけられたことを語る。

> 寺田さんより毎日早く帰ってたら、「俺より遅く来て早く帰るって、何？」〔と寺田さんが言った〕。ちょっとちょっと、違うでしょ。あなた〔寺田さん〕がただ単に遅いからでしょ。早く来て遅くまでいるのは、あなた〔寺田さん〕の自由！

就業規則上まったく問題ない時間なのに、寺田さんは、なぜか上記のような言葉で、帰ろうとするＡさんをとがめたのだという。Ａさんは、毎日朝早くから夜遅くまで働き、それを他人にも強制する寺田さんの行動を、「日本的」な「仕事人間」という言葉を使って説明する。

さらにＡさんは、この時期に最も「非合理的」だと感じていた出来事について、次のように語る。

一番腹が立った例は、飲み会の幹事。何の理由があって〔新しく〕入った人がやらないといけないのか…　僕はアメリカから帰ってきて、日本て何？みたいな状態のところに店を探せって、探す方法もわかんないんだけど、っていうのはありましたよね。

　チームの親睦会の幹事が、当然のごとく、Aさんにまわってきたのである。Aさんにとって、入社したばかりの新人が幹事を務めることは、とても「日本的」で「非合理的」なことに映ったという。メンバーの料理の好みや職場近辺の店をよく知っているのは先輩たちのほうであり、先輩たちが幹事を務めるほうがよほど「合理的」だというのが、Aさんの主張だ。
　Aさんは、入社から5年以上が経った今でも、寺田さんや「日本人」に対する憤りやあきれを露わにしながら、当時の経験を生き生きと語る。「普通はありえない」「消化できない」「意味がわからない」「非合理的」という言葉で語られる通り、Aさんは、働くことに関する自身にとって自明の常識がおしなべて通用しないという経験をしたのである。そして、寺田さんの指示やそれを黙認するかのような同僚たちの行動は、アメリカで長く暮らし、教育を受けてきたAさんにとって、とても「日本的」で「理不尽」なことに映ったのである。

（3）言い返し、突き返す

　そのようななか、Aさんは、寺田さんに果敢に闘いを挑んでいったことを語る。

　僕は性格もそうだし、そういう〔「アメリカ式」の〕教育を受けていたから、とにかく反論する…　幹事をしろって言われたときも、何でですか？　やりかたもわからないんで、全部教えてください〔と言い返した〕。まず、ボールを投げ返すってことをしましたし、仕事だったら、たとえばバグを上げろ〔と言われたら〕、上げ方わかんないです〔と言い返した〕。で、こうやれ

ばっていう、キャッチボールを数回繰り返してそのプロセスをわかるようになるっていうので乗り越えたと。

　Aさんは、寺田さんからの「意味がわからない」指示の一つひとつに対して、まず、とにかく言い返すことを徹底したのだという。なぜ何の説明や指導もなく仕事を割り振るのか、なぜ新人の自分が幹事をせねばならないのかといった反論については、結局、納得のいく答えを得ることはできなかった。しかし、それでも何度も言い返し、聞き返すなかで、具体的な職務遂行に必要な情報を得ることはできた。

　さらにAさんは、寺田さんに対して、口で言い返すだけではない行動にも出たという。

**　これはプッシュバックってのを、僕はするんですよ。この枠でしかもう無理だから、自分のリソース足んないって投げ返す。**

　自分の限界を超える仕事を割り当てられたと感じたとき、Aさんは、遠慮なくそれを寺田さんに突き返したという。さらにAさんは、突き返した仕事の行方についても語っている。寺田さんに差し戻された仕事は、1年先輩である小島さんにそのまま割り振られた。小島さんは、当時、ある難しい仕事を担当していた。それに加えて、Aさんが突き返した分の仕事が割り振られたのである。Aさんは、その時の小島さんの様子を次のように語る。

**　小島さんは、ノーって言わない。〔自分の仕事で〕いっぱいいっぱいなのに、僕の仕事もやろうと頑張って、結局、毎日残業とかどんどん増えて…**

　小島さんは、このあと体調を崩し、最終的にはX社を退職していくことになる。Aさんから見ると、小島さんは、典型的な「ノーと言わない」「日本人」に思えた。そのために寺田さんの言いなりにならざるを得ず、自分の働き方を自分でコントロールすることができずに燃え尽きてしまったというのが、

Aさんの理解だ。

　居酒屋でAさんが文句を言っていたのは、ちょうどこの時期であった。寺田さんに言い返しても根本的な疑問は解決せず、また、小島さんが目の前で燃え尽きつつあり、自分も限界近くまで働くなか、Aさんは、自身が自明のこととする「アメリカ式」の働き方に照らして、この職場のやり方がいかに「理不尽」であるかを訴えていたことになる。だが、当時のことを思い返してみると、筆者にとって、Aさんの文句は、新人がこぼしがちな些細な愚痴にしか聞こえなかったのである。

　というのも、X社がまだ気鋭のベンチャー企業と目されていた1990年代後半に職業生活に入り、どちらかといえば「叩き上げ」の世代に属する筆者にとって、仕事はマニュアルやトレーニングプログラムを通してではなく、当然、体で覚えるものであった。また、大学の専門教育課程でコンピュータを学んだのではなく、家族の影響で子どものころからコンピュータに触れ、趣味の延長としてエンジニアになった経緯から、朝から晩まで仕事に没頭するのはごく自然なことであり、体力的にきつくはあるが、そのなかで達成感を味わってきたという経験があった。さらに、新人が雑用や幹事を務めることにも違和感はなかった。筆者にとってみれば、Aさんが職場の「理不尽」さを訴える言葉はまったく理解できなかったのであり、Aさんは、ただ職場に馴染んでいないだけのように思えたのだ。「まずは死にもの狂いでやってみな」という言葉は、あまり考えずに口をついて出た、後輩への「アドバイス」だったのである。

　Aさんは、筆者が発したのと同様の言葉を、他の先輩たちからも、しばしば投げかけられていたことを語る。

　日本人からすごいいっぱい聞くのは、まず自分の限界を知るために、やれるところまでやってみたら？っていう。理由がわからない。僕からすると、理由がわからない。自分の限界知って何の得になるの？　そこで給料がパーンと跳ね上がるんだったらやるよ。そんなこともないでしょ。

第4章　若者と仕事の意味

　Aさんは、職場のさまざまな場面で、先輩たちに、この職場の「理不尽」さを訴えていたのである。しかし、先輩たちにも、Aさんの言葉は、新人がこぼしがちな些細な愚痴にしか聞こえない。「限界までやってみろ」といった言葉は、筆者と同じような認識を背景とした、後輩への「アドバイス」だったはずである。

　さらにAさんは、いくら寺田さんに突き返し、言い返し続けても、「論理のない」言葉しか返ってこなかったことを語る。「俺より早く帰るって何？」ととがめられることも相変わらずであった。反論するAさんに、寺田さんからかろうじて説明があったとすれば、「そういうものだから」という言葉だけであった。

**　〔寺田さんから「論理のない」言葉が返ってくるのは〕しょっちゅうですよ。あの、なんだろう、要するに自分たちのほうが経験値が高いっていうので。経験上っていうので反論してくるパターン。それって根拠も何もない。**

　寺田さんは、筆者よりもさらに年長の、まさに「叩き上げ」世代のエンジニアである。仕事を体で覚え、朝から晩まで働き、また、個人の実績だけでなくチームの雑用や親睦にも貢献するという、この職場で自明とされる働き方は、寺田さんにとって「あたりまえ」のことであったはずだ。そして寺田さんは、同じ職種のベテランエンジニアとして、新卒のAさんを直接的に任されている立場である。寺田さんは、些細な愚痴を言い続ける「未熟者」であるAさんを、早く自分のような「一人前」にする責務がある。寺田さんがAさんに、「そういうものだから」「とにかくやれ」と言い続け、早く帰ることをとがめ、雑用や親睦会の幹事を命じるのは、直属の先輩として当然の、「教育的指導」だったのである。

　X社の職場に入り、「日本的」で「理不尽」な数々の出来事を経験したAさんは、寺田さんに言い返し、突き返し続け、また、他の先輩たちにも、職場の「理不尽」さを訴え続けた。しかしその言葉は、寺田さんや先輩たちにまったく響かない。Aさんは、言い返し、突き返し、「理不尽」さを訴えれ

ば訴えるほど、寺田さんや先輩たちから、次々と「理不尽」な「アドバイス」や「教育的指導」を浴びることになったのである。

（4）相手の「レンジ」に入る

　そしてAさんは、正面から言い返し、突き返すこととは異なる「うまくやった」エピソードとして、次のような出来事を語る。

　ある日、Aさんがなんとか仕事を終え、決して早くない時間に帰ろうとしたときのことである。寺田さんがAさんに投げかけたのは、それまでにも何度か聞いたことがある、例の言葉であった。

何考えてんの？ってフレーズから入って、俺より遅く来て早く帰るって何？〔と寺田さんが言った〕。意味わかんない。仕事も終わってないのに、任された仕事も全部できてないのに、何早く帰ってんの？　これ納期明日なんだよっていうんだったらまだわかりますよ。

　納期が近いわけでもなく、その日のうちに終わらせるべき差し迫った仕事もない。就業規則に照らして考えても、Aさんが退勤することはまったく問題ない時間であった。ところが、寺田さんはまた、帰ろうとするAさんをとがめたのだ。ここで反論しても、「根拠のない」教育的指導が降りかかってくることは明白である。そこでAさんがとったのは、言い返し、突き返すこととは別の戦略であった。

　Aさんはまず、寺田さんが毎日何時に出社し何時に帰るのかを観察し、出退勤のパターンをつかんだ。そして、寺田さんよりも毎朝少しだけ早く来るようにしたのである。「俺より遅く来て早く帰るって何？」という発言の言葉尻をとらえるならば、寺田さんより少しでも早く出社しさえすれば、寺田さんより早く帰ったとしても、とがめられることはないはずだ。もちろん実際はそううまくいったわけではなく、何度か肝を冷やしたこともある。

〔自分が〕先に帰るときに、〔寺田さんが〕お疲れーって言うじゃないです

第4章　若者と仕事の意味

か。言葉にもトーンがあるんで、その辺のトーン感覚を聞き分ければ。
　僕は、結構その辺センシティブなんで。あ、やべ、地雷踏んだ、みたいな。

　Aさんは、毎朝、寺田さんより少しだけ早く出社し、さまざまな時間に帰るという試行錯誤を重ねて、実際にどれくらいの時間、どれくらいの頻度であれば、寺田さんより早く来て早く帰ることが許されるのかを見極めていったのだという。Aさんは、このような戦略を、次のような言葉で説明する。

　相手が許せる範囲に常に入る。だから、相手のレンジがこうあった場合、そこからはみ出たときに、自分を軌道修正する。そのレンジぎりぎりでも入っとけば、穏便にことは進む。

　寺田さんの出勤は朝早く、退勤は夜遅い。たとえば、寺田さんより5分だけ早く来て30分早く帰ることを基本とし、時折1〜2時間程度早く帰ることにしたとしても、毎日長時間職場にいなければならないことに変わりはなかった。だが、この戦略をとることによって、月のうちたとえ数日でも、夜はある程度の時間に帰ることが可能になり、それによってAさんは、できる限り自分で自分の働き方をコントロールし、燃え尽きることなく当時のプロジェクトを乗り切ることができたのだという。
　あれから5年ほどが経ち、Aさんは、いくつかのプロジェクトで働く経験をしてきた。自分のように海外で教育を受けた者が増えているなかで、古い「日本人」である先輩たちは、皆、「理不尽な」働き方にとらわれているように見えるという。ただ、具体的な「レンジ」は誰と働くかによって変わってくるため、新しいプロジェクトがはじまろうとしている今、Aさんは、新しいメンバーの「レンジ」を見抜く必要に迫られていると話す。そしてAさんは、自分は「まだ反論しているほうだと思う」と前置きしながらも、「染まってしまったかもしれない」と言い、次のように語ったのだ。

　ある意味割り切っちゃってる。しょーがないじゃん、言っても無駄だし。

そういう感覚は、やっぱりありますね。

4．職場の「あたりまえ」を問い直す

(1) 閉塞感の解読

　Aさんにとっての閉塞感とは、いかなるものであったろうか。
　X社に入社したAさんは、ベテランエンジニア寺田さんとの関わりのなかで、数々の「日本的」で「理不尽」な経験をすることになった。この職場で自明とされる働き方の象徴的存在である寺田さんと、「アメリカ式」と表現される働き方を自明のこととするAさん。両者の対立は、働くことをめぐる異なる常識と常識とがぶつかりあう、「知覚の衝突」だったのである。
　Aさんは、まず、寺田さんに対して、言い返し、突き返す行動に出た。このことは、寺田さんのような働き方が絶対的に自明なものではなく、他の働き方もあり得ることを示唆したという意味で、職場の「あたりまえ」の日常にひびを入れる「トラブル」であったといえよう。この時点で、両者の対立はまだどちらに転ぶかわからない。
　だが、「トラブル」が起こったのは、X社日本法人の職場であった。この職場には、働き方に関する自明の常識がある。寺田さんに言い返し、突き返し、先輩たちに職場の「理不尽」さを訴えるAさんの声は、先輩たちにとって、新人がこぼしがちな些細な愚痴にしか聞こえない。そして、先輩たちの「アドバイス」や、寺田さんの「教育的指導」としての言動の一つひとつが、Aさんを「一人前」のエンジニアではなく、「未熟者」の新人として位置づけていく。このように、「トラブル」の舞台であるこの職場における自明の常識と、それを根拠とした寺田さんや先輩たちの言動とが循環しながら互いを強化していくなかで、新人が起こした些細なゴタゴタという一方の現実が支配的なものとして立ち現われる。そして、もう一方の「日本的」で「理不尽」な職場の糾弾というAさんの現実は無効化され、Aさんは、働く意味を見失っ

ていった。Aさんが、職場の「あたりまえ」の日常に入れたひびは、何事もなかったかのように修復されてしまったのである。

そのようななかでも、Aさんは、寺田さんの「レンジ」を見抜き、それに照らして「穏便」にふるまうことでさらなる教育的指導を回避し、できる限り、自分で自分の働き方をコントロールすることを達成していた。だが、そのことは職場における自明の常識が許す範囲で働き、そこになんとか意味を見出すという実践であり、結果として、この職場の「あたりまえ」の日常を再生産してしまうことを意味していた。

Aさんにとっての閉塞感とは、このような経験だったのではないだろうか。つまり、自分らしく意味を感じて働くことができるよう、職場の「日本的」な「理不尽」さを正面から訴えれば訴えるほど「日本的」で「理不尽」な職場の壁が立ちはだかり、また、そのような分厚い壁に直面し、今度はしたたかに、自分らしく働くことを達成しているはずが、いつのまにか「日本的」で「理不尽」な「あたりまえ」の職場のありようにからめとられているという経験として理解できるのである。

（2）変われない職場の姿

そして、｛閉塞感の具体的場面｝を、その場面のアクターである当事者の論理に即して記述することで、Aさんだけではない、X社の職場社会を生きる人々の、日常を生きる社会学者としてのしたたかな実践、「人々の社会学」が鮮明に見えてきた。

筆者を含めた先輩たちが、Aさんに「まずは死にもの狂いでやってみろ」「限界までやってみろ」という言葉を投げかけることは、この職場における自明の常識に照らして当然の「アドバイス」であり、それによって先輩たちは、新人の些細な愚痴を手短にあしらい、それぞれの仕事に集中したり、親睦会を楽しんだりという関心をしたたかに達成していた。また、Aさんに対する寺田さんの言動の数々は、この職場における自明の常識に照らして当然の「教育的指導」であった。そして、とうとうAさんが、寺田さんの「レンジ」を見抜いて行動するようになったことで、寺田さんは、PTエンジニアのリー

ダーとしてチームの仕事を円滑に進め、また、新人の些細な愚痴に対応する個人的面倒から逃れるという関心を、ある意味、見事に達成していたのである。

客観的立場から、Aさんの{閉塞感の具体的場面}を分析しようとする専門家は、たとえば、寺田さんや先輩たちの（不適切な長時間労働の強要）を問題にするかもしれない。だが、当の寺田さんや先輩たちにとって、Aさんに対する言動の一つひとつは、この職場における自明の常識に照らしてまったく「あたりまえ」の言動であり、それによって、あくまでも「適切」に、それぞれの職務を遂行していたのである。（不適切な長時間労働の強要）を指摘する専門家の声は、現場の人々にとってみれば、新人と同様にこの職場の流儀を知らない部外者の、取るに足らない意見に聞こえてしまう。健康に関する客観的基準をもとに企画された「ノー残業デー」といった取り組みが、X社をはじめとした多くの職場ですぐに立ち消えになってしまう理由のひとつが、ここにある。{閉塞感の具体的場面}から遊離することなく問題を解決していこうとするならば、外側から問題を定義するのではなく、内側から、なぜそうふるまうことが「あたりまえ」で「適切」なのか、そのことを問い直していく視点が必要になる。

たとえば、「まずは死にもの狂いでやってみろ」といった言葉が、なぜ、新人に対する当然の「アドバイス」になり得るのか。そこには、趣味的に仕事に没頭するなかで達成感を得てきたという、これまでの職場を支えてきた「叩き上げ」世代の論理が垣間見えた。だが、業界が成熟し、専門的教育課程が整備され、ソフトウェア開発という仕事が生活の糧を得る職業として確立した今、職場に入ってくる若者に、その論理は通用するのだろうか。

また、なぜ「とにかくやれ」「まずやってみろ」という言葉が、当然の「教育的指導」になり得るのだろうか。そこには、仕事を体で覚えるという「叩き上げ」世代の論理だけでなく、仕事の特質も関係している。大量のプログラムを人間が一から書き上げるソフトウェア開発という仕事は、物理的な工業製品をつくることに比べて格段に複雑性が高く、標準化されたマニュアルやトレーニングプログラムは、実際の現場で機能しない。ベテランのエンジ

ニアたちは、このことを、頭ではなく体で知っている。だが、「とにかくやれ」と言うだけで、それが若い働き手に通じるのだろうか。

　さらに、新人が雑用や幹事を務めるといった慣習は、アメリカでの暮らしが長かったAさんにとって、大きなカルチャーショックであったはずだ。しかし、誰もそのことに想像が及ばず、何の配慮もしなかったために、Aさんにとって、先輩たちの一挙手一投足は、すべて「日本的」で「理不尽」なことに見えてしまったのだ。

　これまで自明とされてきたある特定の常識的知識に照らすことでしか、自己や他者を位置づけ、その言動を解釈していくことができないという、いわば職場の「あたりまえ」にあぐらをかいた人々の実践によって、Aさんの閉塞感がもたらされていたのである。別の観点からいえば、Aさんの閉塞感は、職場をとりまく時代が変化し、「グローバル人材」と呼ばれる若い働き手を迎えながらも、彼らの力を活かすよう、内側からこれまでのやり方を自覚的に見直していくことがいかに難しいかという職場の姿を映し出したといえよう。

（3）警鐘としての若い働き手の声

　このようにしてもたらされる閉塞感は、IT業界の「グローバル人材」と呼ばれる若い働き手だけではなく、現代のさまざまな正規雇用の職場で働く若者にとって、ある程度共通した、典型的な問題と考えることができるのではないだろうか。Aさんのように、「日本的」な「理不尽」さを強く感じることはなくとも、さまざまな職場に新たに参加する若者は、これまで自明とされてきた職場のありように違和感を覚えるはずだ。社会全体が大きな変動期を迎えている今、その違和感はなおさら大きなものであると考えられる。職場における自明の常識と、それに照らした人々の実践が循環するなかで、若い働き手の違和感の表明が無効化され、あくまでも既存の常識のなかでしか働く意味を達成していくことができないという閉塞感が、たとえば就職しても3年で辞めてしまうといった、昨今の若い働き手をめぐる問題の背景にあるのではないだろうか。

これからの職場を支える若い働き手が閉塞感を覚え、職場を離れていってしまうといった結果を招くことは、当人たちにとってはもちろんのこと、職場全体にとっても深刻な問題である。確かに、職場の内側からこれまでのやり方を自覚的に見直すことは簡単ではない。だが、本章の分析結果は、その難しさを乗り越えていくためのひとつの糸口を提示している。
　「あたりまえ」の職場のあり様は、職場における自明の常識と、それに照らした人々の実践が循環するなかで再生産されていた。つまり、職場社会とは変わりようのない確固たる実在なのではなく、人々の実践によって刻々と維持され続けている流動的な過程なのである。職場の「あたりまえ」にひびを入れる若い働き手の声を変化への糸口と捉え、「未熟者」の些細な愚痴として聞いてしまう何気ない判断を一旦停止してみることで、普段、自明のこととしてどのような働き方を選択し、それによって他のどのような可能性を排除しているのかが見えてくるのではないだろうか。
　働き方に関する多様な選択肢を可視化した結果、たとえば、時代の変化を鑑み、雑用や親睦会の幹事などは新人に限らず担当するといった対応が必要になるかもしれない。一方で、時代によって変わることのない仕事の特質に根ざした常識については、職場の同質性を前提として暗黙のうちに了解されていた知識を言語化し、新たに職場に参加する若い働き手にも伝わるよう説明・説得していくことの必要性が明確に意識されることになるだろう。
　このように、若い働き手が問題を語る声を、変われない職場への警鐘として聞き取り、日々、何気なく行っているあたりまえの実践の意味を問い直してみること。それによって、これまでの職場をつくりあげてきた働き手の経験を継承しつつ、これからの職場を担う若い働き手が、確かな意味を感じながら継続的に働くことができる職場のあり様を模索していくことができるはずである。

第4章　若者と仕事の意味

【註】
註1　研究対象とする社会に入り込み、その一員として長期間にわたって生活するなかで、日常生活を直接的に体感したり、人々に聞き取りを行ったりして、その社会を調査する方法のこと。

【引用文献】
1）本田由紀・内藤朝雄・後藤和智『「ニート」って言うな！』光文社 2006年　pp.15-112
2）阿部真大『搾取される若者たち―バイク便ライダーは見た！』集英社 2006年　pp.97-145
3）湯浅誠・仁平典宏「若年ホームレス―「意欲の貧困」が提起する問い」本田由紀編『若者の労働と生活世界―彼らはどんな現実を生きているか』大月書店 2007年　pp.329-362
4）H.ガーフィンケル（秋吉美都訳）「カラートラブル」山田富秋・好井裕明編『エスノメソドロジーの想像力』せりか書房　1998年　pp.10-29

【参考文献】
・好井裕明『「あたりまえ」を疑う社会学』光文社　2006年
・山田富秋・好井裕明・山崎敬一編『エスノメソドロジー―社会学的思考の解体』せりか書房　2004年
・A.シュッツ（那須壽ほか訳）『生活世界の構成―レリヴァンスの現象学』マルジュ社　1996年
・桜井厚『インタビューの社会学―ライフストーリーの聞き方』せりか書房　2002年
・山北輝裕『はじめての参与観察―現場と私をつなぐ社会学』ナカニシヤ出版　2011年

> **コラム**　「語りたいこと」に出会うフィールドワーク

　「人の人生を消費するな！」ある研究者が、インタビューの対象者から投げかけられた言葉である。大学のレポートや発表で取り上げたいというインタビューの依頼が何度かあり、会ってみると、「聞きたいことだけを聞いて帰っていく」。「研究者」不信の背景には、どうやら、このような経験の蓄積があったようなのだ。予め仮説を立て、その人の人生がどのようなものか決めつけ、それに合致することだけを手短に聞き出していく。おそらくこのような「調査」が行われたのではないだろうか。フィールドワークという言葉が、インタビューや参与観察の代名詞となり、社会調査のポピュラーな「技法」になりつつある今、すぐにでもフィールドに飛び出したくなるかもしれない。だが一息いれて、いくつかのことを考えてみよう。

　まず、なぜインタビューや参与観察なのだろうか。文献調査、アンケート、質問紙法、すべてが広義のフィールドワークである。「猫も杓子も」インタビュー、参与観察である必要はないのだ。そして、インタビューや参与観察という調査方法を選ぶとき、そこには、フィールドの人々の「生きられた経験」を知りたいという関心があるはずだ。フィールドで生きている人々に出会い、よそ者として肘鉄を食らいつつ、なんとか自分の存在を説明しようともがくなかで、そのフィールドならではの流儀や価値観が見えてくる。いわばフィールドに学ぶことを通して、人々の「生きられた経験」に接近することができるのである。

　また、このように、調査者が人々の「生きられた経験」に接近しようとすることは、他者の人生や生活空間に土足で踏み込んでいくことでもある。フィールドを生きる経験の、フィールドを生きる人々にとっての意味を理解しようともせず、「研究者」という「高み」から自説を押しつける「仮説検証型」のフィールドワークは、調査のために他者の人生を利用し、消費することに他ならない。

単なる情報提供者としての「インフォーマント」を「調査」するのではなく、フィールドに学び、フィールドを生きることの、人々にとってのリアリティを理解しようとすること。そのようなフィールドワークを通してこそ、調査者は、自分が「聞きたいこと」ではなく、フィールドの人々が「語りたいこと」に出会い、また、フィールドの人々も、調査者を受け容れ、調査者に対して語ることに、何らかの意味を見出すことができると思うのだ。

第5章
「格差社会」としての日本

　2000年代に入ると、社会におけるさまざまな「格差」が注目を集めた。「格差」の議論は、研究者のなかだけにとどまらず、マスメディアから国会審議、そして、国政選挙のなかでも取り上げられ、「格差是正」が政策課題のひとつとして扱われるに至った。これは、「格差」の拡大が解決すべき社会問題として認識され、「格差社会」が部分的な社会問題ではなく、日本社会全体のあり方や方向性に関わる問題として議論されてきたことを示すものである。本章では、「格差」が社会問題として認識された理由と意味とを考察する。

　「格差社会」が論じられる前から「格差」は存在し、貧困に苦しむ人々がいた。なぜ、21世紀の日本社会に「格差社会」論が浮上し、問題状況として受け止められているのだろう。

　その理由のひとつは、「格差社会」論が日本社会の質的な変化に呼応するかたちで起きていった議論であるという点にある。それは、能力主義や市場原理主義、グローバリズムといった新しい経済原理が、日本社会に浸透していく過程とともに「格差社会」論が湧き起こってきた同時性である。新しい経済原理の浸透が、今までとは異質なものとしての「格差」の拡大や、貧困と不平等とを生み出していると人々が感じはじめたところに、「格差社会」論が流行する下地ができあがっていったと考えることができる。

　もうひとつは、拡大する「格差」に直面して、人々はどのような行動をとったらよいかという明確なモデルがなく、どのような社会をめざせばよいのかという方向も見えないからである。

　「格差社会」を現代の日本社会に現れた病理に対する診断として扱うと、その議論はあまりにも局部的で偏っているように見える。その意味では、日本の社会と社会科学とが、自由で開かれた社会認識に進む過渡的な一形態と

して、「格差社会」論を捉えるべきかもしれない。「格差社会」論をより成熟した社会認識の議論へと深めることで、「よりよい」社会構築のプランやその実現の可能性が生まれるだろう。

1．日本はいつから「格差社会」になったのか

（1）格差論争のはじまり

　2000年代に入ってから、格差と貧困との問題が注目を集めるようになった。経済情勢の悪化と相まって、派遣切りや非正規従業員の解雇による雇用問題が社会的な関心を呼んだためである。それまでは、「日本は格差の小さい中流社会だ」というのが大方の常識とされていたが、経済学者の橘木俊詔は、日本では格差が拡大傾向にあるとすることを論文や著書を通して、1990年代中頃から公にしていた。ただ、この時期はまだバブル経済の余熱も残り、研究の成果が専門書や研究論文の形でしか公表されなかったため、人々の注目を集めるまでには至らなかった。

　しかし、1997（平成9）年に転機が訪れる。この年は、金融機関で不良債権問題が一気に表面化し、山一證券や北海道拓殖銀行が経営破綻するなど、大型の倒産が相次いだ。また、この年に起こったアジア通貨危機によって、アジア各国へ工業製品を輸出する産業の多い日本は、深刻な経済的打撃を被った。

　大口の取引先であるアジアの国々の通貨危機の打撃を正面から受けた日本では、企業の倒産と失業を苦にする中高年男性の自殺者が急増し、社会的な注目を浴びるようになった。この1997年を境にして、格差の拡大に注目が集まる素地ができあがったといえるだろう。

　翌年の1998（平成10）年には、橘木俊詔の『日本の経済格差』が出版される。この著書は、橘木が研究論文や専門書に記していた経済学の所得再分配の視点から分析した所得格差の拡大傾向を一般の読者にも比較的わかりやす

い形で提示したものだった。これによって、日本の所得格差が1980年代から急速に拡大していること。国際的に見ても、日本が先進諸国のなかで格差の比較的大きい国のひとつになっていることが注目されるようになり、格差拡大をめぐる論争のひとつの出発点になった。

　もうひとつの出発点としてあげられるのは、佐藤俊樹の『不平等社会日本』だろう。佐藤は社会階層論の視点から、親の所属する社会階層が、将来子どもが所属する社会階層におよぼす影響力（出身による機会の格差）が増大傾向にあると指摘した。

　この2つの議論については、専門的な研究者の間で多くの検証と論争が行われ、これまでに結論の一部が修正されたり補強されたりしているが、現在に至る格差論の文脈には、所得分配論の視点による所得格差の拡大と社会階層論の視点による機会の格差の拡大（人々が親の所属階層にどれだけ拘束されるか）という2つのアプローチが、議論の中心にあり続けてきたということである。

　格差の拡大に警鐘を鳴らし是正を求める動きとともに、「格差は悪いことではない」「格差があるから活力が生まれる」といった格差を容認し肯定する論者も登場するようになった。「機会の平等」が保障されていれば、格差は公正な競争の結果として生じるものであり、格差が広がっても問題はないという正論とも思える主張も登場した。

　しかし、この主張には、現実には親の世代の「結果の格差」が、子どもの世代の「機会の格差」を生み出しているという大きな問題を考慮していない。そして、格差容認・肯定論者たちが考慮しないのは、格差が拡大した場合に格差の底辺にいる人々の生活がどうなるかという点である。

　近年の生活保護制度に対する批判などに鑑みると、憲法第25条にある「健康で文化的な最低限度の生活」が不可能なほど貧困な人々が増えることについて、格差の拡大をどこまで許容するかということの社会的合意も崩れつつあるように思われる。大量の貧困を生み出すほどの格差拡大が許容されることに、社会的な合意が形成されてはならないはずだが、生存権そのものを正面から否定する過激な論調も聞こえはじめている。

「格差社会」がしばしば感情的な盛り上がりをもって語られ、格差の底辺層への攻撃に変わってしまうのには、今日の経済格差に直面して人々はどのような行動をとったらよいのか、そして、どのような形の社会をつくりあげるべきなのかにおいて、明確なモデルがないことに理由がある。めざすべき社会の展望がないままに問題状況として受け止められ、解決の糸口を見いだせないところに格差論の難しさがある。次に、この難しさについて掘り下げてみよう。

（2）格差論の難しさ

　格差論の難しさは、格差という言葉自体が何を示しているのかについて必ずしも国民的な合意ができていないままに語られ続けていることにある。そして、格差についての議論が深められているわけではないということである。ここでは格差を語る際にぶつかる問題を取り上げ、その難しさについて考えてみたい。

　格差というとき、一般には所得の格差を示している。それが、戦後の日本で拡大したのか、それとも格差の拡大ということ自体が幻想であるのかについて判断しようと思うならば、総務省が出している家計調査年報[注1]などを参照すればよい。

　仮に、所得の大きいほうから20％を高所得世帯層とみなし、所得の小さいほうから20％を低所得者層とみなし、両者を所得倍率で比較すれば、その幅は高度経済成長期に縮まり、停滞期の1990年代初頭に広がっている。しかし、格差が大きく広がったとイメージされる小泉純一郎内閣の行政改革の期間（2001〈平成13〉年4月〜 2006〈平成18〉年9月）には、むしろその差は縮まっている。なぜだろうか。

　それは、総務省から公表されている世帯間所得格差のデータには、ニート、フリーター、単身高齢者などが集計されていないからである。格差の実態は、データから除外されているニート、フリーター、単身高齢者にこそ現れやすいのだが、そうした人々を対象に含めない調査なのである。

　一方で、ニート、フリーターを含む調査には、厚生労働省の「国民生活基

第5章　「格差社会」としての日本

礎調査」がある。「国民生活基礎調査」によると、1980年代後半からその格差はずっと拡大傾向にあることが見てとれる[註2]。

　しかし、所得の上位20％と下位20％に対する所得倍率で示される格差指標とは、何を意味するものかということについて議論の余地が残る。上下20％ずつを切り取って比較することに、統計上の手続きとしての正当性は確保されつつも、格差を論じる際になぜ切り出すのが所得の上下からそれぞれ20％ずつなのかという、数字の根拠そのものへの言及がほとんどなされていないからである。

　高所得者が、バブルの崩壊や金融崩壊によって所得を一気に失えば、それだけで格差は縮小されるし、失業者の減少や高齢者に対する年金の給付が増えることでも格差の縮小は指標に表れるので、格差の実態を数値だけでつかむことは難しい。

　世論（国民の社会的意識）は、その時代の世相や事件、特徴的な出来事を捉えて変化する。たとえば、「勝ち組」や「負け組」といった言葉の流行、ニートやフリーターの増加、時代の寵児ともてはやされる六本木ヒルズの入居企業の経営者の動静や生活保護受給世帯の急増を報じるニュースを頻繁に見聞きすれば、人々はそれらの社会現象を格差の拡大として印象に留めることになる。

　実際のところ、本当に格差が拡大しているのか、なぜ格差が広がるのか、どのくらい格差が拡大しているのかといったことは、統計的なデータからだけではよくわからない。

　とはいえ、実態としての格差を正確に表現することができなくとも、2000年代に入ってからの人々が寄せる格差への意識の高まりは強くなっている。この意識の高まりをもってして「格差社会」といわれているのではないかという考え方もできるだろう。言い換えれば「格差社会」とは、人々が強く格差を意識する社会（「格差社会」＝「格差」コンシャスな「社会」）であるという見立て方である。

　本章で格差社会を「　」にくくって「格差社会」と表現しているのは、統計的な所得格差だけを問題とするのではなく、意識的な格差（社会的文脈

113

としての格差意識の広がり）についても論じるためである。それは、社会に瀰漫(びまん)するストーリーとしての格差意識（あるいは「物語としての格差社会」）の発生について、分析することでもある。次節ではその問題設定について考えてみよう。

（3）格差をめぐる問題設定

「格差」とは、言葉そのものの意味でいえば、単に量的な差異がある状態を示す用語に過ぎない。「格差」自体には、差異がある状態についての分析的な認識は含まれていないし、良し悪しについての明確な価値判断も含まれていない。

一方、「不平等」「不公平」という用語には、これらの差異が何らかの意味で不当なものという分析的な認識とともに、是正を必要とするものであるという価値判断が含まれる。これに対して「格差」という言葉には、分析的な認識や価値判断が希薄である。

「格差」の議論がメディア等で盛んになると、なぜ「不平等」や「貧困」「差別」という言葉を使わないのかという批判があがるようになった。批判を前向きに受け止めるために、なぜ、2000年代の日本社会に「格差社会」論が浸透し、「格差」の拡大が社会問題として取り上げられるようになったのかを考えてみよう。

「格差」を研究する学問が、今までになかったわけではない。マルクス経済学者たちは、旧来より「格差」や「差別」のあることを問題視し、近代経済学者たちは「格差」の存在を容認（あるいは積極的に肯定）する立場にあり、「格差」をめぐる学問上の論争が行われていた。

しかし、マルクス経済学が退潮して行くと論調は目立つものではなくなり、一般の人々がそれほど関心をもつこともなかった。それが、2000年代に入って急速に進展した市場原理主義やグローバル化といった変化からもたらされる貧困や不平等の増大に対して、広く一般的な関心が集まるようになったところに、「格差」を問題視する論調が再浮上してきた。

論調として注目されたのは、経済学的な視点からの所得格差の動向だけで

はなく、親の教育水準（学歴）や職業水準（肉体労働か専門・管理的労働か）が、本人（子ども）の教育や職業にどのような影響をもたらすかというものであった。つまり、親子間での教育格差が職業格差にどのように伝播するのかといった点であり、世代を越えて広がる「格差」であった。

　ちょうど、このころに貧困をめぐる報道が盛んになり、生活保護世帯の激増、生活保護申請を窓口で拒否されたことによる餓死者や自殺・介護殺人の続出、「ワーキングプア」「ネット・カフェ難民」の増加などが、社会的な関心を集めた。

　こうした報道により、格差拡大によって貧困層が増大すれば、進学できない若者や生活に追われて職業能力の開発ができない人々の出現が、広く一般的にも理解されるようになる。親の貧困という「結果の不平等」（親世代の所得格差）の拡大によって子どもの「機会の平等」が損なわれると、貧困層の子どもたちは進学や職業獲得の機会を失うことから、機会の平等を確保するためには、ある程度の結果の平等の確保が不可欠なのである。

　「格差社会」論によって、貧困に注目が集まるようになったことは、歓迎すべきことである。しかし、これまでの格差論争の流れを見ると、貧困状態の定義を厳しくし、生活保護基準を低く改訂して被保護者の範囲を絞り、これらの人々さえ支援していれば、格差の拡大に問題はないという議論が台頭しつつあるように見える。

　現代の貧困とは、食うや食わずの飢餓状態を指すのではない。社会のなかで多くの人々が送っている「標準的な生活様式」あるいは「ふつうの暮らし」から脱落することが貧困なのである。すべての人々が人生における同等の可能性を保障されるためには、結果の平等を通じた機会の平等の回路の確保が課題とされる。

　これは、すべての人が大学に進学しなければならないとか、すべての人が一律の収入を得なければならないというように、特定の機会の達成や福祉の水準を一方的に押しつけるものではない。残存する非合理的な格差を是正し、急速に進展した市場原理主義やグローバル化がもたらした現在の格差状況を乗り越える議論が求められている。

2．「格差社会」論の社会的文脈

（1）「格差社会」論と社会学
　「格差社会」をめぐる論争は、社会学者を中心に起こり、若手の研究者をはじめ多くの人々が関心を集めた。「格差社会」論は、かつて「1億総中流」といわれた日本社会の一体感が去り、失業率の上昇や働いた収入だけでは食べていくことさえ困難な貧困層の増加が意識されるようになって唱えられはじめた。

　社会学者が「格差」を論じるときは、親子間の教育格差が職業格差にどのように伝播するかという社会移動[註3]への関心が強い。この社会移動に焦点を当てた議論の代表は、佐藤俊樹『不平等社会日本』、橋本健二『階級社会日本』、渡辺雅男『階級！』、原純輔・盛山和夫『社会階層』、白波瀬佐和子『少子高齢社会のみえない格差』、吉川徹『学歴と格差・不平等』、山田昌弘『希望格差社会』などであろう。

　上記に列挙した著作に接すると、社会学者の間でもマルクス主義に近い人と、そうでない人とがいることがわかる。マルクスに近い人は、「階級」という言葉を用い、そうでない人は「階層」や「格差」といった言葉を用いる傾向があるように見える。

　マルクス主義経済学は、資本家階級と労働者階級とを対比し、資本家階級が労働者階級を搾取することを唯物史観に基づいて説明している。この学説に親しみを抱く社会学者は、「格差」を上層階級が下層階級を支配し搾取している結果とみなす対立関係におき、階級の廃絶による「格差」の解消を強く主張する。

　また、マルクス主義に距離を置き、支配・被支配／搾取・被搾取という対立関係を前提とせずに、階層という言葉を用いて上位階層と下位階層とを対比させ、単純な上下の位置関係に留めようとする立場の社会学者もいる。マルクス主義では「格差」に対する価値判断が明確になされるが、非マルクス主義では「格差」に対する価値観を保留にした状態での分析がなされ、機会

第5章 「格差社会」としての日本

の平等を確保することで「格差」の解消を主張する。

　両者の議論は、「格差」を階級や階層において生じる差異であると捉える点において共通している。しかし、どういう特定の差異が、存在してはならない「格差」であるのかについて、ともに「格差」という言葉の外部に論証する根拠をもたない。そのため、「格差」の取り上げ方が恣意的になったり、かたよった社会像を与えたりする危険性があることに対して、十分な配慮が必要である。

　では、どのような「差異」があった場合に、それは解消すべき「格差」として合意されるのだろうか。それは、その「差異」が、① 望ましいものではなく、② 社会の内部で生産されていて、③ 次の世代に再生産される場合であると考えられる。世代間における再生産を経済学や政治学があまり扱わず、社会学が議論してきたのは、社会学が世代の再生産の場である家族を研究対象とするからである。

　「格差社会」論は、社会学の場だけではなく、マス・メディアにも注目された。そのために、学術的な社会理論としては広く一般にも知られ、流行語にもなった。マス・メディアでの報道や議論の特徴は、かつての日本は均質的な社会であり、比較的平等な状態であったとする事実の誤認。そして、「格差」の拡大が社会を解体するという強い危機感から、「格差」を解消するべきだと比較的素朴に主張することである。あるいは、規制のない自由な社会で、個々人のあいだに「差異」が生まれるのは当然であるとして、「格差」を積極的に容認しようとする対照的な論調も出現した。

　今日の自由主義的な社会において発生する「差異」において、どれを解消すべき「格差」として扱うかについては、ていねいな議論が必要である。こうして「格差社会」論は、自由主義的な社会論を潜在的な論敵とする。次に、自由主義的な社会論と「格差社会」論との関係を考察してみよう。

(2)「格差社会」論と自由主義

　「格差社会」論が「格差」を解消すべきものと考えるのに対し、自由主義は「格差」を解消すべきではないと考える。それは、自由主義が「格差」を自由な

市場から自然に生まれるものであり、政府が意図して再分配を行えば平等を実現できると考えるからである。もう少し詳しくいうと、自由主義の立場の考え方は、機会の平等が確保されたうえで生じた結果の差異を解消すべき「格差」とはしないということである。現代社会は、自由な市場と政府との組み合わせによってできている。では、自由と平等とはどのように実現されるべきであるのか。「格差」はどこまでが許容され、どこまでが是正を必要とされるものなのか。

　ここでは、「格差社会」論の射程と限界とを明らかにするため、自由主義的な社会論との比較において考えてみよう。ここでの自由主義的な社会とは、市場の自由を最大限に尊重し、限られた場合（自由な市場の前提が崩れるとき）にだけ、政府の規制などの政策手段がとられる社会を指す。

　「格差社会」論は、近年増加し続けている非正規雇用労働者に焦点を当てた議論が主流になっている。それは、多くの企業で正社員が減る一方、派遣労働者やパートタイムでの従業員が増えているなかでの労働環境の変化を捉え、非正規雇用労働者の賃金や待遇が、正規雇用労働者のそれらに比べて著しく低水準にとどまっていることを、「同一（価値）労働同一賃金」の原則に反するものとして問題視する。

　「同一（価値）労働同一賃金」は、自由な市場を実現するためのスローガンであり、自由主義的な社会論も賃金の「格差」に反対する。自由主義は、正社員の賃金や待遇が、パート従業員や派遣社員に比べて高すぎるという形で問題にするだろう。自由主義には、「格差社会」論とは逆向きに「格差」を解消すべきだという論調もあるのだ。

　自由主義的な社会論は、どこに平等があり、どこに差異があるべきかについての価値判断を備えている。それは、生得的な能力の違いや努力や運の結果に生じる差異を是認すべきものとして捉え、相続した財産なども原則として容認される。しかし、遺産などの場合は差異が固定化しないよう、相続税などの一定の是正措置が講じられる。自由主義的な社会論においては、差異が固定化し平等で公平な競争が妨げられる状況を産む「格差」に敏感で、介入が正当化されるのである。

現代の日本は自由主義的な社会であるから、人々は平等や公平について敏感である。ただ、その敏感さには極端な指向性がある。たとえば、入社年次による賃金、待遇や地位の差異を問題にすることは少ないけれども、同期入社の集団内においては平等であることが当然とされる。さらに、同業他社との賃金や待遇の差異よりも、社内の部署・部門間でのそれらに不満をもちやすいなど、敏感さは内側に向く傾向があるように感じられる。

また、組織や集団の「正式なメンバー」と認められない人々が、どれだけ冷遇されていても、さして気に留められないことも多い。女性や子ども、高齢者、パートタイム労働者、外国人、障害者が、そうした例である。

日本人は平等志向が強いといわれる。しかし、それが妥当するのは、特定の社会的文脈においてだけである。その社会的文脈とは、人々がお互いを「正式なメンバー」と見なす同胞意識の届く範囲に限定された、狭い社会観で共有される「物語」である。

だから、「あるべき平等」や「あるべき差異」についてのイメージが、「物語」の数だけ、日本社会全体に散らばっているともいえる。「格差社会」論は、そうした平等と差異とをめぐるいくつかの「物語」を考察する社会理論のひとつである。「格差社会」論が、日本社会全体に対して、どのような平等、公正、差異が実現すべきかについての「最適解」(是正のための積極的な提言)を出せないことは、必然的な限界なのである。

(3) 格差の拡大はなぜ問題なのか

前項で「格差社会」論が、是正のための積極的なプランを提出しないことに触れた。それが「格差社会」論の限界であると説いたけれども、「格差」の状況を告発しその拡大を問題として提起したことは、「格差社会」論が社会理論として果たした功績のひとつである。ここでは、「格差」の拡大はなぜ問題なのかを考えてみよう。

それは、第1には「格差」の拡大が貧困層の激増をもたらすからである。2006年のOECD報告書『1990年代後半におけるOECD諸国の所得分配と貧困』を見ると、日本の貧困率がOECD平均の10.2%を大きく上回る15.3%で、加

盟27か国中5番目に大きいものだった。メキシコやトルコ、アイルランドを除くと、先進国のなかで日本はアメリカに次ぐ第2位の貧困大国といえる。

　この報告書が発表される以前から、生活保護世帯の急増、生活保護申請を窓口で拒否されたことによる餓死者、自殺、介護殺人の続出、「ワーキングプア」の増加、「ネット・カフェ難民」の出現などが報道され、貧困問題が人々の注目を集めていた。実際、この時期の餓死者は、2003（平成15）年が93人、2004（平成16）年が68人、2005（平成17）年が77人に上っており、その大部分は40歳から64歳の男性であった[注4]。

　ときの政府は小泉純一郎内閣であり、「格差」自体には問題がないとしていた。しかし、貧困対策の必要性を認めていた。それは、「貧困」が「存在すべきでない」という善悪の価値判断をともなう概念だからである。というのも、憲法第25条において保障される「健康で文化的な最低限度の生活」（生存権）をむしばむものが「貧困」だからである。

　何をもって「健康で文化的な最低限度の生活」を指すのかを、ここで詳しくふれる余裕はない。ただ、「格差」の拡大とともに生活の困窮に至る人々が増えているという事実は、否定できるものではない。ここに、「格差」の拡大と貧困とが解決すべき問題であるという点が再認識されたのであった。

　第2の問題は、「格差」の拡大によって「機会の平等」そのものが危うくなるということである。「格差」とは、多くの場合に所得分配の結果に関する記述的な概念として使われ、本来はそれぞれに生じた差異を示し、発生した差異に対して善悪の価値判断をつけるものではない。

　しかし、この所得分配の結果という経済的な「格差」（＝「結果の不平等」）そのものが「機会の平等」を損なうということが考えられないだろうか。「格差」の拡大によって生活が困窮する人々が増えれば、そうした親をもつ家庭の子どもたちは、進学を断念せざるを得ないだろう。あるいは、日々の生活に追われ、新しい仕事に就くための技能を習得する機会を逃してしまう人々が増えるかもしれない。こう考えると、「機会の平等」自体を実現するためにも、ある程度の「結果の平等」の保障が不可欠となる。

　「格差」とは、善悪の価値判断をともなわない語義であるから、「格差」の

拡大に問題はないという言説は成立する。しかし、社会における実態としての「格差」の拡大は、貧困層の増加をともなって進行している。そして、「格差」の拡大を放置すれば、その貧困が子世代に継承されてしまう可能性が高い（貧困の世代的再生産）。

経済的な「格差」という親世代の「結果の不平等」の拡大が、子世代の「機会の不平等」をもたらしているとすれば、一定までの「結果の平等」が必要だという原則を認めざるを得なくなるだろう。それに、現代では「機会の平等」の実現が、すでに否定できない社会的合意となっている。そこで、次節では貧困層の拡大と「機会の不平等」の拡大とについて、詳しく見ていこう。

3．「格差社会」と「機会の平等」

（1）「結果の格差」と「機会の格差」

所得の高低という経済的な格差が注目されるようになって、広く知られるようになった統計学上の専門用語に、「ジニ係数」がある。この数値は、人々のあいだの格差の大きさを0から1までの範囲で示したもので、格差が小さいほど0に近づき、格差が大きいほど1に近づく[註5]。

多くの場合、ジニ係数は個人所得あるいは世帯所得に基づいて算出される。個人所得から算出されたジニ係数と世帯所得から算出されたジニ係数とでは、個人所得から算出したときのほうが数値として高くなる。算出する根拠によって数値に高低が現れるが、ジニ係数が表現しているのはその社会に存在するすべての個人あるいは世帯の格差の総量ということである[註6]。

ここで注意しなければならなのは、ジニ係数で示された所得格差の大きさは、男女間といった性別の違いによる賃金の格差だったり、高卒と大卒といった学歴間での所得の格差、大企業と中小企業といった企業規模間での所得の格差、製造業と農業といった産業間での所得の格差というように、それぞれのカテゴリー間の格差の大きさとは、必ずしも結びつかないことである。

しかし、格差をもたらす要因は、年齢、性別、学歴といった個人の属性や所属する企業、業種といったカテゴリカルなものでもある（カテゴリー間格差）。
　個人あるいは世帯というミクロな単位から算出されるジニ係数が表現しているのは、その社会に存在するすべての個人間格差あるいは世帯間格差の総量である。全体としての格差が拡大しているということと、カテゴリー間格差がどう変化しているかは、別の問題として捉えるべきである。格差の動向を見るためには、個人間格差とカテゴリー間格差との両方に注目する必要がある。
　これらのことに注目しながら、次に結果と機会との格差について考えてみよう。
　結果の格差とは、人々が最終的に手にする財の量や種類における格差のことを示す。財とは所得や資産などの財貨という有形のものだけではなく、社会的地位や権力、名誉、やりがいのある仕事や生きがいといった無形のものも含まれる。これらは、社会的資源と総称されるから、結果の格差とは、人々が手に入れる社会的資源の格差であるといえる。
　これに対して機会の格差とは、社会的資源を獲得するチャンスの格差のことを示す。機会の格差では、性別、人種や民族といった出自などの生まれながらに決まっていて変えることのできないカテゴリーによって、将来獲得できる社会的資源の量や内容が左右される状態があげられる。本人の属性によって得られる機会に生じる格差を社会的に好ましくないものとみなし、「機会の不平等」と価値判断を含んだ呼び方をすることもある。
　「結果の格差」と「機会の格差」とは、このようにそれぞれ別の問題として考えることができる。

（2）格差と貧困

　しかし、現実には「結果の格差」と「機会の格差」とは強く関連し合っている。結果に格差が生じるからこそ、有利な結果をもたらす機会の獲得に必死になるのである。その意味では、「機会の格差」とは、「結果の格差」の一類型で

もある。性別や出身などのカテゴリーによって生まれる「結果の格差」には、「機会の不平等」が原因としてあるからだ。

　ここで親の所得に格差がある場合、この格差は子どもの将来における「機会の格差」に関わってくる。それは親の所得が、子どもがどのような環境で育つか、大学まで進学できるか、どのような財産を親から受け継ぐことができるかに影響を及ぼすからである。このように、親世代における「結果の格差」が、子ども世代にとっては「機会の格差」として受け継がれてしまうのである。ここに、貧困が世代を超えて再生産されてしまう理由がある。一般化していえば、過去における「結果の格差」が、未来における「機会の格差」を生み出すことになるのだ。

　この点から考えていくと、「機会の格差」を含まない純粋な「結果の格差」は、ほとんど存在しない。というのも、ある人が現在得ている収入や社会的地位という結果は、その人の過去の職業や学歴という機会が前提となっているからである。短期間のうちに貧困層から富裕層へ、派遣労働者から大企業の経営者やオーナーになることは不可能に近い。人は簡単に自分の勤め先を移ったり、学歴を変えたりすることはできないから、学歴間格差、産業間格差、企業規模間格差などにも機会の格差という要素が含まれている。

　これまでの「格差社会」をめぐるさまざまな議論は、基本的には「結果の格差」と「機会の格差」という2つの問題をめぐって展開されてきたといっていいだろう。ここで問題になるのは、拡大する格差の底辺にいる人々の生活である。全体としての格差の大きさだけではなく、貧困がどの程度存在しているかにも注目する必要がある。

　先進諸国の経済格差と貧困率を比較検討したOECD（経済協力開発機構）の報告書「拡大する不平等？　OECD諸国の所得分配と貧困」(2008年)から、OECD加盟諸国のジニ係数と貧困率とを見てみよう。図5－1で示す国々は、ジニ係数と貧困率の高い順に並べ替えてある。

　日本のジニ係数は0.321でOECD諸国平均の0.311より大きく、加盟30か国中10位である。ジニ係数を高いほうから見ていくと、メキシコ、トルコ、ポルトガルなどの先進国とはいいかねる国々が上位を占めており、北欧・中欧

の主要国はすべて日本よりジニ係数が小さい。日本は、主要先進国のなかでは、格差のかなり大きい部類の国だということができる。

注目すべきは、貧困率の高さである。貧困率の高さでは、メキシコ、トルコ、アメリカに次いで、日本は第4位に位置する。ポルトガルやイタリア、ギリシャなどの日本よりジニ係数の大きい南欧諸国も、貧困率では日本よりも低い位置にある。こうして加盟国のなかで日本の特徴を見ていくと、所得格差は「大きい部類の国」にとどまるものの、貧困率では「トップレベルの国」ということになる。格差の拡大以上に、貧困の増加が進んでいるという現状に注目することが、「格差社会」を論じるうえで重要になってくることがわかるだろう。

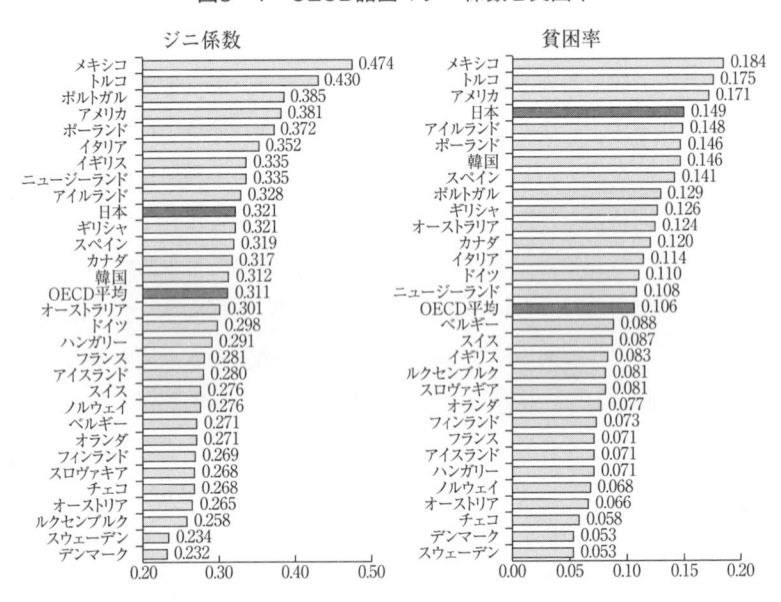

図5-1　OECD諸国のジニ係数と貧困率

国	ジニ係数	国	貧困率
メキシコ	0.474	メキシコ	0.184
トルコ	0.430	トルコ	0.175
ポルトガル	0.385	アメリカ	0.171
アメリカ	0.381	日本	0.149
ポーランド	0.372	アイルランド	0.148
イタリア	0.352	ポーランド	0.146
イギリス	0.335	韓国	0.146
ニュージーランド	0.335	スペイン	0.141
アイルランド	0.328	ポルトガル	0.129
日本	0.321	ギリシャ	0.126
ギリシャ	0.321	オーストラリア	0.124
スペイン	0.319	カナダ	0.120
カナダ	0.317	イタリア	0.114
韓国	0.312	ドイツ	0.110
OECD平均	0.311	ニュージーランド	0.108
オーストラリア	0.301	OECD平均	0.106
ドイツ	0.298	ベルギー	0.088
ハンガリー	0.291	スイス	0.087
フランス	0.281	イギリス	0.083
アイスランド	0.280	ルクセンブルク	0.081
スイス	0.276	スロヴァキア	0.081
ノルウェイ	0.276	オランダ	0.077
ベルギー	0.271	フィンランド	0.073
オランダ	0.271	フランス	0.071
フィンランド	0.269	アイスランド	0.071
スロヴァキア	0.268	ハンガリー	0.071
チェコ	0.268	ノルウェイ	0.068
オーストリア	0.265	オーストリア	0.066
ルクセンブルク	0.258	チェコ	0.058
スウェーデン	0.234	デンマーク	0.053
デンマーク	0.232	スウェーデン	0.053

出典：OECD,2008,Growing Unequal?
Income Distributionand Poverty in OECD countriesより筆者がグラフを作成。
資料：OECD東京センター　http://www.oecdtokyo.org/（2013年2月閲覧）

(3) 2つの震災が示すもの―阪神・淡路大震災と東日本大震災―

　震災は、誰をも等しく襲うものではない。社会のなかでより底辺にある人々ほど被害を受けやすく、災害からの生活の再建が難しいのである。それは、同じ災害にあってもそれに対処できる余力が、人によって異なるからである。同じ境遇であっても、貯蓄がある人、親せきや友人などの人的資源がある人、専門的な技能や幅広い人脈などがある人は、それらがない人に比べてそこから脱出することが、比較的に容易であろう。

　最も懸念されるのは、高齢者、低所得者、障害者、病弱者、ひとり親世帯、女性、子ども、外国籍の人々などの社会的弱者である。こうした人々は、震災そのものの影響に対処する力が弱いうえに、震災から発生する2次的被害にも遭いやすい。避難所や仮設住宅の生活は、特に高齢者や病弱者、障害者にとって過酷であり、避難所や仮設住宅で亡くなる高齢者も多い。

　阪神・淡路大震災では、震災後2年たってから仮設住宅での孤独死が急増したという。東日本大震災でも、仮設住宅での数多くの孤独死がすでに報じられている。孤独な死を遂げられた方のほとんどは、震災前から安定した生活基盤をもっていない貧困層であった。

　震災の恐ろしさは、家屋の倒壊や火災といった直接的な被害に加えて、2次的、3次的に間接的な影響が現れることである。間接的な影響は、すぐに顕在化するとは限らず、災害後数年たってから顕在化し、災害の被害と認識されにくいものもある。たとえば、震災後に鉄道や道路などの交通基盤が整わないため多くの人々が地域を去り、地元の商店街が経営不振に陥るといったように、直接的な被災を免れた人々にさえ間接的な影響が及ぶ。

　また、東日本大震災で起きた東京電力福島第1原子力発電所の事故では、放射性物質の飛散による汚染被害や風評被害、出荷停止といった農業・漁業への損害、計画停電による企業収益の悪化、節電による日常生活への影響などの莫大な被害が明らかになり、被害者への賠償の完了や廃炉までの収束も見えない。

　地元での産業や雇用が失われることから、被災者によっては生活再建どころか時間の経過とともに収入が低下することもある。また、被災者救済のた

めに設けられてきた政府系の融資の返済時期が来ることや、住宅再建や事業再開のための借金の返済がはじまるために、2次的、3次的な経済的インパクトが被災者に訪れるのである。

　阪神・淡路大震災では、自営業者の83%は店舗や事業所が全壊、全焼した。震災後9年たった時点においては、約6割が本格的に再開しているが、震災後に廃業と、いったん再開後に休・廃業した自営業者は計18%あった。さらに、転業や転職を加えると、3割近くの人が仕事の変化を迫られている。また、11%が震災から9年後も、仮設の店舗や事業所で営業を続けていたという（神戸新聞「阪神・淡路大震災9年被災者追跡調査」）。

　多くの被災者は震災を乗り越えていくであろう。しかし、一部の被災者だけではなく、震災を乗り越えていくことのできない人々も少なからず存在する。その間にあるのは、震災前からの境遇の違いである。震災前から社会に潜在していた「格差」が、震災後により強固になって顕在化するからである。

　東日本大震災の1か月後くらいから、直接的な被害のあまりない地域においても、雇止めや解雇が増えはじめた。営業店舗や工場の閉鎖に至ったための解雇よりも人員整理のための解雇が多く、震災に便乗したものと思われる。

　このように、2次的、3次的な被害は、必ずしも震災の直接的な被害によるものだけではない。そして、これらは社会の底辺の人々により大きく影響する。間接的な被害にも対応するには、最も弱い人々のセーフティネット全体を底上げする必要がある。

4．格差拡大の原因を考える

(1) 日米経済摩擦によるアメリカの対日強行圧力

　人口の増加とともに生産量が上がり、経済が発展する。発展段階においては、生産力が増大する一方、充足されていない人々の需要で消費が活発になり、市場が拡大する。たとえば、ある工場が設備投資をした結果、翌年その

工場の生産量が増える（投資による生産増）。この増えた生産量のすべてを人々が買い、まだ欲しいという人々もいる。すると、その工場は生産量を拡大するためにさらに翌年の設備投資を増加する。投資による生産量の増加とそれを吸収する消費との循環があることによって、経済は拡大均衡する。消費の増加をもたらすのは人口の増加であり、拡大する生産によって不足した労働力を補うのも人口の増加である。

拡大均衡の土台が崩れると、投資をして生産量を増やしても消費が追いつかないので在庫余りとなる。在庫を安く叩き売ると当初の利益を上げられないので、人件費や設備投資を削らなければならない。生産量を増やす必要がない、あるいは減らす必要に迫られた企業は投資を行わず、新規の雇用を控えたり従業員の賃金を減らしたり解雇を行う。

経済が好況のときは、生産量に対して消費量の方が上回ることが多いから、物価がゆるやかに上昇する（インフレーション）。一方、不況の時は消費が落ち込み、企業は在庫を処分するため製品の値段を下げるので、物価が下がる（デフレーション）。

しかし、物価が下がっても収入の減った消費者はモノを買おうとしない。よって、企業は一層値下げをするが、値下げによる利益の減少は人件費の削減によって埋め合わされる。かくして、消費者の購買力は衰えていく。なぜなら、就業時間を離れた従業員は、消費者であるからだ。

経済の視点から眺めると、人口の増加によって需要と供給とがともに拡大しながら均衡していくという今までのパラダイムが、人口減少時代に突入したことで崩壊した。1億3,000万人に達した日本の人口は、2005〜06年をピークにして、急速に減少しはじめた。「格差社会」が注目されはじめたのも、この時期からである。では、この時期が日本社会に変動をもたらすターニングポイントであったのだろうか。実は、今日の「格差」をもたらす社会変動は、それ以前に起きていた。

そのターニングポイントと呼べるのは、1985、86年あたりであろう。1980年代にとられたアメリカの経済政策によって、日本は大きな影響を受けたのである。当時のアメリカは、巨額の貿易赤字に悩んでいた。その原因として

日本車の輸入拡大があげられ、当時のレーガン大統領[註7]は、日本に対してアメリカへの工業製品の輸出を制限し、かわりにアメリカ製品の輸入を拡大させる圧力をかけてきた（日米経済摩擦によるアメリカの対日強行圧力）。

　この圧力を受けるかたちで、中曽根内閣[註8]時代の1986（昭和61）年に、「国際協調のための経済構造調整研究会」（中曽根内閣が1985〈昭和60〉年に日米経済摩擦によるアメリカの対日強行圧力を打開するために設置された私的諮問機関）による報告書（座長に就任した前川春雄元日本銀行総裁の名前を取って「前川レポート」と呼ばれる。以後、本章では同報告書を「前川レポート」と記述する）が提出された。

　「前川レポート」の内容は、輸出だけに頼るのではなく、バランスのよい経済成長を図ることによって、内需拡大、市場開放、金融自由化などを柱とした国民経済向上の施策を旨としていたが、実際には輸入品の購買を奨励するものであり、アメリカ製品の輸入拡大を促すものであった。

　しかし、そのころのアメリカ国内には、海外に輸出して売れるような競争力のある（魅力的な）製品を作り出す工業力は、すでになくなっていた。それは、アメリカの国内企業が安い労働力を求め、海外に生産拠点を移していたからであった（国内産業の空洞化）。生産の現場がアメリカ国内から去り、雇用を担い経済を牽引する産業が存在しなかったのである[註9]。ただ、アメリカが輸出しようとしていたのは、工業製品だけではなかった。

（2）自由貿易と国内産業の疲弊

　日本は、国内の収穫や産業を保護するために関税障壁を設け、外国の農産物の輸入規制を行っていた。しかし、アメリカの圧力の強さから1986（昭和61）年に関税障壁の一部を撤廃し、牛肉、オレンジの輸入が自由化され、価格の安い海外産品に押される形で、国産の野菜や果物が店頭から姿を消していった。

　日本は、工業製品の輸出を選択するために、農業を犠牲にしたのである。非生産的な部門をなくして、競争力のある産業に特化することで効率的な経済成長をめざしたのであった（「選択と集中」[註10]）。

企業にとって人件費が最大のコストだから、効率化を推し進めることは、最終的に人員の削減につながる。この結果、失業問題が生じた。生産過程における効率が上がるほど、その産業の雇用が減退するからである。ところが、農業のように生産性を簡単に上げることのできない産業は、本来、大勢の人手が必要とされる仕事である[註11]。非効率的といわれる農業は、雇用を確保する機能を担っていたのである。それは、好況のときは不足する労働者を都市に供給し、不況のときは都市の失業者を吸収していたのが農村だからである。

　そこで、国民経済にとって最も大切なものは、雇用であると断言したのが経済学者の下村治[註12]であった。しかし、当時の政府の経済政策や企業の経営戦略は「選択と集中」で効率を求め、非採算部門を切り捨てる方向に進み、国内には強い部門だけを残し、大規模な人員削減を行った。非効率な部分はすべて労働賃金の安い海外の国や地域へもって行ったため、国内の労働賃金も海外の安い労働賃金に引きずられるかたちで下降していく。こうして、国内に残った産業に従事する人々の間においても収入が低下し、非採算部門に従事していた人々は職を失うことになった。

　一方で、日本国内の非採算部門を引き受けた海外の国や地域においては、一時的には雇用の増加をもたらすものの、自国における伝統的な産業や発展途上の新しい産業が、海外からの多国籍企業に押し潰されるかたちで衰退してしまう。その結果、それらの国や地域においては、伝統的な産業に従事していた人々が失業し、新しい産業や自前の技術が育たず、経済発展が遅れることにつながる。こうして各国に雇用不安が広がり、賃金が下がっていく。

　長期的な視点での国内の雇用と経済との安定を重視するならば、非生産的なものを排除せず、「選択と集中」による国際競争力の向上とは反対の国民経済という観念がなければ成り立たない。ところが、多国籍企業にとっては、その非生産的な部分を残すことに意味を見いだせない。多国籍企業の価値観に経済政策が影響されてきたのが現代社会の現実であった。

　企業がいくつもの拠点を海外に置くのは、特定の国家の後押しを必要としない生産体制を敷くためである。企業は、リスク分散のために多国籍化する

のである。多国籍企業は、一国の国民経済のことに鑑みず、常に経済合理的な自律的行動をとる。多国籍企業は、最初に中国や韓国を世界の工場として使った。中国や韓国が経済成長し労働賃金が上がると、賃金の低いベトナムやアフリカや南米などに工場を移し、経済成長する国々へ製品を輸出した。

　では、安い労働賃金で雇用されている人々はどうなるのか。多国籍企業は単純に労働力の提供だけを求めているわけでなく、生産性の向上をめざすために現地での民主化や自由化を進め、人々に競争原理と金銭一元的なグローバル経済の価値観を広めていく。そして、多国籍企業の生産拠点が生産コストの安い場所へ去ってしまうと、自国の産業が何も残らない[註13]。「選択と集中」による開発途上国の荒廃は甚だしい。

　成長する市場や生産拠点を移せる新天地が、世界各国にあるうちはよい。今後、さらにフロンティアが限られてくれば、多国籍企業にとっても厳しい状況になる。現在、経済成長している国々もやがて総需要が減退し、魅力的な市場ではなくなるだろう。長期的に見れば、高い経済成長率を維持する国々はなくなっていく。

（3）国民経済の視点を失った政策

　日本の高度経済成長は、約17年間続いた。その後、年率3％くらいの安定成長期が18年ほど続いた。日本において経済成長がこれほど長期間にわたって続いたのは、中間層が生まれたからである。中間層の形成を促したのは、国民所得倍増計画を打ち出した池田勇人内閣のブレーンであった下村治が提唱した「格差の是正」であった。下村は、収入格差と地域間格差との是正を強調し、政府に国民経済を安定的に均衡させることを高度経済成長の理論的支柱として提唱した。下村は、その安定的な均衡において1960年代には経済成長という拡大の選択肢をとれると直観したのであった。だから、1973（昭和48）年の第1次石油ショック後はいち早くゼロ成長論を唱え、経済の縮小均衡を政策提言したのも下村であった。

　しかし、下村のゼロ成長論は採用されず、政策に活かされることはなかった。当時、下村の提唱のなかで政府や国民が理解できなかったのは、「均衡」

という概念であった。人々は市場を拡大し経済を成長させ続けなければ雇用が生まれず、収入も上がらないと思い込んでいる。ましてや、積極的に縮小を選ぶことは、自滅することだと思い込んでいる。だが、下村が重視したのは、拡大か縮小かとの2項対立ではなく「均衡」という視点であり、雇用を安定させて国内の経済を循環させることであった。

新興国の経済成長にも陰りが見えはじめている現在において、信用不安を抱えるヨーロッパや景気の減退するアメリカなどとともに、日本が市場の拡大を海外に求め自由貿易を推し進めることは、総需要の減退した国同士で富の奪い合いをしているようなものである。

今日のこの状況を脱するには、各国が国民経済という枠組みを再考し、構築しなおしていく必要があると思われる。国家には、国としてのそれぞれの発展段階や産業の状況がある。形成過程や発展途上の段階において、国家間の経済で自由競争を行ってしまうと、弱い産業は育たなくなってしまうどころか壊滅してしまい、その産業に従事していた人々の雇用を失うことになる。

それぞれの産業の発展段階を見極めながら関税の障壁を設け、保護しながら育成していくことが必要である。産業の保護育成とともに、国民経済を均衡させていく。均衡させながら少しずつ大きくするのか、小さくするのかを図るべきではないか。人口の減少局面に移った日本においては、人口のサイズに見合うところまで経済を縮小させていくことが自然なことなのかもしれない。

世界経済の観点から見ても、経済成長を長期的に持続させるのに十分なフロンティアは限られてきている。それでも、営業努力と生産性の向上やヒット商品の開発によって、他社や他国のシェアを奪うことで成長することが可能であるという考えを、われわれ自身がまだ捨てきれずにいる。こうした経営の効率化と合理化に対する過剰な期待が、労働条件をより厳しいものとし、結果的に自分たちを苦しめ、生活を疲弊させていることを知っていても、成長と拡大とに固執し、新規の海外市場の獲得に奔走している。

海外生産や輸出による世界経済への依存を軽減し、国民経済を均衡させることでは、安定的な社会を維持することはできないのだろうか。いや、国民

経済の均衡がとられていないなかで、海外生産の利益や輸出による増産に期待するからこそ、企業に貿易リスクが過大に降り注ぐことになるのではないか。

　熾烈な国際競争の拡大が国内の労働条件を悪化させ、経済の停滞と失業の増加とに歩調を合わせるかのように、「格差社会」の議論が活発になっていった。それは、自由の拡大の行き過ぎが、あまりに過酷であると多くの人々が気づきはじめたことでもある。「格差」への意識が、自由競争重視の世界経済から国民経済を重視するパラダイム転換を促す可能性もある。

　しかし、「格差社会」をめぐる議論は、まだそこまで深まっていない。近年の「格差社会」論においては、貧困によって社会から切り離された人々を「アンダークラス」と呼び、貧困の原因を本人の意欲や生活態度に求めようとする「自己責任論」がさらに強調される傾向が現れている。

　それは、生産性の低い個人に「無能」の烙印を押して、社会の一員から退場させることである。彼らに対して、そのような冷遇をするのは「自己責任だ」ということが、現在の雇用においてはすでに常態化しつつある。

　では、「生産性の低い者」や「採算のとれない部門の者」は、それにふさわしい「処遇」に甘んじることが当然であるということを「自己責任」とするならば、社会の責任はどこにあるのだろう。特に、現代の若者を取り巻く劣悪な雇用状況の結果として「格差社会」を見るならば、非力で無能な若者たちを育てるのは社会全体の責任である。

　しかし、その考え方が現在の日本にはない。若者の社会的未成熟は、若者自身の「自己責任」であり、それゆえに受益機会を逸することは当然であるという合理的発想の根本にあるのは、グローバリズムの強者生存の原理である。

　アメリカ主導のグローバリズムへ過剰に傾倒し、経済合理性の過度な追求によって「国民経済」の視点を失ったことに、格差拡大の原因がある。

第5章 「格差社会」としての日本

【註】
註1　総務省統計局のホームページから参照。
http://www.stat.go.jp/data/kakei/npsf.htm
註2　これらの統計データは、それぞれの省庁のホームページから閲覧できる。総務省（http://www.soumu.go.jp/）。厚生労働省（http://www.mhlw.go.jp/）。また、次のウェブサイトに比較可能な図録として掲載されている。「社会実情データ図録」（http://www2.ttcn.ne.jp/honkawa/index.html）。本節では、掲載されている図録（http://www2.ttcn.ne.jp/honkawa/4663.html）をもとに筆者の見解を加えて考察している。
註3　人々が、ある社会的地位から別の社会的地位へ移動すること。移動には、個人的な移動、集団的な移動、また個人の生涯の中での移動や世代間での移動などがある。近代社会は社会移動の拡大が特徴で、出自でなく業績による地位獲得や機会の均等がどの程度実現されているかが研究の主たるテーマである。
註4　厚生労働省の『人口動態調査』より。
http://www.mhlw.go.jp/toukei/list/81-1.html
註5　大勢の人々がいる社会で1人の人間がすべての所得を独占している場合に、ジニ係数は1になる（完全な不平等）。反対に、社会の全員の所得がすべて同じという場合に、ジニ係数は0になる（格差のまったくない完全な平等が実現された状態）。これは、ジニ係数の理論的な考え方であり、実際の社会では完全な平等も完全な不平等もないから、0.2から0.6くらいの範囲に収まっている。
註6　専業主婦や無職者には個人所得がまったくないという人も多い。しかし、ほかの世帯員の誰かには所得があるのが普通だから、世帯全体の所得が0円というケースは非常に少ない。このため、個人所得でジニ係数を算出した場合には、稼働者と無稼働者とで所得の格差が現れやすいが、世帯全体で見れば、稼働するほかの世帯員の所得によって世帯所得が得られるので、格差は縮小して見える。
註7　1911年－2004年。アメリカ合衆国の俳優で政治家。第40代アメリカ合衆国大統領。
註8　1982（昭和57）年から1987（昭和62）年まで、3度の内閣改造を経て存続。中曽根康弘。1918（大正7）年生まれ。自由民主党の代表的な政治家。第71～73代内閣総理大臣。
註9　それでも、当時のレーガン大統領は再び拡大政策をとった。その手法は、金融政策の規制緩和を行うことによって、消費先行型の経済社会を構築することであった。金融商品の開発と流通を容易にし、低所得者向けのローンを拡大するなど、それらは、不良債権化のリスクを大きくはらむものであった。以後の大統領らにその金融経済政策が引き継がれる。実体経済においてすでに総需要が減退し、実質的な経済の伸びしろがないのに無理な経済成長を続けようとした結果は、2008年のリーマン・ショックに代表される金融破たんであった。
註10　ジェネラル・エレクトリック社の元CEOジャック・ウェルチ（アメリカ合衆国の実業家。1935年生まれ）が説いた経営戦略的思考。当時、各国がこうした考え方をもとに経済政策を行っていた。
註11　どんなに工夫をしても日本では米を1年に1回しか収穫できない。

註12　1910（明治43）年、佐賀県に生まれる。1989（平成元）年没。東京帝国大学経済学部を卒業し、1934（昭和9）年に大蔵省へ入省。経済安定本部物価政策課長、日銀政策委員長などを歴任。1959（昭和34）年の退官後は日本開発銀行理事、日本経済研究所会長などを務める。国民所得倍増計画を唱えた池田勇人内閣では、経済ブレーンとして高度経済成長の理論的支柱となった。また、1973（昭和48）年の第1次石油ショック後は、いち早くゼロ成長論を唱えるなど、旺盛な言論活動を展開した。

註13　南米のチリでは、それまで保護していた国内産業がピノチェト政権時に完全な自由化政策によって壊滅し、自国の産業がまったくなくなってしまった。

※註にあるホームページアドレスは、すべて2013年2月現在。

【参考文献】
・いのうえせつこ『地震は貧困に襲いかかる―「阪神・淡路大震災」死者6437人の叫び』花伝社　2008年
・宇沢弘文・橘木俊詔・山内勝久『格差社会を超えて』東京大学出版会　2012年
・神戸新聞「阪神・淡路大震災9年被災者追跡調査」
・佐藤俊樹『不平等社会日本』中央公論社　2000年
・Tachibanaki Toshiaki "Public Policies and the Japanese Economy"Macmillan 1996
・橘木俊詔・八木匡「所得分配の現状と最近の推移」石川経夫編『日本の所得と富の分配』東京大学出版会　1994年
・下村治『日本経済成長論』中央公論新社　2009年
・下村治『日本は悪くない―悪いのはアメリカだ』文藝春秋　2009年
・橘木俊詔『日本の経済格差』岩波書店　1998年
・橘木俊詔「日本の所得格差は拡大しているか」『日本労働研究雑誌』No.480　労働政策研究・研修機構　2000年
・橘木俊詔『格差社会―何が問題なのか』岩波書店　2006年
・橘木俊詔・浦川邦夫『日本の地域間格差』日本評論社　2012年
・橋本健二『階級社会―現代日本の格差を問う』講談社　2006年
・橋本健二『新しい階級社会―新しい階級闘争[格差]ですまされない現実』光文社　2007年
・橋本健二『「格差」の戦後史―階級社会 日本の履歴書』河出書房新社　2009年
・橋本健二『階級都市―格差が街を侵食する』筑摩書房　2011年
・平川克美『移行期的混乱―経済成長神話の終わり』筑摩書房　2010年
・平川克美『小商いのすすめ「経済成長」から「縮小均衡」の時代へ』ミシマ社　2012年
・孫崎享『戦後史の正体 1945-2012』創元社　2012年
・山岡淳一郎『震災復興の先に待ち受けているもの―平成・大正の大震災と政治家の暴走』洋泉社　2012年
・山田昌弘『希望格差社会』筑摩書房　2004年
・山田昌弘『新平等社会』文藝春秋　2009年

> コラム　グローバリズムと「格差社会」

　アメリカ主導のグローバリズムへ過剰に傾倒し、経済合理性の過度な追求によって国民経済の視点を失ったことに格差拡大の原因がある。市場開放や自由貿易は主義として採用すべきものではなく、国民経済に資する範囲で按配すべきものという下村治の立場を忘れるべきではない。「完全雇用は経済成長に優先する」という下村のような「常識を語る人」が、現代の日本社会にどれだけいるだろうか？
　また、「格差」を問題としその解消を訴える若者たち自身が、「成長よりも資源（富）の再分配によって貧困をなくし、『格差』の解消を優先すべきだ。国民全員が飯を食えるようにすることが国民経済の優先課題である」という主張をなしうるだけの理論武装を果たしていないために、「成長しなければ貧困と格差の解消もない」というグローバリストのスローガンに負けてしまっている。本来、成長と貧困の解消とはまったく別の問題である。分配の不当な偏りの結果が「格差社会」ならば、まずそれを是正すべき政策が実行されるべきなのである。
　しかし、「生産性の低い産業分野は淘汰されて当然だ（そこに従事する人間が失業し生活に困窮しようが構わない）」というグローバリストの論理は、今や貧困層のなかにさえ深く根づいている。だから、彼らはこの「格差」の発生と拡大とが「自己責任」で語られることに対して、情緒的な反論しかできない。「自己責任」とは属人的なもので、それを経済の問題としては論じないということであるから論理的な批判になりえず、政治を一時沸かすことがあっても政策の議論には発展しない。
　論理的な批判でない以上、政治は彼らの声を無視し続けてよいのだろうか？　これにも下村は否と答える。というのも、「経済の問題に政治が登場する根本の条件というのは、経済を国民経済の問題として考えなければならないからである。国境に拘束された何千万人、何億人という人がいる。日本でいえば、この日本列島に拘束された一億二千万人はここで一生を終わらなければならない。この一億二千万人に十分な雇用の

機会を与え、できるだけ高い生活水準を確保する、これが国民経済の根本問題である」（下村治『日本は悪くない－悪いのはアメリカだ』文春文庫 p.146）と、下村は考えるからだ。

　グローバリストたちのいう「競争で勝ち残らなければひどい目に遭う」という市場原理における企業の命題を、国際競争だけでなく国民間の「生き残り競争」にも適用してしまったのが「格差社会」である。企業活動と国民生活とはそれぞれに独立したものであるし、本来、世界経済の基本は国民経済の棲み分けにある。

　TPPのことを考えるうえでも、下村の意見が参考になる。アメリカは、日本が農産物について、高い関税障壁を設けて保護していることを市場閉鎖的であると非難する。しかし、下村はそれを筋違いの非難であると論破する。

　「日本は明治維新から、日本列島に住む日本人に十分な就業機会を与えながら、かつ、付加価値生産性の高い産業を育成し、それで十分に高い所得を実現する、という目標を必死になって追求してきた。ところが、雇用機会を増やすことと付加価値生産性の高い産業を育成することは必ずしも簡単ではないばかりか、同時に実現することはできないものである。というのは、多くの人に就業機会を与えるためには、それ相応の人手を産業に吸収させなければならない。しかし、付加価値を高めるには、なるべく人手を減らして生産性を高める必要がある」（前掲書 p.75）。

　多くの人に就業機会を与えるために、生産性は低いが人手を多く要する産業分野が、自国内に存在しなければならないという下村の主張は、TPPにおける「聖域」という言葉と等しく置き換えられる。こうして考えるとTPPの問題は、2000年代に浮上した自由貿易の理想を旨とする単一の経済摩擦ではなく、安全保障を背景にもつ日米間の歴史的な政治課題であることに気づく。それは、これまでの貿易をめぐる経済摩擦の多くが、アメリカの国家意思を忖度し、自国の産業や経済、国民生活の疲弊と引き換えに解消されてきた政治史であることを確認できるからだ（cf. 孫崎享『戦後史の正体』創元社）。

第6章
無縁社会と社会関係

　社会学の研究分野に現代社会論と社会関係論がある。本章の内容は、これら2つの分野にまたがる考察である。現代社会の特徴としては、「ゆたかな」社会、消費社会、脱産業社会など、さまざまな指標が準備されている。無縁社会の現象も、これら現代社会の指標として捉えることができる。また、無縁という言葉の意味は、人間関係の喪失、あるいは希薄さを示す。人間関係の変容は、社会関係論の範疇で扱われる。無縁社会の作業概念としての無縁死の考察は、ジャーナリストと社会学者の方法論の違いを前提に行われる。

　第1節「セレンディピティの功績」においては、NHKジャーナリスト『無縁社会』[1]の業績を検討する。第2節は「社会学の方法」と題して、高根『創造の方法学』[2]研究モデルに準拠しながら、ジャーナリスト起源の無縁社会と無縁死概念を考察する。また、第3節「孤独死の考察」では、東京都監察医務院データ[3]をもとに、孤独死を作業概念として無縁社会の考察を試みている。そして、「社会関係と縁」と題した最終節では、社会関係論とは異なる日本的な縁の関係論を構築する必要を説いている。

1．セレンディピティの功績

（1）無縁社会という言葉の誕生
　無縁社会は、2009（平成21）年のお正月生まれの言葉である。NHKのジャーナリストが生みの親で、場所は渋谷の居酒屋。言葉のもつ意味とは裏腹に、

何やらおめでたく感じてしまう。しかしながら、行方不明になった取材協力者の話が酒の肴では、ほろ酔い気分にはなれなかったに違いない。

　ジャーナリストたちは、ワーキングプアを主題にテレビ番組を作成していた。ワーキングプアの多くは非正規雇用者であり、彼らの問題は、労働や雇用、あるいは貧困等の社会現象のくくりのなかで取り上げられることが多い。連絡が取れなくなっている協力者は、取材で出会ったワーキングプアの1人である。「頼る人も無く、何処かでひとり亡くなっているのかも知れない」[4)]という予感。

　ワーキングプア問題を孤独死と結びつけた議論はいままで見られなかった。しかし、働いても働いても報われない、人とのつながりをもてないワーキングプアの人々が孤独死する可能性は高い。行方不明になった協力者が、亡くなっているのではないかと考えるのも無理はない。

　NHKのジャーナリストたちは、取材を通じて知り合ったワーキングプアの人々と誠実に対し、彼らの現実を正しく伝える仕事に真摯に取り組むなかで、無縁社会という新しい問題を発見したのである。科学社会学の世界では、このような偶然の発見、予想もしていない優れた研究の成果を、「セレンディピティの功績」と呼ぶ。無縁社会の問題を最初に提起したNHKのジャーナリストたちの功績は評価されるべきである。

　どのように無縁社会という言葉を思いついたのであろうか。酔えないジャーナリストたちは、取材協力者の安否を気遣いながら、つながりの無い社会、縁のない社会という会話をつづけ、無縁社会の言葉を紡ぎだしたのである。

（2）無縁死という現象

　無縁社会は人間関係の希薄に注目する。それでは、人々の関係の特徴をどこに見出すのか。人の死に際しての観察である。1人で孤独のうちに亡くなり、遺体の引き取りが無い事例を、「無縁死」と名づけ取材に取り組んだ。無縁社会とは、無縁死の事例が多く見られる社会のことである。

　NHKのジャーナリストたちが取材した無縁死100人のうちには、家族や親

せきがおり、郷里にはお墓があるのに無縁死となる事例もある。家族や親せきとの関わり、生まれ故郷や住まう街との関わり、そして勤め先との関わり等、これらの関わりのすべてに人間関係が存在する。人々が互いに関係をもつことで、社会集団は成立するというのが社会学100年の常識である。現代日本は複数のひとりぼっちで構成されている、などと国際講演をはじめたら、何かの冗談だと思われるに違いない。しかし、無縁死の問題は現代の日本社会に確実に存在する。

　ところで、無縁死は行旅死亡人となり、無縁仏として葬られる定めである。仏教の世界では、無縁仏はどのように考えられているのであろうか。長野県の宗福寺住職である務台考尚氏に電話取材を行った。

　務台氏によると、お寺では6親等眷属(けんぞく)[註1]という考え方があるそうである。互いに顔を知らない遠い親戚や、血のつながりが無い姻戚など、6親等内のすべてのつながりは縁があると考える。親の代には親交があっても今は顔を合わせることも無い親戚の場合でも、どんなに疎遠になっていても目には見えない縁で結ばれていると言われた。仏教の思想からすれば、無縁仏や無縁の死というものは無いという解釈である。また、お預かりした仏様は有縁、無縁を問わず廃寺にならない限り供養を続けるものであるとも付言された。

（宗福寺住職
務台考尚氏撮影）

　ちなみに、東京都区に勤めた経験のある友人に聞いたところ、行旅死亡人＝無縁仏を祀る寺院には、役所の人間が毎年お参りに出向くという。人の死は重い。引き取り手のない遺体は、市町村の公費で火葬、埋葬される。ところが、NHKのジャーナリストたちの調査では、無縁死にかかわるデータは存在しなかったという。無縁死は新しい現象であるとすれば、官公庁の調査資料や統計表はあてにできない。そこで、ジャーナリストたちは、自ら全国調査を実施したのである。しかし、社会学者であればもうひとつ選択の途がある。次節では、社会学の方法について検討する。

2．社会学の方法

（1）社会学における観察

　社会学は観察にはじまり観察に終わると私は思っている。とはいっても、興味ある社会現象を、一日中ぼけっと眺めているわけではない。観察の記録は、ほどよいところで教室に持ち帰り検討される。現象の主たる構成要素は何か。要因間にはどのような相関関係があるのか。もろもろ議論を尽くし、当該現象についての仮説が組み立てられる。そして、ふたたび仮説検証のため、現場へと戻って行くのである。検証された仮説は理論や法則になる。仮説の出来が悪ければ、修正あるいは破棄すればよい。観察は繰り返し行うのが鉄則である。しかし、仮説をもたない観察や理論を志向しない研究があってもよい。同じ現象を、こつこつ観察するなかで発見した傾向も例外的事象も、ともに貴重な研究成果である。

　繰り返しになるが、社会学の研究には観察が欠かせない。しかし、実際のところは言うに易し、行うに難しである。観察は繰り返すというが、社会現象では、時間軸も大事な要素のひとつ。言葉通りに、本当に同じ現象を観察するにはタイムマシンに乗る必要がある。しかし、無いものにすがっていても仕方がない。おもいきり、割り切りも研究には必要である。そこで、社会学では、直接現場に出向かない電話取材やアンケート調査なども、観察行為のひとつに数えている。さらには、信頼できる個人や機関、官公庁の統計資料、調査報告などの検討も、観察行為とみなす約束がある。

　一方で、現場に出向く取材や観察も容易ではない。さまざまな要素が複雑に絡みあっていたり、見えない要因によって現象が構成されている場合は、特に厄介である。実は、無縁社会や無縁死の現象はこれに当たる。

　研究対象が抽象的になればなるほど、対象の定義には細心の注意が払われる。何のどこを、いつどうやって観察するか、などの視座を明確にしなければならない。社会学者の言葉、概念へのこだわりの理由はここにある。

　社会学における観察を、概念と事実の関係から示しているのが図6－1で

第6章　無縁社会と社会関係

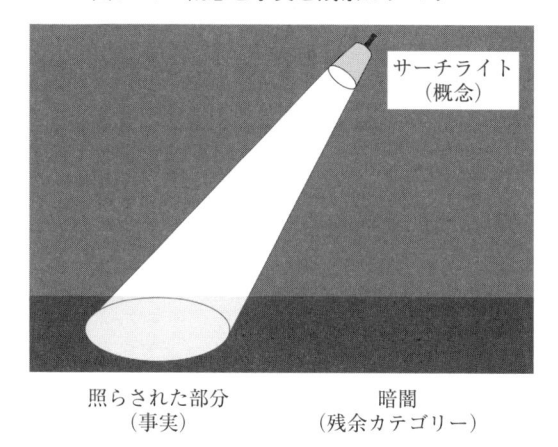

図6-1　概念と事実と残余カテゴリー

サーチライト
（概念）

照らされた部分　　　　　暗闇
（事実）　　　　　（残余カテゴリー）

経 験 的 世 界

出典：高根正昭『創造の方法学』講談社現代新書　1979年　p.60

ある。このサーチライトモデルによれば、事実としての無縁社会は、社会学者のもつ概念のサーチライトによって見出される。

　サーチライトの働きをする優れた概念がなければ、暗闇のなかの事実を探り当てることはできない。闇の世界には未だ認識されない事実が隠されている。残余カテゴリー中の事実は、社会学の光が当たるのを待っている。

　図6-1からわかるように、私たちが事実として認識するものは、実のところ、概念によって経験的世界から切り取られた一部に過ぎない。社会学者は、こうした方法論的前提から、概念にとことんこだわるのである。社会学の観察とは、概念のサーチライトにより事実を探求する行為である。

　ところで、概念により経験的世界を理解するのは社会学者だけではない。人間の認識作用の全般についても同じことがいえる。愛を例にして考えよう。愛の概念をもたない人間は、愛の事実には気がつかない。人間の赤ちゃんが最初に獲得するのは、快―不快の概念だといわれている。ママに抱っこされ、おっぱいを貰う。パパと手をつないで安心する。優しい声かけ、温かいまなざし。まわりの関心が、自分に向けられる心地よさ。こうした快の経験が、

愛の概念の獲得を促す。愛の概念サーチライトをもつ人間だけが、自分の身の回りにある愛の事実を認識できる。愛され、そして愛する人間となる。人とのつながりを実感できる。身体が大きくなることだけが成長ではない。さまざまな概念を獲得することが人間の成長である。闇の世界に光を当てる認識の力が、自分の生の現実をより豊かなものにする。概念の数だけ自分の世界が広がる。見えないものが見えてくる。

（2）社会学における概念と定義

　社会学の概念について検討する。実際に社会学者は概念をどのように研究に用いるのか。図6－2は、観察から経験的一般化までの研究過程を示している。この図を用いて、無縁社会と無縁死概念の関係を考察する。

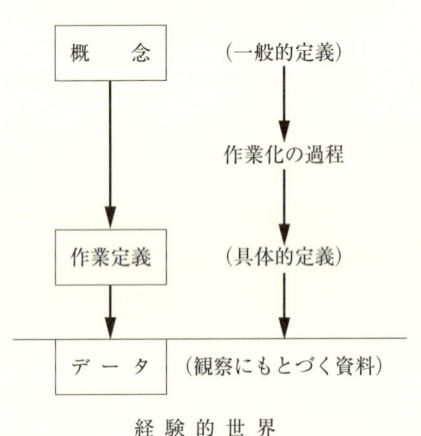

図6-2　概念と作業定義の関係

```
概　　念 ────（一般的定義）
   │
   │         作業化の過程
   ↓
作業定義 ────（具体的定義）
   │
   ↓
データ ──── （観察にもとづく資料）

         経 験 的 世 界
```

出典：高根正昭『創造の方法学』講談社現代新書　1979年　p.64

　図中の一般的定義とは、抽象度が高い概念のことである。現代社会や近代社会を概念として世界の観察はできない。このような抽象度の高い概念では、経験的世界の大半に光を当ててしまうことになるからである。無縁社会の概念も同じことで、光が拡散して観察には不適切である。

つまり、一般的定義の概念である無縁社会には、図にある具体的定義のレベルの作業概念が必要となる。これが無縁死の概念である。図6－1のサーチライトモデルでいえば、経験的世界の観察において、誰もが認める具体的な事実に光を当てる概念が、社会学的な作業概念である。無縁死サーチライトであれば、観察にもとづくデータが取れるはずである。

　前節で述べたように、NHKのジャーナリストたちの無縁死の定義は、行旅死亡人、引き取り手のない遺体である。この作業概念であれば、ピンポイントの観察が可能である。観察結果の無縁死データを求めればよい。

　社会学とジャーナリズムの世界は違う。しかし、無縁社会の問題提起は、セレンディピティの功績として社会学でも評価できる。また、無縁社会の調査において、作業概念として無縁死を取材しようとする発想も、きわめて社会学的である。

　社会学者とジャーナリストの仕事には近いものがある。ともに事実の把握を目的とする。観察や取材を通じて、調査対象者の経験的世界の現実を理解する。まず最初に、主題を決め過去のデータや調査記録を探す。これをライブラリ・リサーチ、あるいは二次資料の検討という。また、自前の調査結果は一次資料と呼ぶ。研究対象が広範囲に及ぶ場合や、現場に出向くことが困難な状況では、他人の手による二次資料そのものが唯一のデータとなる。

　社会学では二次資料の考察も、立派な観察行為として認められている。社会学の研究は、先人の肩に乗ることで前に進む。私の教室では、目新しい研究主題は選ばせない。社会学用語の一覧から類似テーマを探させる。そして、二次資料の検討を促す。自前の調査もあまり勧めない。

　ところで、私の教え子のなかにジャーナリストになったものがいる。地方紙に就職した教え子の、はじめての記事は無記名であった。次に会うまでに、名前が出せる記事を必ず書くと、ラーメンの湯気の向こうで笑っていた。嬉しくてビールもご馳走する。作品に自分の名前が入ることをジャーナリストはめざす。次に、特ダネやスクープを競うようになるのかも知れない。そして、いつかは世論を動かすような作品を世に出すことを喜びとするであろう。

　NHKのジャーナリストたちはプロ中のプロである。セレンディピティの

世界に生きる資格のある人たちである。彼らの無縁社会の作品はジャーナリストの匠の技といえる。

3. 孤独死の考察

（1）孤独死の事例を通した考察

　前節の検討を通じて、無縁社会の研究に無縁死の概念を用いることは方法論的に正しいことがわかっている。また、NHKのジャーナリストたちが無縁死の事実を発見した功績は大きいことも第1節で確認している。しかし、無縁死の事実は本当に増加しているのだろうか。無縁社会の現象は今後も広がりをみせるのだろうか。これらの問いかけに答えるためには、無縁死の統計資料が不可欠である。しかし、研究でも人生でも無いものねだりはしない。社会学者であれば、概念サーチライトを変える途を選択する。
　無縁死の類似概念に孤独死がある。2つの死の定義は異なる。しかしながら、1つの事例が無縁死にも孤独死にも当てはまる場合がある。言い換えれば、2つのサーチライトは、同一の事実に同時に光を当てることがある。孤独死も無縁社会の指標になると考えられる。
　孤独死統計は東京都監察医務院が作成している。医務院によれば、孤独死とは、自殺や事故死、原因不明の異状死のうち、自宅で亡くなったひとり暮らしの者とされる。したがって、病院や施設で亡くなった者、ホームレスの者、身元不明で住居、世帯状況が不明な者の死は孤独死に含まれない。なお、遺体の引き取りの有無を問題としないところが無縁死とは異なっている。
　図6-3は、東京23区内の死者の割合を示したものである。1年間の死亡者をヒト型で表しておりアイソタイプの一種と考えてよい。

第6章　無縁社会と社会関係

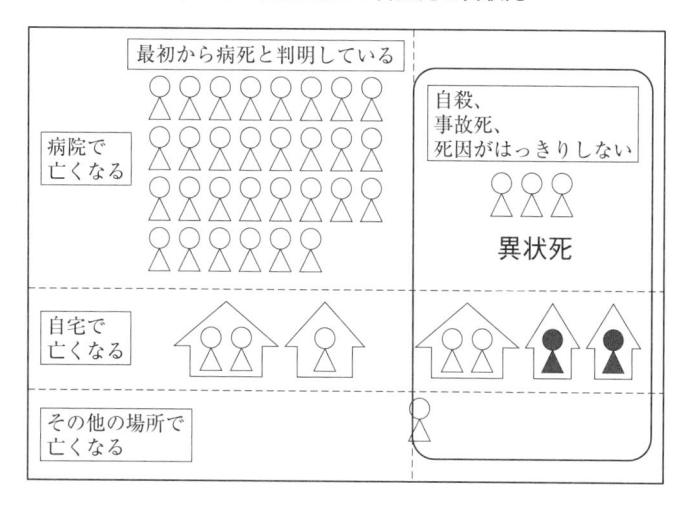

図6-3　東京23区の自然死と異状死

出典：東京都監察医務院『東京23区における孤独死の実態』2010年　p.1

　孤独死は黒のヒト型で示されている。黒白のヒト型の割合から、孤独死は全体のおよそ5％、20人に1人であることがわかる。また、異状死の割合については、右黒枠内の異状死と、左側の自然死の割合が8:33であることから、およそ5人に1人であることもわかる。以下に、黒のヒト型で示された孤独死の事例を2つ紹介する。

【事例1】
　70歳代の男性。死者は独身で、兄弟はいるが、ずっと会っていないという。隣人が、腐ったような臭いが日々増していること、部屋の明かりが付けっぱなしになっているのを不審に思い110番したことで発見された。死後10日くらい経っていたため、解剖によっても、死因は不明とせざるを得なかった。

　遺体の発見は死後10日目である。死後4日以上を経過して発見された場合は孤立死と呼ぶことがある。孤立死は、これからますます増えるとの試算もある。家族や親せきが遠方に住まいしている場合や、各々が生活に忙しく追

145

われている状況では、連絡を取り合うことさえ難しい場合がある。都市部では単身世帯者が多く、近隣のつき合いは疎遠である。血縁も地縁も孤独死を防ぐのには十分ではない。また、遺体の引き取りが無ければ、この事例は無縁死となり、孤独死と無縁死が重なる事例である。

【事例2】
　80歳代の女性。心臓病の診断を受け、主治医からは、「いつ突然死してもおかしくはない」と言われていた。この女性の子どもが自宅へ様子を見に行ったところ、浴槽内で女性が死亡しているのを発見した。お風呂の水を飲み込んだ所見に乏しく、心臓発作により亡くなったものと診断された。

　事例2の死因は心臓発作である。病気は異状死には入らないが、解剖するまで心臓発作の事実は不明だったので、孤独死と判定されている。発見者は様子を見に来た子どもであるから、遺体は子どもが引き取ったかも知れない。この場合は、孤独死であっても無縁死にはならない。もう1つ事例を示すが、これは監察医務院によれば複数世帯の異状死であり孤独死の例ではない。

【事例3】
　内縁関係の夫婦である60歳代の男性と女性。近所の人と、数か月前に会ったことまでは判明したが、日常の生活の詳細は不明。男性の息子が、1か月ほど連絡がつかないことから心配となり、様子を見に行ったところ、自宅の布団上で2人とも死亡しているのを発見した。解剖の結果、男性は脳出血、女性は腐乱のため死因を決定することができなかった。

　この事例3を取り上げたのには理由がある。事例3は先の図6－3からわかるように孤独死と同じ割合で起きている。右黒枠内の異状死のうち、同居する白のヒト型2体で示されるものであるが、夫婦の異状死の他に、老老介護の親子の死や、障がいのある子と老親の心中などの事例もここに入る。孤独死の定義からは外れるが、事例3も無縁社会の指標として検討する価値の

ある事例といえる。

　事例３について、心理・福祉を学ぶ大学３年生に意見を求めたところ、「生きる努力をすれば夫は助かった」、「どちらかが看取り、一緒に死ぬ約束があった」、「夫は妻の死に驚いて自分も逝った」などの回答があった。遺体の引き取りがあったか否かを推察させたところ、全員が口をそろえて「引き取られなかっただろう」と答えた。この事例のように、孤独死ではないが無縁死になる可能性はある。

（２）孤独死の統計を通した考察

　下の表６−１は東京都23区内の死亡者を、世帯、性別の区分で集計したものである。

表６−１　世帯・性別死亡者数

（単位　人）

	総数	男性 単身世帯	男性 複数世帯	女性 単身世帯	女性 複数世帯
	77 938	28 920	20 566	13 081	15 371
昭和62年	2 655	788	877	335	655
63	2 645	765	899	334	647
平成元	2 669	849	795	365	660
2	2 699	879	809	393	618
3	2 900	961	828	444	667
4	3 015	1 028	852	469	666
5	3 274	1 103	959	538	674
6	3 479	1 201	950	580	748
7	3 653	1 250	991	630	782
8	3 608	1 229	1 057	571	751
9	3 645	1 272	1 007	634	732
10	4 287	1 627	1 122	700	838
11	4 487	1 836	1 064	786	801
12	4 320	1 664	1 078	790	788
13	4 391	1 811	1 019	816	745
14	4 375	1 868	1 021	794	692
15	4 849	1 985	1 143	876	845
16	5 172	2 092	1 221	960	899
17	5 905	2 350	1 447	1 033	1 075
18	5 910	2 362	1 427	1 033	1 088

出典：東京都監察医務院　『東京都23区における孤独死の実態』2010年　p.6

世帯別の死亡者数に注目すると、男性では1989（平成元）年ごろから単身世帯の死亡数が複数世帯の死亡数を上回る。つまり、孤独死の増加傾向はこのころからはじまり、特に1998（平成10）年以降に顕著な増加を示す。しかし、女性では孤独死の数に大きな変化は見られず、世帯区分による死亡者数の変化も認められない。
　表6－1をもとに、単身世帯の死亡者数を示したものが下の図6－4である。孤独死の発生件数は、性別により大きな差があることがグラフよりわかる。

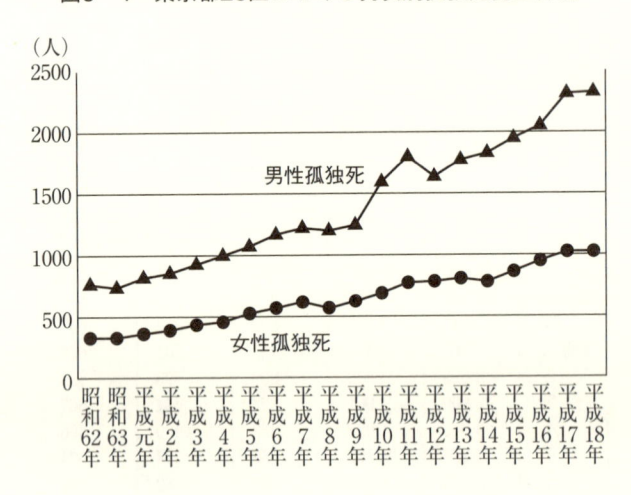

図6－4　東京都23区における男女別孤独死発生件数

出典：東京都監察医務院『東京都23区における孤独死の実態』2010年　p.3

　年々の孤独死の増加傾向は、男女ともに見られる特徴である。男性の孤独死は、1998年以降にきわだって増えているが、1998年は、日本人の自殺者数が前年より一挙に8千人増えて、3万人を越えた年である。監察医務院は自殺も孤独死に含めている。したがって、男性の孤独死増には、自殺増加の影響もあると思われる。
　表6－2は、東京都23区内の死亡者を、世帯、性別、年齢階級の区分で示

した表である。この表によれば、39歳以下男性では、世帯別死亡者の割合にきわだった年次変化は見られない。しかし、45歳以上の年齢階級では、単身世帯の死亡者が圧倒的に多くなっている。また45歳以上に孤独死が多い傾向は、年次にかかわらず認められる特徴である。

表6－2　世帯、性、年齢階級別死亡数

(単位　人)

	平成2年 男性 単身世帯	平成2年 男性 複数世帯	平成2年 女性 単身世帯	平成2年 女性 複数世帯	7 男性 単身世帯	7 男性 複数世帯	7 女性 単身世帯	7 女性 複数世帯	12 男性 単身世帯	12 男性 複数世帯	12 女性 単身世帯	12 女性 複数世帯	17 男性 単身世帯	17 男性 複数世帯	17 女性 単身世帯	17 女性 複数世帯
総　数	879	809	393	618	1250	991	630	782	1664	1078	790	788	2350	1447	1033	1075
15歳未満	-	11	-	8	-	17	-	9	-	9	-	4	-	11	-	9
15～19歳	1	4	3	-	3	8	1	3	4	4	-	6	2	9	3	5
20～24	22	18	6	5	20	19	7	10	19	21	9	12	25	15	18	7
25～29	22	17	6	9	24	19	9	13	28	22	19	15	50	17	13	16
30～34	29	19	3	5	33	19	10	17	35	29	10	17	49	28	22	20
35～39	42	30	6	6	35	16	10	14	47	33	4	18	63	39	11	27
40～44	77	37	10	19	77	33	8	22	66	37	13	15	93	44	11	19
45～49	90	43	16	29	125	52	14	25	120	44	7	23	113	52	29	28
50～54	110	53	16	33	170	59	20	35	216	73	26	43	192	75	31	36
55～59	140	71	30	40	197	77	30	37	254	96	45	39	323	110	45	61
60～64	109	81	38	44	171	100	50	54	268	121	53	60	404	132	56	64
65～69	81	60	57	50	142	91	79	57	193	134	95	70	351	143	96	74
70～74	45	84	61	61	99	96	108	72	164	126	121	90	278	179	157	112
75～79	48	90	60	85	62	109	119	107	106	101	140	102	190	189	189	150
80～84	39	88	52	106	45	141	105	138	76	111	146	106	112	194	201	172
85歳以上	24	103	29	118	47	136	60	176	88	117	97	168	105	210	158	275

出典：東京都監察医務院『東京都23区における孤独死の実態』2010年　p.6

　男性の単身世帯死亡者は、特に2000（平成12）年、2005（平成17）年と顕著な増加を示しているが、こうした特徴は女性には見られない。表6－2をもとに、2005年の男女別、年齢階級別の孤独死発生件数を示したのが次頁の図6－5である。

図6-5　東京都23区における男女別・年齢別の孤独死発生件数（平成17年）

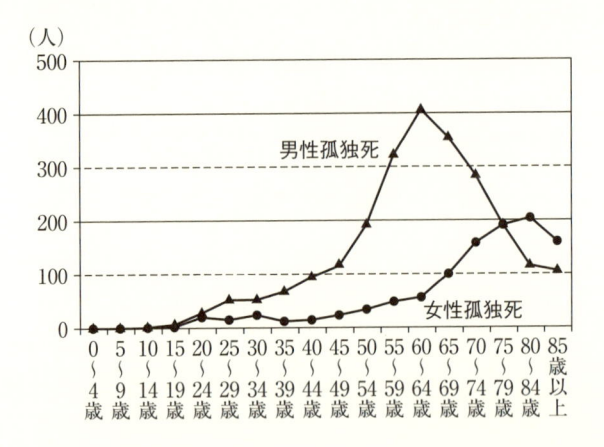

出典：東京都監察医務院『東京都23区における孤独死の実態』2010年　p.3

　図6 - 5を見ると、男性の孤独死は60 〜 64歳の年齢階級を最多として、前後15歳の階級幅でほぼ左右対象な山形を示している。女性の孤独死については、80 〜 84歳のピークまでなだらかな上昇を続けていることがわかる。
　ちなみに2005年の平均寿命は男性78.53歳、女性85.49歳である。孤独死のピークが男性60 〜 64歳であることを考えると、男性の孤独死者は平均寿命よりほぼ15歳若く死を迎えていることになる。女性については、孤独死ピークが80 〜 84歳で平均寿命は85.49歳。先の事例で検討したように、孤独死には病死も含まれる。したがって、多くの孤独死女性は寿命で亡くなったと考えられる。しかしながら、男性の孤独死者は、平均寿命よりも15歳若くして亡くなっている。孤独死の男性はなぜ早死になのだろうか。
　これまで考察した図表はすべて実数データである。次の図6 - 6は、1985（昭和60年）年人口モデルを基準人口にして年齢調整を施して作成されたものである。

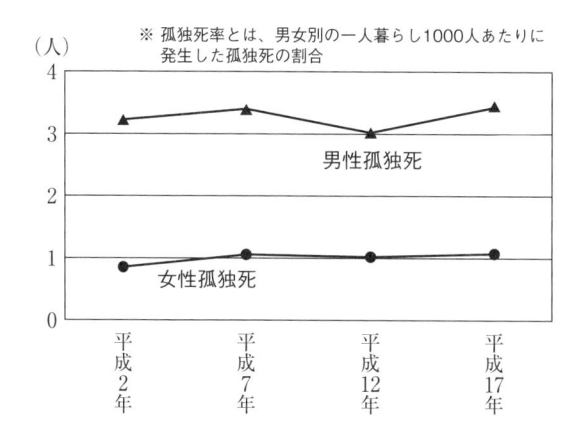

図6-6 男女別孤独死率の年次変化

※ 孤独死率とは、男女別の一人暮らし1000人あたりに発生した孤独死の割合

出典：東京都監察医務院『東京都23区における孤独死の実態』2010年　p.4

　この図を見ると、1990（平成２）年から2005（平成17）年までの間、男女ともに孤独死の発生率はほとんど変化していないことがわかる。単身世帯の男性1000人あたりで３人、女性では１人が孤独死する事実は、16年のあいだ変わっていない。監察医務院の分析によれば、東京都の孤独死発生件数は年次増加しているが、これは単身世帯、つまりひとり暮らしが年々増加している分だけ孤独死も増加していることを意味し、孤独死の発生率は上がりも下がりもしていないと結論づけている。

　監察医務院は東京都23区の孤独死を調査対象にし、NHKのジャーナリストたちは日本全国の無縁死を取材対象にしている。そして、孤独死と無縁死の定義の違いが、同一事例の無縁―孤独の判定を逆転させる事実も学んだ。東京都23区の孤独死統計の知見から、日本全国の無縁死現象の説明ができるとは思えない。しかしながら、多くの無縁死が都市部で発生しており、無縁死と孤独死が重なる事例も複数あったことは事実である。

　ここで結論を急ぐ必要は無い。しかし、1990年より16年のあいだ孤独死率は上昇していないにも関わらず、無縁死の割合だけは高くなっている、という推論は不自然である。むしろ、2007（平成19）年以降も、孤独死や無縁死

の割合は上がりも下がりもしていないと考えるほうが自然である。

　無縁死の現象は確かに存在する。しかし、それはある年齢階級のひとり暮らし男性に特徴的な現象として認められるものである。したがって、社会現象としての無縁社会の事実もまた限定的なものであるといえる。

4．社会関係と縁

　社会学の研究分野のひとつに社会関係論がある。私は当初、無縁社会現象を社会関係論から考察するつもりであった。社会関係論は、地位—役割論とも呼ばれるアメリカで大成された理論である。社会関係の定義は何か。母親と息子、教授と学生、といった例で考えてみよう。

　子どもに対しては親。学生に対しては教授。こうした相補的な社会的地位の網の目が、社会を構成しているとの前提が社会関係論には見られる。したがって、社会のすべての人間関係は、さまざまな相補的地位の関係で示される。ときに応じて、人間はさまざまな地位を得て、その地位に期待される役割を遂行する。母親の地位は、社会的地位としての自分の子どもに対するもの。学生には教授、彼氏には彼女等の地位を得たときには、各々に期待される役割を遂行する必要がある。

　期待役割をうまく遂行すれば、よい先生、素敵な彼女などと評価される。もし、役割遂行を失敗するとどうなるのか。理論的には、相補的な地位を失うだけである。しかし、喪失した地位が、自らの自己評価を大きく下げてしまう、あるいは他の社会関係の相手からの否定的まなざしを感じたとき、自分のもつすべての社会的地位を投げ捨ててしまう人間が出現するかも知れない。

　社会関係論においては、人間どうしの関係はメカニカルで直線的である。相補的な地位関係は直線で示され、役割期待も相補的な地位間の直線関係で表わされる。占有する地位の数は、年齢とともに増加し、先進国の男性では

50歳から職を退くまでの年齢にかけてピークになるといわれている。孤独死が多く見られる人々の年齢階級に重なる。現代の日本社会においては、社会関係をもてばもつほど、人とのかかわりは希薄になってしまうのであろうか。

ところで、人間どうしの関係がすべて直線的であるとはいえない。ご縁がある、という言葉を考えてみよう。縁という言葉は、もともと仏教用語である。ある関係を成り立たせるのに間接的に働く原因のことである。先の住職の言葉を思い出してほしい。目には見えない縁もまた、人間にとっては立派な縁であるということ。縁にはまた、きっかけ、縁がわ、といった意味もある。

人間関係を考えるうえで、縁がわは優れものである。社会学者の鶴見は、日本の家には庭に面して縁がわがあるという。縁がわがあるから、隣の人が何気なく寄ることができる。知らない人がふらっと来る。あらたまった用事が無くても、縁がわだから話ができるのだという[5]。あらたまった関係とは、社会関係論で言う地位—役割の関係である。

何となく、ふらっと、もしくは偶然に、などという行為は、西洋渡来の地位役割論では説明不可能な人間関係である。鶴見は、縁がわの事例を通じて、縁を中心におく人間関係のあり方を提唱する。縁の関係とは、日本的、あるいはアジア的な人間のつながりとはいえないだろうか。今はあまり使われないが、日本の挨拶には、おかげ様でという言葉がある。かげに隠れた縁は見えない。しかし、見えない縁もまた、人間関係の構成要素であることを覚えておくことにしよう。無縁社会の有縁の考察には、縁の人間関係論を構築する必要がある。

【註】
註1　血筋のつながっている者のこと。一族や身内、親族。

【引用文献】
1）NHKスペシャル取材班『無縁社会』文藝春秋　2012年
2）高根正昭『創造の方法学』講談社現代新書　1979年
3）東京都監察医務院『東京都23区における孤独死の実態』2010年

4）前掲書1）p.3
5）鶴見和子『日本を開く　柳田・南方・大江の思想的意義』岩波書店　1997年　p.112

【参考文献】
・網野善彦『[増補]無縁・公界・楽』平凡社　2004年
・石川結貴『ルポ子供の無縁社会』中央公論新社　2011年
・金田一晴彦編『学研国語大辞典』学研　1996年
・橘木俊詔『無縁社会の正体』PHP　2011年
・自殺実態解析プロジェクトチーム『自殺実態白書2008【第二版】』NPO法人自殺対策支援センターライフリンク　2008年
・社会福祉の動向編集委員会編『社会福祉の動向2010』中央法規　2010年
・社団法人全日本冠婚葬祭互助協会編『無縁社会から有縁社会へ』水曜社　2012年
・鈴木文治『ホームレス障害者』日本評論社　2012年
・鈴木依子『社会福祉のあゆみ　日本編』一橋出版　2007年
・鶴見和子『南方熊楠』講談社　2012年
・鶴見和子『南方熊楠・萃点の思想―未来のパラダイム転換に向けて』藤原書店　2001年
・鶴見和子『鶴見和子曼荼羅Ⅴ　水の巻　南方熊楠のコスモロジー』藤原書房　1998年
・鶴見和子『日本を開く―柳田・南方・大江の思想的意義』岩波書店　1997年
・東京都監察医務院『東京都23区における孤独死統計（平成15~19年）：世帯分類別異状死統計調査』2010年
・中村幸弘編『ベネッセ古語辞典』ベネッセ　2008年
・日本大辞典刊行会編『日本国語大辞典　第3巻』小学館　1978年
・見田宗介『現代社会の理論』岩波書店　2005年

第6章　無縁社会と社会関係

> **コラム**　縁日で結ばれた縁

　福島県いわき市の豊間地区にある仮設住宅と、ベトナムのホーチミン市近郊にあるタムトンヒエップ児童施設でボランティア活動を行った。内容は、どちらも子ども向けのサロン活動、いわゆる縁日である。現地の子どもたちと一緒に軽いゲームやスイカ割りを楽しむ。みんな一緒に大笑い。スイカ割りには、大人たちも集まって来た。

　写真を見るとおわかりのように、国も文化も境遇も違う子どもたち。でも、見せる笑顔は同じ。いわきとタムトンヒエップの子どもたち、彼らには見えない縁かも知れない。でも、私にはしっかりと見えた縁日で結ばれた彼らの縁。

ベトナムの縁日　　　　　　　福島の縁日

ベトナムのスイカ割り　　　　福島のスイカ割り

第7章
現代日本のノスタルジアと「地域の記憶」
―映画『フラガール』を巡る言説の社会学的解読から

　なぜ、私たちは時に過去の歴史や社会的な出来事を回顧し、それらに愛惜や郷愁を覚えるのだろうか。

　近年、石炭産業の遺構など、日本各地の近代化遺産への関心が高まっている。そして、従来注目されなかったそれら地域の遺産に歴史的価値を見出し、新たな地域振興の資源として活用する動きが全国的に広がっている。

　福島県いわき市の常磐炭鉱の閉山を巡る経緯を映画化した『フラガール』も、こうした潮流に位置づく作品である。2000年代以降、この映画のように、全国各地で「地域の記憶」がノスタルジアの対象として新たに発見された。

　そこで、本章は『フラガール』に関する言説をもとに、現代日本におけるノスタルジアの諸相を考察した。そこからは、「団塊の世代」の高齢化に起因する「昭和ノスタルジー」ブームの影響や、衰退する地域社会の再活性化を巡る各地域の思惑が明らかになる。また、『フラガール』の制作・公開が、それまでどこか目を背けられてきた「炭鉱（ヤマ）」を巡る過去を地域社会の重要な歴史として捉え直す契機ともなったことを確認した。

　だが、『フラガール』を巡る言説は3・11以降大きく変化する。東日本大震災と福島第一原発事故の惨状は、原発立地の問題に象徴されるように、「中央」と「地方」の構造的格差など、私たちにこの社会のあり方へ根本的な疑問を突きつけた。社会の自明性が解体されるそんな危機のなか、『フラガール』は再度「復興」の物語として地域の内外で注目されるようになった。その経緯からは、直視しがたい社会の現状に対する一種の防衛機制として、ノスタルジアが今日欲望されていることが浮き彫りになる。

1．はじめに―ノスタルジアとは何か？

（1）「昭和」ブームと映画『フラガール』

　昨今、「戦後」とりわけ「昭和」と呼ばれる時代への関心がさまざまな領域で高まっている。たとえば、東京のお台場に昔懐かしの街並みを再現した「台場一丁目商店街」や当時の暮らしを伝承する「昭和くらし博物館」といったミュージアムなど、「レトロ」を基調としたさまざまなテーマパークが賑わっているのはその一例である。

　また2000年代半ば以降、『Always三丁目の夕日』に代表されるように、「昭和」を素材とした大衆娯楽映画のヒット作品が多く登場した。

　それらは、経済発展の悲哀、過ぎ去った時代への郷愁、親子の情愛や地域の繋がりといった要素を組み込み、観る者の感動を呼び起こした。2007（平成19）年に日本アカデミー賞の大賞を受賞した映画『フラガール』も、それら「昭和」ブームに位置づく作品のひとつである。

映画『フラガール』ＤＶＤのカヴァー
発売・販売元：ハピネット©2006 BLACK DIAMONDS

石炭から石油へ基幹燃料が変わるエネルギー革命によって斜陽を迎えた石炭産業のまち、福島県いわき市。そこで暮らす女性や炭鉱労働者は、地域を守るために立ち上がる。1966（昭和41）年創業の「常磐ハワイアンセンター」（現：スパリゾートハワイアンズ）を巡る「実話」をもとにした『フラガール』は、興行収入10億円超、130万人の観客を動員する大ヒットとなった。

そして近年、炭鉱の遺構をはじめとして、製紙、鉄道、海運、鉱山など、各地の近代化遺産に関心が向けられるようになった。それらは、従来注目されてこなかった地域の遺産や過去に歴史的な価値を見出し、新たな観光振興に生かす動きとして全国に広がっている[註1]。

このように今日、日本各地で多様な「地域の記憶」が想起され、さまざまな形で消費されている。ではなぜ、全国各地にある「地域の記憶」がノスタルジアの対象として発見されるようになったのだろうか。

（2）ノスタルジアへの社会学的接近

2000年代以降に映画やドラマなどを席巻したこれら「昭和」ブームは、戦後日本社会の生活文化を懐かしむ心性を内実としている。

たとえば、メディア史家の高野光平は映画などの大衆娯楽作品に描かれた「昭和」の表象を分析するなかで、「昭和」がマスメディアに登場するのは80年代からだが、「ノスタルジー色が強くなるのは、『三丁目の夕日』公開前の2002年前後から」であることを指摘している[1]。

この2002（平成14）年前後とは、一般的に「団塊の世代」[註2]と呼ばれる戦後生まれの第一世代（1950年代初頭に出生したコーホート＝年齢集団）が60歳代を迎え、職業生活の第一線から離脱するタイミングと重なる時期であった。

いうなれば、「団塊の世代」以上の人々が60歳代を迎えた2000年代以降、『Always三丁目の夕日』などで「昭和三十年代」という特定の時代がノスタルジア溢れるものとして表象されていくようになった。そして、高齢化の進展にともなう人口構成の変化と、ある特定の時代がノスタルジアの対象へと編成されていく事態との間に必然的なつながりがあることが、近年のメディ

ア史研究では検討されている[2]。

　こうした現象を考えるにあたっては、デービス（Davis,F.）が『ノスタルジアの社会学』で行った分析が示唆的である。デービスは1970年代のアメリカにおける「ノスタルジア・ブーム」を素材として、ノスタルジアを取り巻く社会的機制を検討しており、こう指摘する。

　ノスタルジックな情操の源泉は、アイデンティティの連続への脅威を感じるところに見出される（中略）ノスタルジアは、時代の混乱のなかでひどく傷つけられたアイデンティティにしがみつき、それを確認する手段となったのである[3]。

　デービスによると、「ノスタルジア」（nostalgia）とは、その語源をギリシャ語のnotos（家へ帰る）とalagia（苦しんでいる状態）に由来するという。だが、今日の私たちは、病理や苦しみといった起源の意味に変わって、それを過去への郷愁や愛惜として理解している。デービスは「ノスタルジア」について考えるにあたって、それが過去の体験を素材とするが、決して「過去そのものがノスタルジアの源泉となるわけではない」ことを強調する。つまり社会学がまず注目すべきは、ノスタルジアがある社会のなかで生まれる「一般的な状況や条件」であり、その背景には「良い過去・悪い現在」という主体の現状認識が存在することである。デービスは、社会の未来に対する不透明感や集合的アイデンティティの危機に際して、ノスタルジアが個人と社会双方の「アイデンティティの連続・維持」という目的に寄与することを指摘した。

　過去への愛惜や郷愁といった、一見きわめて私的な感情に見えるものが、実はすぐれて社会的なものであること。これらの議論を踏まえたうえで、先の「団塊の世代」と「昭和」ブームについて考えると、「団塊の世代」にとって現在は、当惑と危機感を抱かせる時代として理解されている点に気づくことができる。

　たとえば、彼らは青年期を戦後日本社会の高度経済成長のなかで過ごした。そうした往時の記憶に対して、世紀転換期以降の日本社会が直面する現実、

具体的には「失われた10年」と形容されるところの混沌とした政治・経済情勢や先行きの不透明感との間には、大きな断絶がある[註3]。

　そして、2011（平成23）年3月11日に起こった東日本大震災と福島第一原発事故の発生、現在に至るまでの政治・経済上の混乱は、戦後日本社会が高度経済成長を経て達成してきた価値観や制度への信頼を根本からぐらつかせるものだった。3.11以降、私たちはこの社会のあり方が大きな曲がり角に差し掛かっていることをさまざまな局面で実感せざるを得なくなっている。

　このように、日本社会のこれまでのあり方に根本的な形で疑義が呈示されている現在、戦後の経済発展を牽引した団塊の世代、そして日本社会にとって、危機に瀕した自己像を維持・確認するために、ノスタルジアが必要とされているのではないだろうか。

　そこで本章は、映画『フラガール』を巡る言説を素材に、「昭和」ブームに象徴される現代日本のノスタルジアの諸相について考察する。その際、『朝日新聞』（2006年〜2011年、全国・地方版）と『フラガール』発祥の地である福島県いわき市の地元紙『いわき民報』（2006年〜2011年）を資料として扱う。そこからはまず、2000年代の「昭和」ブームと地域における観光振興の思惑とが重なるなかで、「地域の記憶」がノスタルジアの対象へと編成されてきたこと、また『フラガール』の公開を契機に、炭鉱（ヤマ）の過去を巡る複雑で両義的なリアリティを記録しようとする機運が地元で生まれたことを確認した。

　だが3.11以降、『フラガール』に関するそうした言説は大きく変化する。そして、この映画が閉塞感に苛まれている日本社会と被災地を取り結ぶ「復興」の物語として消費されるようになった。その経緯は、戦後日本社会の構造的格差や先行きの見えない現状への不安を糊塗するものとして、ノスタルジアが今日欲望されている状況を示唆している。

2．「地域の記憶」の商品化―消費への欲望、地域振興という課題

（1）名前のない局所感

　本節ではまず、「昭和」ブームの概要とそれらにおけるノスタルジアのあり様について整理する。

　すでに定説となった感もあるが、「昭和」ブーム、特に昭和三十年代にフォーカスを当てるそうした動向の大きなきっかけとなったものに、2005（平成17）年公開の映画『Always 三丁目の夕日』がある。観客動員数のべ280万人を超え、日本アカデミー賞の12部門を総なめにするなど、一種の社会現象ともなったこの映画を機に、「昭和」ブームが盛り上がった。一方で、すでに1990年代から「昭和三十年代」に着目するさまざまなブームがはじまっていたというのも、近年のメディア史研究で明らかにされてきた点でもあった。

　それら「昭和」ブームの具体的なものとしては、大きく分けると、①テーマパーク、②町並み保存・町おこし、③博物館・展示企画、④出版などの分野がある[4]。それらの代表的なものを列挙してみると、「福袋七丁目商店街」（池袋ナンジャタウン）（①）「なにわ食いしんぼ横丁」（①）、あるいは「新町通り商店街」（大分県豊後高田市）（②）、「住江町商店街」（東京都青梅市）（②）、「師勝町歴史民俗博物館」（昭和日常博物館）（③）、「昭和のくらし博物館」（③）など、全国に多数存在することがわかる[5]。

　注目したいのが、「ハイカラ横丁」「昭和くらし博物館」、「Always 三丁目の夕日」等々、「レトロ」テーマパークや「昭和」を題材としたこれらには、ある共通した特徴が確認できる点である。その呼称が示唆するように、それらを訪ね、消費する人々は、確かに「ある時代」を消費するが、それは必ずしも個別具体的な場所に定位した記憶や風景、事物ではないことである。

　「昭和」ブームのこうした特徴について、「昭和」を巡る膨大な言説を渉猟した市川孝一は、「貧しかったけど、心は豊かだった」「貧しくとも、夢と希望にあふれていた」「日本人の原風景としての昭和（30年代）」「失ってしまったものがそこにはある」といったメッセージによって「昭和」イメージが構

第7章　現代日本のノスタルジアと「地域の記憶」

成されていることを指摘する[6]。この指摘は、これら「昭和」の表象において大事なのが「昭和」の「イメージ」であって、個別具体的な場所性や歴史性ではないことを示唆している。

　加えて、2000年代以降の「昭和」ブームについて、マスメディアの権力作用という視点から考察した社会学者の浅岡隆裕は、「昭和三十年代」をじかに経験した人々だけでなく、その時代を同時代として経験していない若年世代でさえ、各種のテーマパークや娯楽作品を思わず"懐かしい"と口にしてしまう機制について、「メディアを通じての代理的な経験あるいは間接経験」の拡張として分析している[7]。

　つまり、大衆が商品として求める風景は、全国各地にある地域社会の個別具体的な記憶や場所ではなく、あくまで「ある時代」を最大公約数的に消費することを可能にする形の、希釈化されたローカリティであること。それこそ、「昭和」ブームにおけるノスタルジアの様態としてまず捉えなければならない構図である。

（2）観光資源としての「地域の記憶」

　一方で、こうしたノスタルジアの商品化を巡って見落とせないのが、対象地域となる地元の意向である。たとえば、『フラガール』の制作過程では、ＦＣ（Film Commission）と呼ばれる組織が大きな影響力をもっていた。

　ＦＣとは、全国的に2000年代以降盛んになった官民連携の取り組みであり、映画やドラマのロケ地として地元を売り込む非営利の活動である。「常磐ハワイアンセンター」の創設を中心に描かれた同作品のロケは、ハワイアンズの関連施設にとどまらず、いわき市のいたるところで行われた。いわき市のＦＣの事務局を務めた人物は当時、『フラガール』の制作について、まさに「宝くじに当たった」と表現した（『朝日新聞』青森県版：2006年10月17日）。なぜなら、地域のあらゆる場所をロケ地とした同映画のケースでは、全国にいわき市をＰＲするきっかけになるのみならず、その後の観光ツールとしても大きなメリットがあったからである。

　このように、『フラガール』をはじめ、各種の「地域の記憶」を巡る映画

やドラマが作品化される際、そこには、社会的に需要が高まっている「昭和」へのノスタルジックな欲望とともに、各地域における観光振興への思惑がある。たとえば、『フラガール』の制作は地元の商工会が全面的にバックアップしており、市も総力をあげて支援を行った。映画の撮影がはじまると同時に市長自ら代表となって発足した「映画『フラガール』を応援する会」はそのひとつである。

こうして、地元の熱烈な支援に支えられるなかで映画『フラガール』は制作された。その過程を振り返って、制作監督の李相日は公開初日の会見でこう答えている。「40年前のいわきの人が起こした奇跡にひかれて、作品ができあがった。いわきの誇りとして愛情をもって育てていただきたい」(『朝日新聞』福島中会版：2006年9月26日)。いわき市にとって、常磐炭鉱の閉山はコミュニティが根底から危機に瀕する出来事だった。だが、そうした地域に固有の歴史的経験は当の地域においてでさえ十分検証されてきたとは言い難い状況があった。上記の言葉は、ある地域の過去が「時代と人間」という普遍的なテーマに通ずるものであることを地域外の視線が発見し、また、当該地域がそれをチャンスと受けとめ、商品化へ全面的に協力したという、この映画の制作にまつわる経緯を示唆している。

現在、東北各県では積極的にＦＣの活動が展開されており、2000年代以降、地域振興の新たな資源として「地域の記憶」が注目されるようになった。そこからは、「昭和」という時代が「地域の記憶」を媒介にしてノスタルジア溢れる表象へと編成され、地域外で消費される機制が浮き彫りになる。

そして、いわき市では、『フラガール』を梃子にさまざまな形で「町おこし」事業が展開された。温泉とフラの融合を謳った『フラオンパク』、産業遺産の活用を図る「いわきヘリテージ・ツーリズム」などである。

以上、『フラガール』の制作にまつわる状況を概観した。そこで見落とせないのが、2000年代以降の「いわき」の状況である。常磐炭鉱の閉山による地域社会の全面的な危機を地域ぐるみの観光振興でかつて乗り越えた福島県浜通りのこの地域は、近年、日本全国の地方都市と同様に深刻な地域衰退の問題と直面することになった。

そのひとつが、歯止めのきかない地域人口の減少であり、その数は1998（平成10）年から2008（平成20）年の10年で約1万4,000人に及んだ。それと随伴して、観光産業も浮き沈みの激しいなかを生き抜いてきた。『フラガール』の舞台となった「常磐ハワイアンセンター」は1990年代初頭、深刻な経営危機に陥った。同施設はその際に「スパリゾート・ハワイアンズ」へ呼称を変更しているが、それは1970年代に全国的に売りとなった「日本のハワイ」が海外旅行の自由化や一般化によって魅力を失った事態を打破するためでもあった。観光振興も行き詰まるなか、地域経済の再活性化の切り札としてこの映画は地元で大きな期待をかけられたのだ。

地元紙の『いわき民報』を紐解くと、『フラガール』の公開と合わせて、自治体、ハワイアンズの経営母体である「常磐興産」などが積極的なPRを展開した様子がうかがえる。そこでは繰り返し、観光による地域振興という命題が、「交流人口」の拡大といった言葉で訴えられた[注4]。

3．炭鉱（ヤマ）を巡る過去の両義性
　　――いわきにおける『フラガール』への理解から

（1）問い直される炭鉱（ヤマ）の過去

ただし、ここで確認したいのが、炭鉱の往時や閉山時の混乱を体験した地元の人々にとっても、地域振興のツールとしてだけでなく、『フラガール』はその時代を想起し回顧するノスタルジアとして受容された点である。たとえば、公開初日の『いわき民報』には複数の観客の声が載っている。「一番乗り」だった観客は、自身がかつて「フラガール」だった人物であった。また、70歳代の女性は「自分でもフラを踊るし、炭鉱時代のいわきの話ということで興味があり、並んでもすぐに観たかった」とインタビューに答え、「映画で当時の様子を思い出し、感無量でした」と口にしている（『いわき民報』：2006年9月25日）。

この映画は、いわき市内で唯一の映画館である「平テアトル」で公開された。約1年以上にわたって上映されるなかで、3万4,000人以上の人々が観賞に訪れたという。この数は当時のいわき市の人口34万人の約1割に相当するものであり、現在までの同映画館における観客動員数の最高記録となっている。
　興味深いのが、『フラガール』はいわき市において、炭鉱にまつわる過去を「地域の記憶」として問い直す契機となった点である。たとえば、「映画『フラガール』を応援する会」や地元の湯元温泉の旅館業組合の中心人物であった里見庫男氏は、映画のヒットについて当時インタビューで次のように答えている。この映画のヒットがいわき市の観光振興の起爆剤となることへの期待に加えて、同市の「炭鉱時代を再認識する動き」につながるのではないだろうか、と。「常磐炭田の閉山から今年で30年。どんどん忘れられて、炭鉱、石炭産業を語れる人も少なく」なっているなか、「地域貢献した地場産業を、次の世代にわかりやすく、正確に残す作業が必要になっている」からである。そしてこう続けた。

　我々の世代は、炭鉱時代の痕跡を消し去って、新しい観光地にしようという感覚でしたが、そういう時代ではなくなっている。思い出して、残そう。それが地域づくりにつながっていくと思います。（中略）これから大切になるのは『検証する』という姿勢です。炭田史には功罪、光と影があります。労働、炭住生活は大変で、つらさや悲しさもありました。それに、じん肺の問題、爆発災害など、歴史を正確に知って、どう次の世代に残していくのか（中略）地域づくりは、足元の自然や歴史を正確に学ぶということから始まると思います。

　　　　　　　　　　（『朝日新聞』福島県中会版：2006年10月30日、朝刊）

　里見氏が「炭鉱の光と影」と呼んだものは非常に多岐に渡る。たとえば、同炭鉱における炭鉱労働の過酷さ、じん肺や爆発災害の問題、また『フラガール』の舞台となったハワイアンセンターと地元の湯本温泉街との間にあった

長年の緊張関係についても、上記のインタビューでは言及されている。

いわき市では『フラガール』公開の翌年、里見氏や郷土史家が設立した「常磐炭田史研究会」(2003〈平成15〉年発足)によって一冊の写真集が刊行された。『写真が語る常磐炭田の歴史』というその写真集は、自費出版だったにもかかわらず、6,000部が瞬く間に完売したという。そのなかでは炭鉱操業時の坑内作業の様子、炭住の生活風景などが詳細に記録されている。

そして、その写真集では繰り返し「炭礦」という言葉に「ヤマ」のルビがふられている。炭鉱というと、私たちは普通、労働や産業の問題に引きつけて考える。だが、いわきで石炭産業が盛んだった時代から生活している人間にとって、それは暮らしのなかに溶け込んだ風景としてあったものであり、まずもって「ヤマ」という言葉で呼ぶことが自然なものであった。そのルビに振られた「ヤマ」という語感からは、いわきにおいて炭鉱が地域社会の生活風景に根づいた存在であったことを窺い知ることができる。

また、この写真集の編集委員として関わった元鉱夫は、炭鉱の遺構を前に、「残ったのは遺跡と、思い出だけですな」と、郷愁をにじませながら過去を振り返っている(『朝日新聞』:2007年3月19日)。先の里見氏のインタビューにもあるように、いわきで炭鉱の往時を知る人々はかつて、その時代の「痕跡を消し去って」、地域を「新しい観光地にしよう」と願ったという。にもかかわらず一方で現在、彼らは「思い出して、残そう。それが新しい地域づくりにつながっていくはず」だと考えるようになったという。確かにその場所にあったが、それまで意識的に思い出すことを逡巡してきたもの。だが、それがなかったことになるのにも現在ではためらわれるところもある過去。「ヤマ」を巡る複雑で両義的なリアリティを記録していこうとする試みが、『フラガール』の上映に前後して、いわきで活発化したのである。

(2)『フラガール』に書き込まれた炭鉱(ヤマ)のリアリティ

そして、映画『フラガール』の中身に目を向けると、この作品には「地域の記憶」を巡る葛藤や対立が書き込まれている。たとえばこの映画では、繰り返し閉山の危機の混乱状況が描かれる。状況に抗い、フラガールに夢を賭

ける若い女性たち、そうした変化を受け入れられず、反発する多くの炭鉱夫たち。変化に希望を見る若者と逡巡する年配者、夢見る女性と現実を嘆く男性といったわかりやすい対比を用いながら、この映画はエネルギー革命下の社会変動に翻弄される生活者の姿を描く。そこでは、「東北のハワイ」「炭鉱娘のフラダンス」といった「常磐ハワイアンセンター」のキャッチフレーズや発想への違和が投げかけられた。

　地域再建といえば聞こえがよいが、石炭のまちが観光地へ急に装いを変えることのよそよそしさ、もっといえば"なりふり構わなさ"は、当時の人々に容易に受け入れがたいものだっただろう。そうした逸話を"涙あり、笑いありのヒューマンドラマ"として描くことで、この映画は危機に立ち向かう人間たちの物語としてヒットした。そこでは、石炭産業に依拠した地域社会のアイデンティティの解体が人々の生活世界にいかなる亀裂や分断を生んだかという社会的な問題も、観る者に問われていたのである。

　このように、その基調に地域社会の「解体と再生」の物語があったがゆえに、『フラガール』はいわき市でも過去へのノスタルジアを喚起する作品として消費された。そして、「地域の記憶」が観光の資源として開拓されると同時に、「正」と「負」の両面をもつ過去をいかに地域社会のアイデンティティとして捉え直すことができるかをも、いわき市では問い直す潜在的な可能性が示されていた。

　こうした展開を考えるうえで、『フラガール』が公開された2006（平成18）年というタイミングはおそらく重要な意味をもっている。この年は、いわき市が新産業都市建設促進法に則って全14の市町村の合併により誕生してから40年、常磐炭鉱の完全閉山から30年が経過した年だった。それらを記念して、いわき市では同年にさまざまな事業が行われた。そうした出来事や『フラガール』の作成・公開は図らずも、往時から一定の時間が経過した状況を背景に、複雑で両義性を帯びた過去と向き合うことが、地域社会にとって、また当時を実際に経験した人々にとっても可能となったことを示している。

4.「復興」の物語とその隘路
―3.11前後の『フラガール』に関する言説から

(1) 関心の衰退と言説の陳腐化

ではその後、いわき市において炭鉱（ヤマ）を巡る記憶はどうなったか。前節で見たように、『フラガール』の公開と前後して、いわき市では炭鉱を巡る過去への関心が高まった。そして、『フラガール』に言及した町おこしのイベントなどが多数催されるとともに、地域における炭鉱産業の過去そのものを問う「炭鉱（ヤマ）」へのまなざしもいわき市では生起していた。

そうした可能性は、しかし時間とともに低減していったことが推察される。たとえば、下記の表7-1はいわき市の地元紙である『いわき民報』に掲載の『フラガール』関連記事をカウントしたものである。

表7-1『いわき民報』における『フラガール』関連記事の掲載数（2006年～2011年）

	1月	2月	3月	4月	5月	6月	7月	8月	9月	10月	11月	12月	計
2006年	3	4	4	0	3	8	9	4	9	5	5	8	62
2007年	9	7	13	7	3	6	1	6	10	2	4	6	74
2008年	5	5	4	6	4	2	4	3	0	1	2	1	37
2009年	1	1	2	2	4	2	4	3	0	1	2	1	23
2010年	2	4	2	2	4	2	0	0	1	1	1	0	18
2011年	1	0	0	2	3	0	2	1	5	6	5	3	28

筆者作成

表7-1で確認できるように、2006（平成18）年9月の公開に前後して、『フラガール』に関する記事は急増している。そして、日本アカデミー賞の大賞受賞を頂点に、2007（平成19）年の終わりまで一定の数を記録したが、一方で2008（平成20）年以降は時間の経過とともに言及が漸減した。

また記事の減少と連動して、『フラガール』の扱いかたも変わっていく。映画の公開当初にあった炭鉱（ヤマ）の記憶と結びつけて論じる記事が、

2008年以降ほとんど見られなくなる。その間、映画のロケ時に発足した「映画『フラガール』を応援する会」は「フラガールを応援する会」に改称しており、映画に対する言及に変わって、現役のフラガールの活動やそれらをバックアップする同会への記事が増えていった。それらでは主に、ハワイアンセンターの現状が詳細な営業成績の数字とともに取り上げられた。

そして、映画『フラガール』はカリカチュア化された表象となっていく。一例をあげれば、2000年代後半の「産業構造改革」とかけた形で、「リストラ」対策の「モデル」を示す映画として取り上げられることもあった（『いわき民報』：2010年2月15日）。

（2）「復興」の物語への読み替え

だが、映画『フラガール』への関心は、3.11以後、再度高まりを見せることになる。そして、それらにおける語り口の変化からは、従前と異なる理解や受容の形式が浮き彫りになる。

表7-2は、『フラガール』について取り上げた『朝日新聞』の全国版および地方紙『いわき民報』の記事について、その内容を整理したものである。ここまで見てきたように、この映画を巡っては、一般的な理解や消費の形式といわきにおけるそれらとの間には、共通点とさまざまな差異が存在した。

しかし、東日本大震災の発生と原発事故以降、『フラガール』への視線は一般的な文脈においても、また、いわき市においても、表7-2の下段にあるように変化していく。

表7-2 『フラガール』を巡る言説の形式

	一般的な理解	いわきにおける理解
3・11前	○ 「昭和」のノスタルジア、あるいはヒューマニズムの商品として	○ いわき固有の過去へのノスタルジアとして（主に往時を知る世代にとって） ○ 地域振興・観光の資源として ○ 「地域の記憶」を問う契機として
3・11後	○ 被災地と日本社会の「復興」とを重複させるシンボルとして	○ 原発事故の風評対策の資源として（地域振興・観光資源の新たな形態） ○ かつて直面した「炭鉱閉山」の危機を乗り越えた「復興」の物語として

第7章　現代日本のノスタルジアと「地域の記憶」

　たとえば、一般的な文脈において『フラガール』を巡る言説は、従来の「昭和」ノスタルジア消費の形式にかわって、震災と原発事故の被災地であるいわきの「復興」と日本社会の「復興」とを重ね合わせる形式が浮上する。

　炭鉱住宅のつましい夕餉。フラダンサー募集の掲示に心が動く少女（蒼井優）を、母親がきつく諭す。「こっだ東北の田舎に、なじょしたらハワイなんかできっか」。映画「フラガール」の舞台は、1960年代の福島県いわき市だ▼斜陽の炭鉱は、温泉利用のレジャー施設「常磐ハワイアンセンター」に地域の明日を託した。（中略）そこを震災が襲い、50キロ先の原発事故が追い打ちをかけた。閉山時以上とされる危機を受け、休業中のフラガール約30人が近く、首都圏や東北各地を回るという。全国巡業は開業前の宣伝以来で、被災地の再生を誓い合うステージになる▼ボタ山を行楽地に変えたのは、このままでは家族も地域も沈むという危機感だった。今、石炭衰退に代わる試練は放射能の風評。毎度回されるエネルギー政策のツケに、福島の苦汁を思う▼震災の傷を埋めるには、産炭地興しの何倍かのパワーが要る。その源泉は家族愛や郷土愛だろうが、ダンスの先生にあたる「よそ者」も貴い。そして誰より、地域や国の将来が己の人生に重なる若い力。復興の最前列で踊った娘たちのように。

　　　　　　　　　　　　　（『朝日新聞』「天声人語」：2011年4月9日）

　また、いわき市では、原発事故の風評被害への対応として、この映画とフラガールたちの活躍が言及されていく。そこで新たに登場するのが、"重大な危機を乗り越えた地域復興の物語"として『フラガール』を受容する言説だ。
　こうした言説の変化の背景には、おそらく、3．11以後のいわき市と日本社会が置かれている状況がある。東日本大震災とそれに随伴して生じた福島第一原発事故以降、被災地の内外では現在まで大きな混乱が続いている。そして、原発事故とその対応への不手際は、この社会の経済・政治体制の機能不全を示すとともに、東京ではなく福島の浜通りに原発が置かれてきた事実に象徴される「中央」と「地方」の重層的な支配と服従の構造に根ざした日

> 東日本大震災、原発災害と、世界に類を見ない複合被害に直面している本市。しかし本市には、社会に翻弄されながらもどん底から這（は）い上がった歴史がある。炭鉱から観光へ転換し、地域とともに努力を重ね、まちに笑顔を取り戻した先達がいる。映画「フラガール」のように、絆の強さと笑顔を武器に、再生への道を歩みたい。
>
> 　　　　　　（『いわき民報』：2011年9月29日）
>
> 写真　震災から半年後の『いわき民報』の記事「笑顔と絆の200日」と題したこの特集は、被災地内外の「絆」と「復興」を、『フラガール』の寓話とフラガールたちの献身的な活動にひきつけて綴る。

本社会のシステムのいびつさを私たちの目の前に突きつけた。

　そんな最中、震災と原発事故の渦中にある地方都市の歴史的寓話をもとにした『フラガール』への関心が、いわき市の内外で再度高まりを見せた。それらには、被災地と日本社会の「復興」とを重ねあわせて物語るものが多数ある。巨大災害の襲来、戦後社会の経済成長を支えてきたシステムとテクノロジーの瓦解、それらが呈示した根本的な危機からの「復興」を描く物語として、いま被災地の内外で『フラガール』は消費されるようになっている。

　おそらく、『フラガール』を巡るこうした物語は、「がんばろう日本」など、3.11後に被災地の内外の連帯を称揚してきた「復興」の言説と共振するものだろう。ゆえに、もしそうした言説に安心感や連帯感だけでなく、さまざまな違和を覚えるならば、その違和は、「復興」の物語が私たちにとって、3.11後にあらわになった社会の構造や問題から目を背けることを可能にする一種

第7章　現代日本のノスタルジアと「地域の記憶」

の防衛機制であることを示唆しているのではないだどうか。

5．おわりに―いま社会を問うために必要な想像力

　「集合的記憶」（collective memory）という言葉を提起したM.アルヴァックス（Halbwachs,M.）は、記憶の社会性に着目し、その生成のメカニズムの理論化を試みた人物である。彼はそのなかで、「想い出とは大部分、現在から借用した所与の力を借りて過去を再構成することであり」、また、「以前の時代になされた別の構成によって準備された過去の再構成である」ことを指摘した[8]。つまり、過去は不変の存在としてこの世界に保存されているのではなく、現在の文脈から不断に再構成される社会的リアリティであり、その具体的な様態こそ社会学が検討すべき対象であると位置づけた。

　本章では、映画『フラガール』に関する言説をもとに、2000年代以降の日本社会といわきという地方都市におけるノスタルジアのあり様を検討してきた。そこからはまず、炭鉱の過去を巡って、「昭和」ブームにつらなるノスタルジアの商品化の機制や各地の観光振興の思惑との複雑な関係が浮き彫りになる。加えて、東日本大震災の発生以来の混迷する社会状況の下、再度、『フラガール』が被災地と日本社会の「復興」を巡るシンボルとして再解釈されてきたことが明らかになった。

　だが、『フラガール』を「復興」の物語として消費することで得られる連帯感や安心感は、震災直後にさまざまな形で私たちの眼前につきつけられた問題、たとえばこの社会に深く組み込まれた重層的な「支配と服従」のメカニズムを再度不可視化してしまう側面があるように思う。それは結果的に、炭鉱（ヤマ）を巡る記憶など、いわき市で生きられてきた過去と現在から目を背けることになるのではないだろうか。

　先のアルバックスの指摘に戻るなら、映画『フラガール』もまた、「昭和」ブームのなかで制作されることで、石炭にまつわる過去のあるものを選択し、あ

るものを捨象することで形成された作品であっただろう。ゆえに、ある過去の出来事を巡って何が選択・捨象されたかを問うことは、「地域の記憶」やノスタルジアを社会学が探求の対象とする際に不可欠となる。そして、3.11以降を生きる私たちには、不可視化されているかもしれない無数の排除や分断、痛みから社会のあり方を問う想像力が求められているのだ。

【註】
註1　たとえば、産業遺産として認定されたものは東北だけでも、「青函航路関連遺産」（青森県青森市）、「小坂鉱山関連遺産」（秋田県小坂町）、「野蒜築港関連遺産」（宮城県東松島市）、「松尾鉱山関連遺産」（青森県八幡平市）など枚挙にいとまがない。かつての鉱山跡や建物などに文化的・歴史的価値を見出し、地域振興の新たな対象として整備していくことが進められている。

註2　「団塊の世代」とは、日本において「第1次ベビーブーム」の時期に生まれた世代、および第二次世界大戦の終戦直後から育まれた文化的・思想的潮流を共有する世代のことを指す。第二次世界大戦後の日本社会の歩み、特に高度経済成長を青年期に過ごした層であり、戦後社会に大きな影響を与えてきた世代であるといわれている。

註3　私たちが年を重ねていくにつれて向き合わざるを得ない加齢と自己の問題について、シャロン・カウフマンは当事者のさまざまな実践、特にその折り合いをつける実践に注目している（S.Rカフマン・幾島幸子ほか訳『エイジレス・セルフ―老いの自己発見』筑摩書房 1988年）。たとえば、加齢による身体の衰え、親しい者との死別、そして社会的なキャリアからの撤退など、高齢期にある人々は多くのアイデンティティの危機に直面する。彼らは過去の体験や出来事などを参照しつつ、自己の生きる意味を再構築する。そこでは、過去へのノスタルジアがさまざまな形で吐露される。

註4　たとえば、『フラガール』の日本アカデミー賞受賞が発表された直後の『いわき民報』（2007年2月17日）で、当時のいわき市長である櫛田和雄氏は興奮気味に、「いわき市にとって大変な名誉であり」、「全国で100万人を超える方にご覧いただいたことは、本市の知名度アップにも大きく貢献」したと語っている。そして、「『フラガール＝いわき市』というイメージが各方面へさまざまな波及効果をもたらし」、「いわきの歴史・魅力・存在を広く全国に発信し、さらなる交流人口の拡大や地域経済の活性化につなげていきたい」と期待している。

【引用文献】
1）高野光平「昭和ノスタルジーのメディア論的考察」（科学研究費補助金成果報告書 研究種目：若手研究（B）採択期間：2009年～2010年　課題番号：21730397）2011年
2）浅岡隆裕『メディア表象の文化社会学―〈昭和〉イメージの生成と定着の研究』ハー

ベスト社　2012年　pp.159-169
3）F.デーヴィス・間場寿一ほか訳『ノスタルジアの社会学』世界思想社　1990年
　　pp.152-153
4）市川孝一「昭和30年代はどう語られてきたか──"昭和30年代ブームについての覚書"」
　　『マス・コミュニケーション研究』(76) 2010年　pp.7-8
5）前掲書4）p.8
6）前掲書4）pp.7-22
7）前掲書2）pp.13-16
8）M.アルヴァックス・小関藤一郎訳『集合的記憶』行路社　1989年　p.73

第8章
「少子高齢化問題」と国際人口移動

　2004（平成16）年を境に日本の総人口が徐々に減少しているが、その前後から新聞やテレビを中心とするメディアで「少子高齢化問題」という言葉が一般にも聞かれるようになった。そこで語られていることは、日本は平均寿命が世界一な反面、戦後の合計特殊出生率は年々低くなっている。だから将来、高齢者を支える生産労働者が足りなくなる。また、地方の過疎化が進み地域社会が衰退していくといったことである。社会を構成する基本単位が「人」であるならば、その「人」の数のバランスが悪い（すなわち地域格差や年齢層の偏りがある）ということは、同時に全体として不安要素が多いシステムといえるだろう。日本はその意味で不安定な社会状態に直面しつつある（ている）といえるだろう。

　一方、この「少子高齢化」問題とされているものは、日本という国家単位で考えた場合の問題であることはいうまでもないだろう。世界的に見れば、中国など人口過剰国は多数存在する。世界は地域によって直面している問題（言説群）が違うのはいうまでもない。また、人は移動する生き物である。生まれてから死ぬまでに何度も移動を繰り返し、その過程のなかで「地域」と邂逅する。グローバルな視点で見れば、日本の「少子高齢化」という現象は、ちっぽけな閉じられた島国内での問題に過ぎず、世界的な人口バランスを考慮すればむしろ人口の爆発的な増加の方が大きな問題といえる。

　だとするならば、今後の日本における人口の問題とは、むしろ爆発する世界人口の増大に対して、いかに海外から人を日本に受け入れていくのかが重要な課題になってくるだろう。つまり「少子高齢化問題」とは、国内の対策だけでなく、国外からの人の移動、移住とセットにして考えざるを得ない問題となっているのである。そして人を受け入れるということは、自らの文化

や社会構造も変化することを前提としなくてはならないだろう。

　本章ではこうした視点から、第1に日本における「少子高齢化問題」をもう一度整理し、そこで指摘されている問題と、その対策を整理していく。第2にグローバルな人口増加という視点から日本の人口問題を相対化していく。そこではむしろ、世界的な人口増加に対する日本社会の今後の対応こそが重要であることがわかるだろう。そのため第3に人の国際移動を前提とした、日本社会のあり方を探っていくことにする。特に、現在どの程度日本に外国籍者が存在し、どのような分野で働いているのかを確認していく。そして将来の「日本人」という視点から、彼らを捉え直す政策が必要であることを指摘することにしよう。

1．「少子高齢化」の問題とは何か

(1)「少子化」と「高齢化」の現状

　ではまず、「少子高齢化問題」とはどのような社会が想定され、「何が」問題とされているのか、その言説を確認していこう。ただし「少子化」と「高齢化」は常にセットで語られているが、厳密にいえば両者は別の問題である。そこで、まずは日本における「少子化」の現状確認をしたうえで、それがどのように「高齢化」と接合された議論となって「問題」とされているのか確認しておこう。

　まず、日本における「少子化」とはなにか。図8－1は戦後の「出生数と合計特殊出生率」を表したものである。一番左側の山が、いわゆる「第1次ベビーブーム」で生まれた人の数である。このころに生まれた人々は、「団塊の世代」と呼ばれ戦後日本復興の中核を担ってきた人々であり、これから65歳すなわち「高齢者」になっていく人々である。そして次の山が第2次ベビーブームであり、「団塊のJr.世代」である。この2つの山の間にある、グラフ上のへこみ、1966（昭和41）年がいわゆる「丙午」であり、このときの

第8章 「少子高齢化問題」と国際人口移動

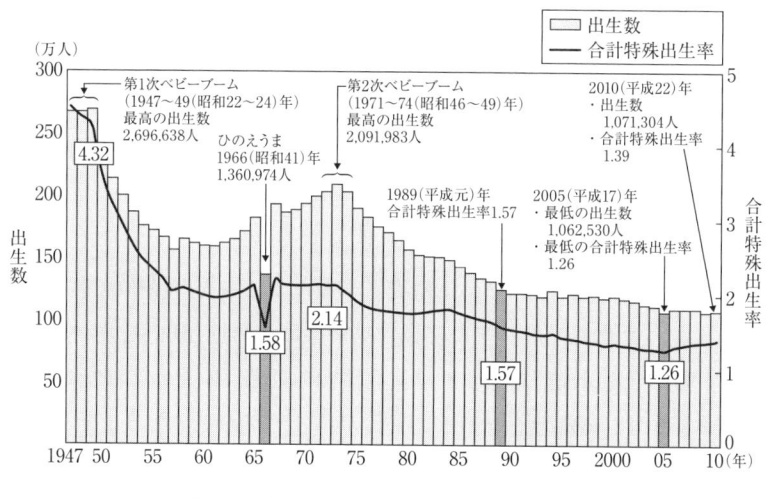

図8-1 出生数及び合計特殊出生率の年次推移

資料：厚生労働省「人口動態統計」2010年

合計特殊出生率が1.58であったが、この丙午を下回り出生率が1.57になった1989（平成元）年を「1.57ショック」（丙午ショック）と呼び、本格的な少子化がはじまった年として認識されている。一般的に合計特殊出生率が2.0以上であれば、人口は自然増、2.0以下であれば自然減すると指摘されている。そのため、現在の数値（2011〈平成23〉年の統計では1.39）は日本の総人口が自然減していくことを意味している。2012（平成24）年『子ども・子育て白書』は、合計特殊出生率は2005（平成17）年に戦後最低であった1.26よりは若干回復しつつも、2010（平成22）年の1.39で依然として低い数値にとどまっていると指摘している。これらのことから、将来の日本の人口減少が推測され、「少子化」は問題だとされている。

次に「高齢化」社会とは、「高齢者」すなわち65歳以上の人口が増加していくことである。すなわち先に見た団塊の世代が徐々に65歳以上になっていくことである。1997（平成9）年に「高齢者人口」（65歳以上）が「年少人口」（14歳以下）を上回ってから、2010年は年少人口13.2％に対し、高齢者人口は23.1％で、この差は今後20年近く増大していくと予想されている。こ

のため高齢者を支えるためのさまざまなコストが必要になり、これが「高齢化」問題とされている。

そして、一般的にいわれる「少子高齢化」問題とは上記のように「子ども」が少なくなり「高齢者」が増加することによって、起きる問題といわれている。では現実的にどのような人口バランスになると予想されているか。

(2) 人口推移と「少子化」「高齢化」

まず、2011（平成23年）簡易生命表によると、日本人の現在の平均寿命が男性79.44歳、女性86.90歳、また65歳の平均余命が男性18.69歳、女性23.66歳とされている[1]。単純計算をすれば、今後20年以上（すなわち団塊の世代が自然減するまで）高齢者をその下の世代が自分が高齢者になるまで支えることになる。その下の世代とは第二次ベビーブームで生まれた人々、すなわち「団塊の世代Jr.」が中心となる。ここで注意したいのは「生産年齢人口」である。すなわち15歳から65歳未満までを一般に「生産年齢人口」と呼んでいるが、この世代の割合が少ないと、当然「生産者」つまり働く人が減っているということになる。たとえば、総務省の2012（平成24）年度の報告では、図8－2とともに下記の次のような説明がなされている[2]。

　…生産年齢人口（15～64歳の人口）は2010年（平成22年）の63.8％から減少を続け、2017年（平成29年）には60％台を割った後、2060年（平成72）年には50.9％になるのに対し、高齢人口（65歳以上の人口）は、2010年（平成22年）の2,948万人から、団塊の世代及び第二次ベビーブーム世代が高齢人口に入った後の2042年（平成54年）に3,878万人とピークを迎え、その後は一貫して減少に転じ、2060年（平成72年）には3,464万人となる。そのため、高齢化率（高齢人口の総人口に対する割合）は2010年（平成22年）の23.0％から、2013年（平成25年）には25.1％で4人に1人を上回り、50年後の2060年（平成72年）には39.9％、すなわち2.5人に1人が65歳以上となることが見込まれている。（下線引用者）

この説明で重要な点はなにか。すなわち2042年から高齢者人口は自然減す

ると予測されているにもかかわらず、2060年には高齢者化率が約40％と増加し、生産人口年齢割合が約51％に減少していくと予想されていることである。つまり、高齢者はいずれ減っていくにもかかわらず、なぜ高齢者率は上昇し続けるのかということである。

ここで「少子化」の問題が浮上するのである。すなわち、高齢者が自然と減っていけば「生産年齢人口」は横ばいになるはずなのに、「少子化」が影響し減少している。つまり、次世代を担う人が決定的に足りないということである。このため「少子化」と「高齢化」がセットになって、「問題である」と指摘されるのである。

図8－2を見るとさらに明白にわかるだろう。2060年の総人口は約8,600万人と推測され、高齢化率は年々増加し、生産年齢人口は年々減少している。別の言い方をすれば、2010年から高齢者の数はそれほど変化がないが、生産年齢人口が減っているのである。そこで想像される社会とはどんな社会なのか。次に「少子高齢化」問題で語られる具体的な内容を整理していこう。

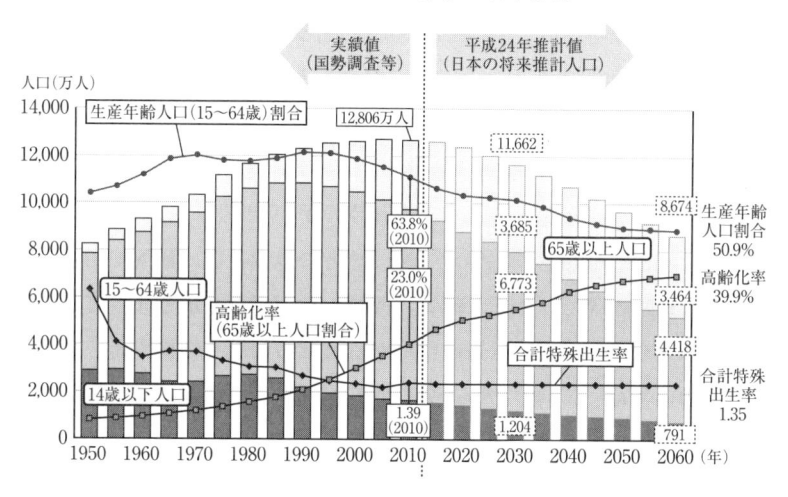

図8－2　日本の人口推移と将来推計

資料：2010年までは総務省「国勢調査」、2015年以降は国立社会保障・人口問題研究所「日本の将来推計人口（平成24年1月推計）」の出生中位・死亡中位仮定による推計結果

（3）「少子高齢化」から生じる具体的な問題群

　一般的に語られる代表的な問題を、山田[3]を参考に整理しておこう。山田は①労働力不足、②年金をはじめとする社会保障負担の増大、③経済成長の鈍化の3点をあげている。

① 　労働力不足：これは先に指摘した、生産年齢人口の減少を指す。特に今後、後期高齢者と呼ばれる75歳以上の人口が増加し、リタイアが進む。

② 　年金：これは年金を含めた社会保障の問題である。日本の年金制度はよく指摘されているように、賦課方式とよばれ、現役世代が払っている拠出金をため、高齢者の年金を賄うものである。近年ではこれまでプールしていたものの取り崩しがはじまっており、将来的な年金財政の破たんも不安視されている。さらに医療保険では、実質的に現役世代の掛け金によって、高齢者の医療費が払われているため、「少子高齢化」社会では、健康保険財政にも悪影響がでる。

③ 　経済成長の鈍化：消費に貪欲な現役世代が減ることによって需要が減り、そのため投資も起きにくくなるため経済成長が停滞する。

　もちろん後に指摘するが、上記の問題群はあくまで「高齢者」の定義や現在の経済成長、保険制度を前提としたときの話であり、将来的に「問題」となるかは別である。しかし、山田が指摘するように、「少子化」社会を迎えるのは確実であり、「少子化を前提として、それに対応した社会を作る」ことが重要[4]なのは間違いない。では「少子高齢化」社会によって現在の社会構造がどのように変化すると考えられるのか。

　現在、もっとも懸念されているのが、地方の地域社会の崩壊であろう。猪口、勝間は対談の中で「防犯、教育、医療」など当たり前と思っている必要不可欠な行政サービスが受けられなくなることの問題を指摘する。たとえば教育面においては、「歩いて小学校に通える範囲や中学校に通える範囲、さらに町から高校が消滅している」状況の問題があることを指摘する。また「何時間もかけなければ行けないところに高度医療が集約化されていても、安心」できない点、また地方の過疎化が進むことによって地方独自の産業の衰退をもたらす点なども指摘する。そして反面人口は都市にますます集中し、富

も集中されるという社会構造になりつつある[5]。これらの指摘は、「少子化」と「高齢化」が進む地方の地域社会の深刻な側面を表している。この結果、地域文化が衰退し、地域の活性化が失われ、産業構造自体が変化していくことになるだろう。この点は次に見る「人口減少」社会の問題とセットになって考えられている。

　まとめておこう。「少子高齢化」から引き起こされる問題とは①労働力不足、②社会保障、③経済衰退の3点であり、その結果もっとも深刻な影響を受けるのが「地方の地域社会」というわけである。これに対し、実際現在行われている「少子高齢化問題」への対策というものは、大きく分けると2つある。1つは一般的にいわれる「子どもを増やす」視点である。これは明確に「少子化」に対する対策であり、子どもを増やすことで人口を増加させるという視点である。また逆に「子どもが少ない社会を前提とした社会作りという視点」[6]も重要である。

　次に「少子高齢化問題」とセットで語られる「人口減少」という点を整理しておこう。というのも、「少子高齢化」が進むことより、実は日本に住んでいる人の人口総数の減少が問題の本質と思われるからである。

（4）「少子高齢化問題」の本質＝「人口減少」問題？

　さて、ここで、これまでの「少子高齢化」の議論とは視点を異にした、長期スパンでこの問題（言説）を分析している古田[7]の議論を紹介しておく。というのも、本章でこれから扱うグローバルな視点からの人口減少、もしくは人口増加の問題を考える場合に参考になるからである。

　まず古田は、そもそも「少子高齢化」に関する言説自体が間違っているという指摘からスタートする。土屋は「少子高齢化」とは「少子化」と高齢による自然死、すなわち「多死化」による、「人口減少」がその本質であり、「少子高齢化」ではなく「少産・多死化」が人口減少に結びつくことの問題を指摘する。その前提のもと、「高齢化」という概念自体が現在65歳以上を指しており、これはすでに現実にあっていない。むしろ70歳前後が高齢者といえる状況だと指摘する。また「生産年齢人口」は現在15歳以上としているが、

アダルトチルドレンの存在なども考えると、そもそも「子供」という概念自体を再検討し直す必要があるとしている。そのため今後は「増子・中年化」が進み「人生85年型」のスタイルを基本とした社会政策の転換の必要性を指摘する。すなわち「生産年齢人口」の減少による問題とは認識論的な問題を多分に含んでおり、「人生85年型」の設計によって「少子高齢化問題」で語られていることの多くは、解消できると指摘する。

　古田は、人口もしくは動物の個体数の増減は、「キャリング・キャパシティ（環境容量）」理論に基づいており、キャパシティが上限を迎えると、自然に人口の増加を抑制する傾向があることを指摘する。そして古田は「人間は文化的に人口を抑制する動物」であることを指摘し、人口の増減を長期スパンの文明論として展開している。そのため現在の日本の人口が減少傾向にあるのは、まさしくキャパシティが「限界」を迎えたからだと指摘する。そして、人口は波型に移行するものであり、いずれ増加してくるものだとしている。また、人口減少に歯止めをかける実質的な方策として3点指摘している。それは①延命、②子どもを増やす、③外国籍者を入れるという点である。①の延命に関しては、技術的な革新がない限り平均寿命はすでに限界を迎えていると指摘する。また②に関しては、生活が豊かになればなるほど、子どもをつくらないのは当然であるので、今の少子化対策は本質を外していることを指摘する。そして③に関しては、欧米の事例を見れば人口の7％程度が限界で、それ以上になると国家自体変化（移民国家）を促すことになる点を指摘する。

　古田の議論は、マクロな議論としては説得力をもっており、長期スパンでの見通しとしては魅力ある仮説、議論である。ただし、これまでの議論、すなわち言説の中心にあった生活者のもつ不安、具体的には地方自治の問題やすべての人が迎える老後の問題といった具体的な問題群に答えるものではないことに注意しておきたい。そのことを前提に古田の議論を参考にしつつ考えるならば、現在の「少子高齢化問題」の本質は、「人口減少社会」にどのように対応するかが課題といえる。そして、その解決策をまとめると①「人口減少社会にあわせた社会構造の転換」、②「人口を増やすために、子ども

を産みやすい環境をつくる」、③「外国籍者を受け入れ、人口を増やす」の3つの方策が指摘できる。

　一見すると①と②③は対立的な考え方だといえる。しかし人口減少によって大きな社会問題が生じるということは議論の前提となっており、一方で人口を増やす努力が必要であり、もう一方で人口が減っても安定できる社会をつくっていくという考えも同時に必要といえる。

　さて、ここからは③の視点を中心に考えていくことにする。というのも、これまでの日本の議論は、世界的な人口の視点や、外国籍者を人口政策として受け入れたときの可能性についてはあまり議論されてこなかったからである。そこで本章の以下の節では、グローバリゼーション下における外国籍者の受け入れが、「人口減少社会」にどのような影響を与えるかを見ていくことにする。

2．グローバリゼーション下における人の国際移動と日本の人口変動

（1）増大する世界人口

　さて、日本の人口が減少しており、それが国内で問題とされていることを確認してきたが、ここで世界に目を向けてみよう。まず、現在の世界の人口を確認していこう。中国13億4,800万人（1）、インド12億4,200万人（2）、インドネシア2億4,200万人（4）、パキスタン1億7,700万人（6）、バングラデシュ1億5,100万人（8）、日本1億2,700万人（10）（カッコ内は世界の順位）。アジアのなかで、現在最も人口が多い地域は、中国、続いてインドとなっている。また日本は世界のなかでも10番目に人口の多い地域であり、人口密度は世界19位である。

　図8-3は1950年、2010年の世界の人口数のランキングを表し、またそれをもとに2050年、2100年の人口を予測したものである。それによると、2050年には世界第一の人口国は中国からインドに変わり、日本は16位（1億900

図8-3 世界人口ランク20位 1950年、2010年、2050年、及び2100年

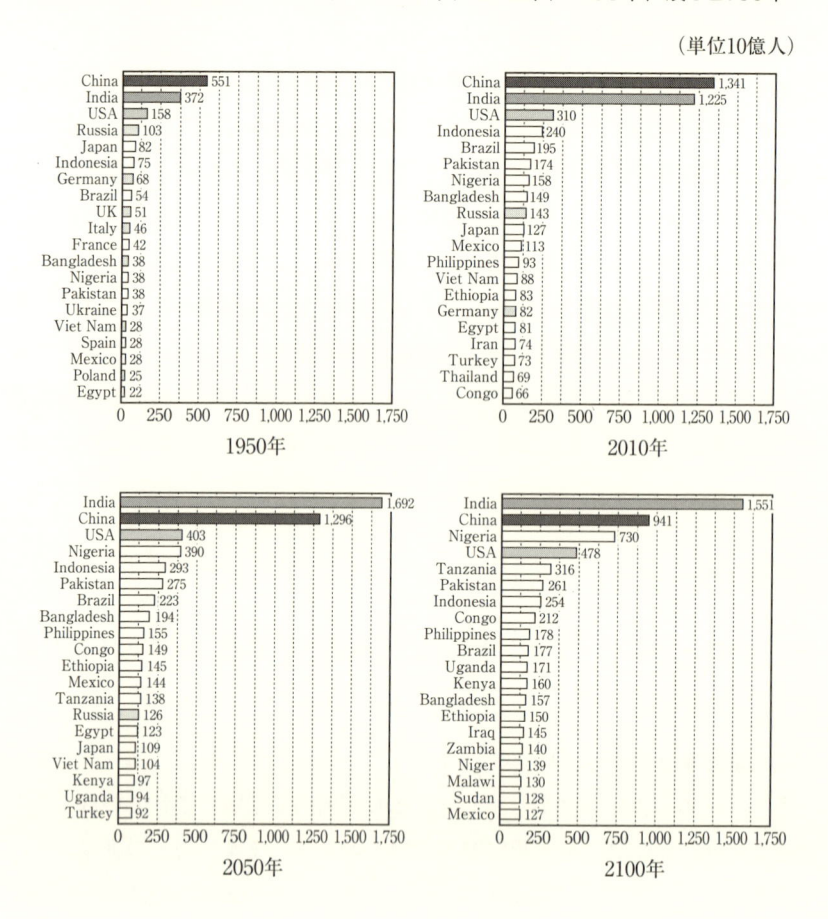

(単位10億人)

1950年
- China 551
- India 372
- USA 158
- Russia 103
- Japan 82
- Indonesia 75
- Germany 68
- Brazil 54
- UK 51
- Italy 46
- France 42
- Bangladesh 38
- Nigeria 38
- Pakistan 38
- Ukraine 37
- Viet Nam 28
- Spain 28
- Mexico 28
- Poland 25
- Egypt 22

2010年
- China 1,341
- India 1,225
- USA 310
- Indonesia 240
- Brazil 195
- Pakistan 174
- Nigeria 158
- Bangladesh 149
- Russia 143
- Japan 127
- Mexico 113
- Philippines 93
- Viet Nam 88
- Ethiopia 83
- Germany 82
- Egypt 81
- Iran 74
- Turkey 73
- Thailand 69
- Congo 66

2050年
- India 1,692
- China 1,296
- USA 403
- Nigeria 390
- Indonesia 293
- Pakistan 275
- Brazil 223
- Bangladesh 194
- Philippines 155
- Congo 149
- Ethiopia 145
- Mexico 144
- Tanzania 138
- Russia 126
- Egypt 123
- Japan 109
- Viet Nam 104
- Kenya 97
- Uganda 94
- Turkey 92

2100年
- India 1,551
- China 941
- Nigeria 730
- USA 478
- Tanzania 316
- Pakistan 261
- Indonesia 254
- Congo 212
- Philippines 178
- Brazil 177
- Uganda 171
- Kenya 160
- Bangladesh 157
- Ethiopia 150
- Iraq 145
- Zambia 140
- Niger 139
- Malawi 130
- Sudan 128
- Mexico 127

資料：World Population Prospects: The 2010 Revision.

万人)になる。2010年より顕著な傾向はEU諸国がほとんどランクインしていない点である。実際欧州主要諸国の合計特殊出生率は、2010年WHOの調べでは、ドイツ1.3、イタリア1.4、ギリシャ1.4、イタリア1.4、イギリス1.7、フランス1.9となっており少子（少産）化傾向にある。

一方、今後爆発的に人口増加が起こりそうなのが、アフリカ諸国である。特徴的なのは2010年時点ではアフリカ諸国ではナイジェリア、エチオピア、

第8章 「少子高齢化問題」と国際人口移動

エジプト、コンゴの4か国だったのが、2050年にはタンザニア、ケニア、ウガンダが加わって7か国に、そして2100年にはエジプトがランク外となるがザンビア、ニジェール、マラウイと3か国がさらに加わり9か国になることである。すなわち中国、インド、そしてアフリカ諸国の人口が今後ますます増加することが予測されるのである。図8－4は主要大陸別の人口推定と今後の見込みである。これまで圧倒的に人口が多かったアジア地域は2060年ごろを境に減少していく。かわりにアフリカの人口がますます増加していくことがわかる。報告書では21世紀は「アジアが最も人口の多い地域となるが、2011年に10億だったアフリカの人口は、2100年に36億に達する見込み」だと指摘されている。

図8－4　主要大陸の推定及び見込み人口1950年～2100年

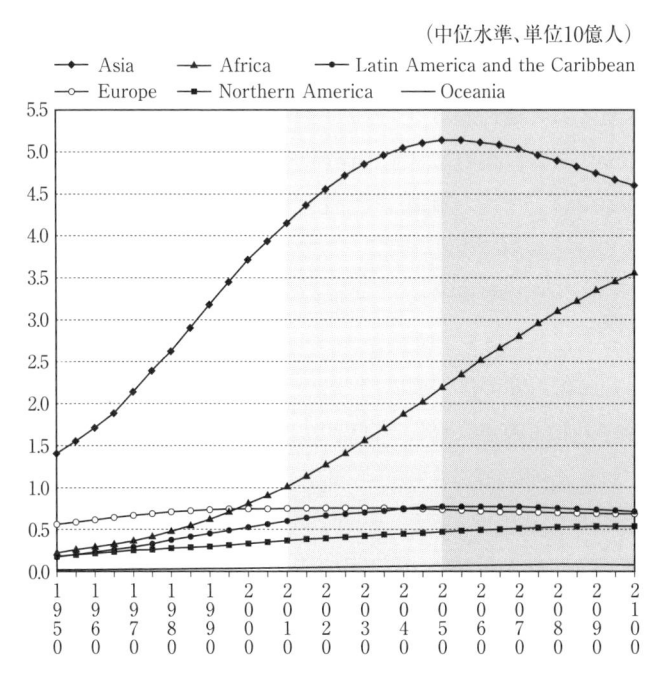

(中位水準、単位10億人)

資料：図8－3に同じ

図8-4　解　説

　2011年、世界人口の60％はアジアに、そして15％がアフリカに居住している。1990年初頭までヨーロッパは世界に２番目に人口を多く抱えている地域であったが、1996年アフリカの人口がヨーロッパをはじめて越した。<u>アフリカの人口は、2010年から15年の間で毎年2.3％、アジアの倍の速度で急激に増加しつつある。</u>（中略）アジアの人口は、現在42億であるが、今世紀半ばにそのピークを迎え（2052年に52億に達する見込みである）その後徐々に減少していく見込みである。その結果、<u>2010年にはアジアの人口はアフリカの約４倍（42億対10億）だったものが、2100年には、アフリカの約28％しか多くなくなっている（アジア46億、アフリカ36億）</u>[註1]。（下線は引用者）

　図８-４を見てもわかるが、今後世界的には人口が増加するのは間違いないだろう。だとすると、日本に海外から多くの人が来日することは予測できる。特にアジア諸国では、インドや中国の人口は増加することから、それらの国から来日する可能性がある。また、インドネシア、バングラデシュ出身者は後に紹介するが、すでに日本と深いパイプをつくりつつある。今後の人口流入についていえばこの両国は増加していくことも予想できる。

　日本単独では「人口減少社会」としてさまざまな問題があることが指摘されているものの、世界規模で見ていけば、いかに人口増加に対応していくかが問題になってくることがわかる。つまり、日本の人口政策で今後もっと重要な議論となってくるのは、国内での少子化対策と同時に、今後いかに海外から人を受け入れるのか（もしくは受け入れないのか）という点になってくるだろう。

（２）国際人口移動と日本への移民の流入

　今後の世界人口の増加にともない、当然日本への人の移動もますます活発になることは予想できる。では、海外からの人の国際移動は日本の将来の推計人口にどのような影響を与えると考えられているのか。

　普通に考えれば日本人も外国人も国際移動がなければ、人口の増減は国内

の出生、及び死亡のみになるだろう（封鎖人口）。次に日本人のみが海外に出国し、外国籍者が入国しなければ当然出国者の分だけ人口は減少する。逆に海外からの入国者のみで日本人が出国しなければ、入国者の分だけ人口は増加するだろう。問題は出国者と入国者のバランスであり、その差が＋ならば人口増加、－ならば人口減少といえるだろう。その点を考慮して作成されたのが表8－1である。

まず、国際人口移動を日本国籍者のみ（外国籍者についての移動はない）とした場合、2030年に1億1,296万人となり、2055年には8,456万人となる。逆に外国籍者のみ移動（日本国籍者の移動はない）とした場合、2030年に1億1,619万人、2055年に9,166万人になる。仮に国際人口移動が一切行われないと仮定すれば、その封鎖人口は2030年に1億1,394万人、2055年には8,636万人になると予想されている。これらの計算から2055年の予測では、外国人の入国によって将来の人口は封鎖人口より356万人多い計算になる。同様に年代別で見た場合でも15歳～64歳の「生産年齢人口」では、2055年の将来人口は封鎖人口より302万人多い計算である。すなわち、「海外からの国際人口移動は高齢化を抑制する効果がある」といえる[8]。

もちろんこれらの数値は、現状をもとにした数であり、日本の政策によって変化してくる。また、数字上の問題と実生活上で外国籍者が増えることはまた違った意味をもつだろう。そこで日本の現在の外国籍者の数や実態に少し目を向けてみる。

表8－1　国際人口移動が将来の人口構造係数に及ぼす影響

（単位：1,000人）

	封鎖人口	将来人口	人口移動（日本人のみ）	人口移動（外国人のみ）	封鎖人口との差		
					将来人口推計結果	人口移動日本人のみ	人口移動外国人のみ
2010	127,069	127,176	126,872	127,373	108	-197	305
2030	113,942	115,224	112,963	116,189	1,300	-961	2,265
2055	86,361	89,930	84,654	91,661	3,569	-1,707	5,300

出典：佐々井司・石川晃「わが国における国際人口移動の動向と将来推計人口への影響」『人口問題研究』国立社会保障・人口問題研究所　2008年　p.15より作成。

（3）日本の外国籍者数と人口補填

　現在、日本の外国籍者はおおよそ200万人である。国籍別にみると中国67万人、韓国・朝鮮55万人、ブラジル21万人、フィリピン21万人、ペルー5万3千人となっている。世界人口の割合で確認したが、中国籍者の人口増加による国際移動は近年の日本にも影響を与えている。たとえば1991（平成3）年には17万人だったが、おおよそ10年後の2000（平成12）年には34万人、また10年後の2010（平成22）年には69万人と倍増している。中国社会の急速な市場開放とリベラル化は世界全体の経済状況に影響を与えていることは、すでにメディア等で注目されているが、今後の日本社会にもますます中国籍者がビジネスを含め来日することは間違いないだろう。

　次に在留資格別に見ていくと、永住者60万人、日本人の配偶者18万人、永住者の配偶者21万人、定住者17万7千人、特別永住者が39万人となっている。これらの在留資格を保持している人は、日本社会で実質的に生活をしている人々でその数はおおよそ137万人となっている。

　先の2030年及び2055年の人口推計の増加数はあくまで、生活実態は別とした単なる移動者数であった。そのため現在日本社会が懸念している、人口減少から生じる問題の対策には直接的に結びつくわけではない。重要なのは、実質的な生活者を増やすことである。国籍別で見れば、永住者で最も多いのは中国人で18万人、ブラジル人12万人。定住者で多いのはブラジル人6万人、特別永住者は韓国・朝鮮人で38万5千人となっている。特別永住者とはいわゆる、戦中から戦後にかけて日本に在住している人々とその子孫である。そのためほぼ日本国籍者とかわりがない権利と義務、生活を維持している。

　人口の観点から忘れてはならないのが「帰化制度」である。すなわち直接的に日本国籍者の人口が増加する制度である。ここ10年の日本国籍取得者数は毎年1万4千人程度、総計14万6千人程度である。韓国・朝鮮籍者の国籍取得は、先にも述べたように「実質的な日本人」が「形式的な国籍上」も日本人になったものであり、特別永住者数はむしろ減少していくため、日本国籍取得者数も減少していくだろう。逆にここ10年の中国人の帰化者数の平均は4,400人強であり、中国籍から日本籍への変更は今後も維持、もしくは増

加する可能性がある。

　グローバリゼーション下における日本への外国籍者の国際移動は、①世界人口の増加、②日本のこれまでの外国籍者の入国数といった観点から、今後も増加していくのは間違いないだろう。また、現在行われているEPA（経済連携協定）、また協議中のTPP（環太平洋戦略的経済連携協定）といった国際的な協定を考えれば、今後新たに特定の国から、多くの人が来日する可能性がある。たとえば、先に指摘したように人口増加の一途をたどるインド、さらにインドネシア、パキスタンからもこれまで以上に来日する可能性がある。そして、この流れは日本社会の産業構造を含めた社会構造の転換をともなう問題となってくるだろう。そこで「少子高齢化」問題に対応する、外国籍者の受け入れ政策について現状と課題、また可能性を考えていこう。

表8-2　帰化許可者数

事項年	帰化許可申請者数	帰化許可者数 合計	韓国・朝鮮	中国	その他	不許可者数
2002年	13,344	14,339	9,188	4,442	709	107
2003年	15,666	17,633	11,778	4,722	1,133	150
2004年	16,790	16,336	11,031	4,122	1,183	148
2005年	14,666	15,251	9,689	4,427	1,135	166
2006年	15,340	14,108	8,531	4,347	1,230	255
2007年	16,107	14,680	8,546	4,740	1,394	260
2008年	15,440	13,218	7,412	4,322	1,484	269
2009年	14,878	14,784	7,637	5,391	1,756	202
2010年	13,391	13,072	6,668	4,816	1,588	234
2011年	11,008	10,359	5,656	3,259	1,444	279

　資料：法務省民事局のホームページより作成。
　　　http://www.moj.go.jp/MINJI/toukei_t_minj03.html（2013年1月5日閲覧）

3．移民社会の可能性

（1）外国籍者受け入れの現状

　さて、「少子高齢化」問題の対策のひとつとして、「外国籍者」を導入することがある点は述べた。では、いったいどの程度の外国籍者を日本に迎え入れればいいのか。もと法務官僚の坂中は移民政策研究所を立ち上げ、いちはやく「日本型移民国家の構想」を提起してきた。坂中は2007（平成19）年ごろより今後50年間で人口が9,000万人を下回ることを推測し、50年間で移民を1千万人受けいれる必要があることを指摘した[9]。これは、おおよそ人口の10%を意味している。現在、外国籍者の200万人とするとあと800万人増加が必要となり、年間16万人の受け入れを前提としている。この議論は、実際に自民党の中川秀直を中心とした「外国人材交流推進議員連盟」によって、政策課題として取り上げられ、その報告書が時の総理福田康夫首相に提出されている。もちろん50年で1千万人の受け入れは、具体的なプランがともなっているわけではなく、いわば「かけ声」的なものであったが、人口減少を止めるにはその規模の外国籍者が必要ということが明確になった[註2]。

　受け入れ政策を考える場合重要なことは、まず、どの産業に外国籍者を補填するかが課題となる。農林水産省の調べによれば2010（平成22）年の統計では、農業就業人口（260万人）のうち65歳以上の占める割合が61.6%（160万人）になっており、今後の農業関連には労働者の補充が必要になっている。現在、研修制度を利用し（実質的には単純労働として）働いている人々は、農業及び水産業に従事している。これは主に中国からの派遣が大半を占めている。次に工場労働者に関しては1980年代後半から、日系ブラジル人、ペルー人が来日している。彼らはもともと日本から海外に移民した人々の子孫であり、形式上は日本人の親類縁者として来日している（定住ビザ）。また2008（平成20）年よりEPAに基づき、インドネシアからの看護師・介護福祉士候補者を受け入れているが、2011（平成24）年までで看護師392人、介護福祉士500人が来日している程度である。今後の高齢化社会においては、福祉関

係に従事する人が必要であり、その部分を海外からの人々で補う意味もある。ちなみに福祉関係に関しては以前興業ビザで来日したフィリピン人が、滞日し福祉関係の仕事に就きはじめているとの報告もある[10]。また、特に都心では、コンビニやファストフード店などサービス産業でも、多くの外国籍者を見かけるようになっている。

　現在、日本の産業構造の一部を外国籍者が担っているのは間違いない。また当然労働年数が経てば、家族の呼び寄せも増えてくるであろう。そうなれば、社会保障、教育、行政サービスなどすべての面で外国籍者をスムーズに受け入れる体制を整える必要がでてくる。その点は現在「多文化共生」というフレーズで各地方自治体、そして国の政策課題となりつつある。すなわち、人口減少の解決策のひとつとして、外国籍を増やすということは、日本社会の社会構造を根本的にスケッチし直すことにもつながってくるのである。もちろん、これまでのような「単一民族神話」を素朴に信じ、小さい日本としてできる限りの文化的同質性を高めた国をつくっていくということも、ひとつの道ではある。しかし、グローバリゼーションを背景とした人の移動はすでに常態となりつつある現在、日本が一国主義的に外部から閉じた社会であり続けるのは不可能に近いであろう。国際協調、そして人口減少の対策両面から考えて、これまで以上の外国籍者の受け入れは必須となることは間違いない。

（2）外国人・移民政策と「日本人」の変容

　では、今後どのような受け入れ方策が可能であるのか。ここでは大きく日本社会の設計という点から2つの方針を指摘しておこう。一般に外国人・移民政策には外国籍者を将来的にも「外国人」のままの地位で扱うモデルと、将来的な国民として段階的に編入していくモデルの2つがある。前者は「参政権モデル」、後者を「帰化モデル」と呼ぶ。すなわち前者は国民になる壁は徹底的に高くして、権利のみを国民に近づけていく方式であり、後者は国民との権利は明確に差異をもたせ、そのかわり国民になりやすいように制度設計を行うやり方である。欧米ではこの2つのモデルを組み合わせ、外国籍

者の地位を保障しているのが現状である[11]。

さて、日本においては外国籍者（永住者）への地方選挙権に関する議論は登場してきているものの、後者の議論が決定的に不足している[12]。たとえば人口減少社会を迎えるにあたり、外国籍者数を増やす議論は登場しているが、彼らを将来的な日本の国民として受け入れる議論はなかなか登場していない。日本社会でともに生活をしていくならば、権利も義務も同等のものとして保持すること、すなわち「日本人になる」ことが外国人、日本人の双方にとって最も安定した状態であることはいうまでもないだろう。彼らがいつまでも外国籍のままで、必要となくなれば切り捨てるような「使い捨て労働者」となると、逆に社会的に不安材料が増える。たとえばドイツでは、2000年より移民の二世に自動的に国籍を付与する方針をとっている。これは短期労働として導入したはずのトルコ人労働者の長期滞在化が背景にあり、彼らの身分を安定させる政策であった。またEU諸国は、好むと好まざるとにかかわらず、重国籍者が増大しているという背景もある。たとえば滞在国でいったん帰化をして、原国籍を放棄したとしても、後に出身国の方針で再度国籍を復活できることがある。国籍制度は各国の方針によってまちまちであるため、すべての国の制度が単一国籍であることを厳密に管理しなければ、重国籍者さらには複数国籍保持者が増大する。グローバリゼーションを背景とした人の移動の国際化によって、今後ますます重国籍者は増大するだろう。

こうした現状のもと、日本でも人口減少の対策として積極的に重国籍を認める必要性も出てくるだろう。ちなみに日本は1985（昭和60）年に国籍法が改正されてから、原則としては20～22歳までに国籍を選択しなくてはならない。すなわち2007（平成19）年から生まれながらに重国籍の人たちは、国籍選択をはじめていることになっている。しかしながら、現在まで国籍選択者はわずかであり、1985年以前からの重国籍の数を加えると概算で約70万人以上の重国籍者がいると推測される[註3]。

外国籍者数、日本への帰化者数、重国籍者、さらにアイヌや沖縄のことを考えると、日本社会は単一民族国家であることや、あまり外国籍者を受け入れない単一文化の国家であることがよく主張されるが、現実的には多くの国

第8章 「少子高齢化問題」と国際人口移動

や民族的出自をもった人からなる国家だということに気づくであろう。そうであるならば積極的に外国籍者を日本社会に編入し、「日本人」という認識をさまざまな出自（たとえばアイヌ系、コリア系、中国系、ブラジル系など）をもった人々からなる集団として捉えなおすことも可能になるだろう。逆にいえばそういった認識をもっていかなければ、今後の人口減少社会の対策としての「外国籍者」導入はただ混乱を招くだけになるかもしれない。

（3）地域社会への新しい施策の可能性

　海外からの外国人・移民の受け入れを前提とした「少子高齢化」問題＝人口減少社会への対策はどのようなことが考えられるだろう。先に対策として①「少子化にあわせた社会構造の転換」、②「子どもを産みやすい環境づくり」、③「外国籍者の受け入れ政策の充実」の3点があることを指摘した。これまでの議論で欠けていたのは、①の構造転換を考える場合、外国人・移民の受け入れも含めた構造転換を考える点だということは前節で気づいてもらえたと思う。そして、それは②にも影響することは、重国籍者が増加していることからもわかる。つまり、両親の国籍が違う場合のフォローも必要となってくる。さて、ここでは、現在の政策から人口増加に結びつきそうな施策の指摘と、ひとつの思考実験を行ってみることにする。

　まず先の坂中によれば、「日本型移民政策の成否は留学生政策で決まる」と指摘している[13]。すなわち世界中の青少年を日本の大学や大学院などの高等教育機関に引き寄せ、高度人材に育て上げることが重要だというわけである。そのため2008（平成20）年に打ち出された留学生30万人計画はその推進力となると指摘する。もちろん、現在の日本の大学を卒業しても日本で就職できる学生は、約30％（2007〈平成19〉年）程度である。また留学の費用の高さ、居住費、生活費など経済的な問題など課題もある[註4]。しかし、日本で将来的に永く働いてもらうためには、日本語を含む専門研究などを学んだうえで、しっかりと就職できる道筋を関係各省庁が連絡しあい、つくっていくことが急務となっている。

　また坂中の指摘でもうひとつあるのが、「農業移民」の受け入れである。

195

日本もかつてはブラジルを中心とする開拓地へ移民を送り出してきた。現在、日本で働いている日系ブラジル人はその子孫であることは周知のことである。今の日本の農地に多くの耕作放棄地が存在する[註5]。そのため、それらの放棄地を活用して「農業移民特区」をつくり、積極的に農業移民を受け入れようというものである。特に日本の食糧自給率はカロリーベースで約39％と先進国のなかでも低い数値になっている。そのため、農業従事者を増やすことは、急務の課題となっている。その分野に移民を導入するというのが骨子である。

　こうして見ていくと、やはり必要となってくるのが、個別の省庁としての対応ではなく、国全体としての外国人・移民受け入れ政策であることがわかるであろう。ひとつのアイデアとしては、文部科学省、法務省、厚生労働省、経済産業省、地方公共団体、地元産業などが連携して、総合的な受け入れ政策を実施することも可能である。たとえば地方の大学は現在学生数が減少し、中国を中心としたアジア圏から留学生を募集している。しかしながら、就労目的の隠れ蓑として留学制度を使っている学生がいることが問題となっている。そこで、地元の農家や若者が少ない地域に無償で留学生に部屋を貸し、農業を手伝ってもらいつつ、学校に通ってもらうのはどうだろうか。また、卒業した場合は積極的に地元で就職してもらい、農業、漁業関係の後継者として仕事に就いてもらう。すなわち留学制度と研修制度をミックスして、就職問題も改善していくということである。もちろんこうしたシステムは福祉業界でも可能であろうし、いろいろなアイデアは思いつくであろう。これまでの議論では、単なる数の話、また、短期で来日してもらい便利に使うことを前提としていることが多かった。それに対し、現在必要なことは地域活性化と人口増加のための政策としての外国籍者の役割を考え、将来的な「国民」の人口増加の可能性を考えることである。常にいわれることであるが、労働者としてではなく、生活者として来日してもらうことを前提とした施策が必要なのである。

4．まとめ―「少子高齢化問題」のゆくえ

　戦後日本は、戦争によって多くの人が犠牲になり、疲弊した社会から回復するために人口増加が必須であった。人口政策は戦後の復興の第一の課題であったといえるだろう。その後日本は順調に人口が増え、周辺国の状況などいくつかの偶然も重なり、1990年ごろまでに工業化社会として完成をみた。当初の目的は達成され、ジャパンアズNo.1のフレーズとともに、日本は世界に誇る国家として自信を取り戻したのである。そのときは多くの人が労働を享受し、貧困も減り、一見すると高度に完成された社会を迎えたかに思えた。

　しかしながら、他の先進国と同様日本もポスト工業化社会、そして高度消費社会へと向かっていく。一人ひとりの生活の質の向上を考えれば、多くの子どもよりも少ない子どもに十分な教育、そして物質を与えることが重要になってくるのである。さらに消費社会は、イメージを中心とした差異を売る広告産業が重視される社会を生み出し、その結果「モノを作る」産業から、「いかに売るか」という産業重視に社会がシフトしていった。そのため第三次産業に従事する人口も増加することになる。本格的なポスト工業化社会を迎え、生産、加工業が衰退し、社会全体において非正規労働を中心とした労働者が中心の社会になってくる。それがパラサイトシングル、晩婚化、格差社会などを生み出し人口減少に拍車をかけることになる。

　現在の日本では、社会格差や経済的な不況、そしてそれにともなう失業の問題などを含んだ、新たな社会変動期を迎えている。世界水準で見れば、物資的にも豊かで、失業率も少なく、衛生、医療、福祉が進んでいる成熟した社会であろう。しかし人の心はさまざまな水準で、社会に対し不安を覚えており、成熟しているとは言い難い。「少子高齢化問題」に関する言説は、そうした不安の一部が表出されたものだといえる。そのため今後必要なのは、社会への不安、もしくは将来への不安を取り除く作業が中心になってくるだろう。そのとき重要なのは、人と人の紐帯や各地域の独自性の発見や所属感、そして共同体的な意識といった精神的な充足感だといえる。そして、その意

識をつくっていくときに必要なのは、国籍や民族ではないことはいうまでもない。なぜなら大きな災害を経験し、尊い人命が犠牲になって気づかされたことは、人間同士の「絆」であったはずだからである。今後の社会に最も必要なものはこうしたシンプルな結論なのかもしれない。

【註】
註1　図8-4の解説は佐々木訳。出典はインターネット国連の経済社会局ホームページ、United Nations, Department of Economic and Social Affairs: Population Division, Population Estimates and Projections Section.より。参考URLはhttp://esa.un.org/wpp/（2013年2月閲覧）。

註2　井口は2010年から2020年にかけて老齢人口が32.3％から42.0％に増加することを前提としたとき、2010年の老齢人口比率を維持するためには、約2,235万人の純流入（入国者から出国者を引いた数）が必要だと指摘する（井口泰『外国人労働者新時代』ちくま新書　2001年　pp.10-12）。

註3　1985（昭和60）年当時は、年間約1万人程度重国籍の申請があったが、1992（平成4）年では、毎年約2万人程度、2002（平成14）年では、約3万3千人を超える申請数があり、そのため1985年から2002年までで40万人の重国籍が存在するだろうとの報告がある（衆議院法務委員会：平成16年6月2日）。現在、さらに10年経っており、毎年3万人ずつ増加したとしても70万人、さらに1985年以前からの重国籍者も加えればそれ以上は確実に存在することになる。

註4　この点については「特集・日本の留学生政策の再構築」『移民政策研究　第2号』移民政策学会　2010年を参考にしてほしい。

註5　2009（平成21）年の調べでは、「農地として利用すべき耕作放棄地」は全国で15万1千ha、そのうち再生利用が可能な土地は5万5千haとなっている（農林水産省、平成23年3月「耕作放棄地の現状について」）。www.maff.go.jp/j/nousin/tikei/houkiti/pdf/genjou_1103r.pdf（2013年1月15日閲覧）。

【引用文献】
1）厚生労働省「平成23年　簡易生命表の概況について」2012年
2）総務省『平成24年度版　情報通信白書』2012年
3）山田昌弘『少子社会日本』岩波新書　2007年　pp.34-35
4）前掲書3）p.36
5）猪口邦子・勝間和代『猪口さん、なぜ少子化が問題なのですか？』ディスカヴァー携書004　2007年　pp.30-34
6）赤川学『子どもが減って何が悪いか！』ちくま新書　2004年　pp.188-211

7）古田勝彦『日本人はどこまで減るか』幻冬舎新書　2008年
8）佐々井司・石川晃「わが国における国際人口移動の動向と将来推計人口への影響」『人口問題研究』64-4　2008年　pp.1-18
9）坂中英徳『日本型移民国家の構想』移民政策研究所　2009年　pp.29-35
10）高畑幸「在日フィリピン人の介護労働参入」『フォーラム現代社会学　第9号』関西社会学会　2010年
11）トーマス・ハンマー・近藤敦監訳『永住市民と国民国家』明石書店　1999年　pp.232-244
12）佐々木てる『日本の国籍制度とコリア系日本人』明石書店　2006年　pp.13-32
13）前掲書9）　pp.41-43

第 9 章
日本の家族はどう変わってきたか
―ジェンダー・性別役割分業・結婚に着目して

　「家族」というのは、いつの時代もどの社会にも共通して、人々の生活の基盤として存在し続けている。そして、家族構成員にはそれぞれの役割が割り当てられ、それを遂行することによって、家族全員が幸せな生活を営んでいくことができることをめざすのである。ただし、家族のこのような基本的な理念は変化しないものの、産業構造の変化は家族のあり方を大きく変えることに寄与している。1945（昭和20）年の終戦以降、戦後復興期、高度経済成長期、安定成長期を経て失われた時代へと社会が遷移していくなかで、私たちに最も身近な家族の姿はどのように変わってきたのだろうか。

　そこで本章では、大きく分けて次の3つの点を整理する。はじめに、日本社会の家族の実像とその変化について、社会学的な考え方をもとに理解する。次に、男女のライフコースの違いと、家族内におけるさまざまな役割がジェンダーによって振り分けられている状態（性別役割分業）を確認し、ジェンダー間の不平等とその解決策について述べる。最後に、家族形成のもととなる結婚について、現在進行している未婚化・晩婚化の現状と課題を理解する。

　以上の家族社会学的な内容に加えて、本章ではできるだけ多くの図（グラフ）を示している。その理由は、統計によって多くの情報が得られることを理解し、そこから確認できる日本社会の変化を読み取る力も身につけてもらいたいためである。本章で示した図は、誰でもアクセス可能なデータをもとに作成されているため、自身でデータの確認、作図、再検討をしてみるのもよい学習となるだろう。

1．日本の家族と社会の変容

(1) 家族とは何か

　家族とはなんだろうか。自分の生まれた家庭や自分が結婚して形成した家庭を想定する人も多いことだろう[註1]。なかにはともに暮らしている犬や猫も家族の一員として考えている人もいるかもしれない。そこでまず、家族という言葉の定義を確認しておこう。

　家族社会学者の森岡清美によれば、家族とは、「夫婦・親子・きょうだいなど少数の近親者を主要な成員とし、成員相互の深い感情的かかわりあいで結ばれた、幸福追求の集団」[1)]とされている。つまり、社会学の枠組みでいえば、動物を家族の一員として捉えることは難しそうだが、現在一緒に暮らしている人はもちろんのこと、遠くに住んでいる祖父母や、進学・就職・結婚などをきっかけに引っ越していったきょうだい[註2]などが含まれることも少なくない。

　このように、家族に含まれる成員が誰であるかは厳密には決められていないが、幸福追求という共通の目的を維持していることが家族として必須の条件といえるだろう。

　家族の幸福追求というのは、家族成員が健康かつ快適に生活し、充実した社会生活を営んでいくことであるが、家族成員はそのためにさまざまな役割を担うことになる。具体的には、家族の生活を経済的に支える人、家事や育児を担う人、将来に向けて学業に専念する人など、多様な役割が家族のなかには存在しているのだ。

(2) マクロな変化―家族・世帯構成の変化

　先に述べたように、家族とは厳密に捉えることが困難なものだ。そこで、似たような概念である「世帯」という言葉に着目し、はじめに日本社会の世帯構成の変化を見てみよう。

　図9－1は1960（昭和35）年から2010（平成22）年までの国勢調査の結果

第9章　日本の家族はどう変わってきたか

をもとに、それぞれの世帯数を示したものである。まず、この図から明らかなのは、世帯数が1960年の2,223万世帯から2010年の5,176万世帯へと大幅に増加していることである。1960年当時の日本の人口は9,430万人、2010年では1億2,806万人であるから、人口の増加よりも世帯の増加が著しいことになる。では、どのような世帯が増加したのだろうか。全世帯に占めるそれぞれの世帯類型の割合を算出すると、単独世帯や夫婦のみの世帯のシェアが大きくなってきたことがわかる。つまり、世帯構成員が1人ないしは2人といった小規模な世帯の割合が上昇し、反対に夫婦と子どもからなる世帯やその他の世帯の割合が低下してきたのである。

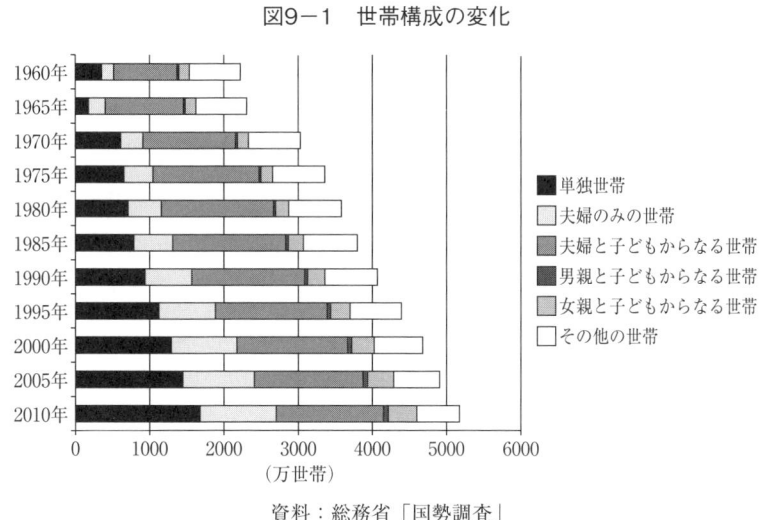

図9−1　世帯構成の変化

凡例：
- 単独世帯
- 夫婦のみの世帯
- 夫婦と子どもからなる世帯
- 男親と子どもからなる世帯
- 女親と子どもからなる世帯
- その他の世帯

資料：総務省「国勢調査」

ここで、この背景には多くの社会現象が存在することを把握しておこう。たとえば少子高齢社会といわれるように、人口に占める高齢者の割合が上昇してきたこと、子どもの数が減ってきたことは、図9−1の変化に大きく寄与している。単独世帯のなかには多くの単身高齢者が含まれるし、夫婦のみの世帯のなかには子どもは独立し別世帯を形成しており、結果として夫婦のみで生活する高齢者夫婦が多く含まれている。さらに子どもの数が減ってき

203

たのは、夫婦と子どもからなる世帯の割合を低下させ、かわりに夫婦のみの世帯の割合の上昇をもたらしている。その他にも、未婚化・晩婚化によって単独世帯の割合が上昇するといったメカニズムもあるだろう。このように、統計や数字を通して目に見える社会の変化は、そこに生きる人々の行動の集積によってもたらされているのである。

（3）ミクロな変化―働き方・暮らし方の変化

　世帯構成の時代変化は、人々の働き方・暮らし方の変化も意味する。戦後間もないころの日本社会は、戦地からの引き上げにより農業人口が過剰で、1950（昭和25）年でも約半数の人々が第1次産業に従事していたが、その後の朝鮮特需や高度経済成長は、日本社会の第2次産業、第3次産業への産業構造転換をもたらした。この大きな変化の背景を理解するには、2つの側面における人々の「移動」がキーワードとなる。

　1つ目の移動は地理的移動である。高度経済成長期には、都市部の労働力不足が生じ、過剰な農業人口をもつ農村から多くの若者を移動させることになった。これが「集団就職」という現象である。「金の卵」と呼ばれた地方の中学、高校を卒業したばかりの若者が、集団就職列車に乗って東京などの大都市へやってきて、都市への移住と第1次産業からの離脱を同時に経験していったのである[註3]。

　もう1つの移動は、「社会移動」というものである。社会移動とは社会的地位[註4]の変化のことをいい、世代内移動と世代間移動とに区別される。世代内移動とは、たとえば農業を営んでいる人が建設業界に転身するというような、個人の職業キャリア内での変化を指す。世代間移動とは、親世代と子世代との間での職業の継承プロセスをいい、同じ職業的地位であれば親子が同じ職業階層に属するという意味で非移動、親子が異なる職業階層であれば移動が認められたということになる。たとえば「農業を営んでいたAさんの息子は都会の工場で働いている」となれば、世代間移動が生じたというのである。

　そこで話を戻すと、高度経済成長期には、人々の地理的移動と社会移動（と

りわけ世代間移動）が活発になり、人々の働き方・暮らし方の変化をもたらしたということができる。これをよりミクロな視点から考察すると、「サラリーマン」と「専業主婦」の登場があげられる。

　そもそもサラリーマンや専業主婦というのは近代家族の特徴である。サラリーマンとは会社勤めの男性とか、会社からもらう給与で生活する人のことを指す和製英語で、生活と仕事が分離しはじめて登場した、歴史的な流れでいえば比較的新しいライフスタイルである。それ以前は農業をはじめ「○○屋さん」といった自営業など、生活と仕事との距離が近いライフスタイルが主流だった。そして専業主婦もまた、サラリーマンの妻として性別役割分業に基づいて家事や育児を担い、家庭生活を維持する役割として定着していったのである[注5]。

2．ライフコースと性別役割分業

（1）女性のライフコースの変化

　社会学では性別を「セックス（sex）」と「ジェンダー（gender）」に区別して考える。ここでセックスとは男女の身体的特徴や差異によって性を区別する概念であるのに対して、ジェンダーとは「社会的な性」であり、社会生活における役割や規範を通して区別される性をいう。本節では、このジェンダーに着目して日本の家族内における性のもつ意味、果たす役割とその変化について考えてみよう[注6]。

　すでに見てきたように、大きな時間の流れのなかで日本の家族の働き方・暮らし方は大きく変わってきた。なかでもその変化が著しいのは女性のライフコースである。ライフコースとは、個人が経験する出来事や状態を時系列に並べたものであり、簡単にいうと「人生」の学術用語である。出生から就学や就職、結婚や出産といったライフイベント、その他にも転職や退職などを含んだ個人の年表のようなものを想像すればよいだろう。このライフコー

スの変化を特に就業状態に焦点を合わせて確認してみよう。

図9-2は15~19歳、20~24歳といったように、5歳刻みの年齢層（年齢階級）別に、就業率をグラフ化したものである。図には全部で7本の線があり、1970（昭和45）年から10年ごとの女性の線、1970年と2010（平成22）年の男性の線がある。男性は女性に比べて時代変化が小さいので、グラフが見づらくならないように2本のみを示した。

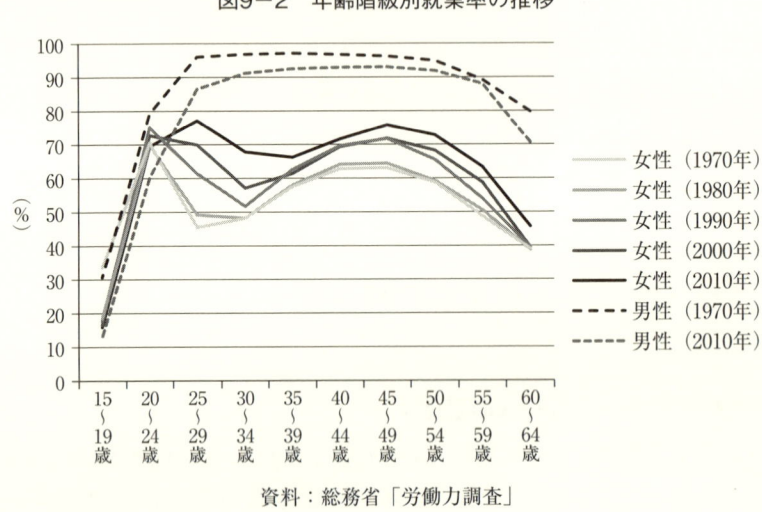

図9-2　年齢階級別就業率の推移

資料：総務省「労働力調査」

ここで、まず男女の違いに着目しよう。1970年と2010年の男女の線をそれぞれ比較すると、20代前半まではほぼ線が重なっているけれども、20代後半からは大きく離れ、常に男性の方が女性よりも就業率が高いことがわかる。1970年の男性の線を見ると、20代後半から50代後半までは100％に近いあたりまで達していることから、学校を出て就職した後は、労働市場から退出する時期まで継続して就業し続けるのが男性の一般的な姿だといえるだろう。その就業パターンは2010年になると、いくらか弱まっているように見えるが、依然としてピーク時には90％を超える就業率であり、高い水準を保っている。

では、女性はどうだろうか。女性の線は20代後半から男性に比べて低くなっ

ているものの、特徴的なのはその軌跡である。男性の線は台形を描くような形をしているのに対して、女性の線はアルファベットの「M」に似ており、男性ほど単純なものではない。たとえば1970年の女性の線に着目すると、20代前半では学校を出て働きはじめる人々が増えるために就業率が一気に高まり、その後20代後半では40％台にまで急下降する。30代前半も同じような水準であるが、そこから40代をピークとする第2の上り坂が登場する。そして50代以降になると右下がりとなる。

この女性特有のM字型曲線は「M字型就業パターン」と呼ばれ、女性に象徴的なライフコースとして捉えられてきた。すなわち、学校を出た後、就職する過程までは男性と一緒だが、それから結婚や出産を機にいったん職業を辞めて家庭に入り、子育てが一段落したころに再度働きはじめるという就業パターンである[注7]。このように労働市場への出入りが容易なのは、家計に対する役割が男性に比べて補助的である場合が多いためである。日本の家族では「男性稼ぎ主モデル」と呼ばれる、男性の就業から得られる報酬によって基本的な家族生活が営まれるという制度が浸透していることによる。

なお、図9-2の解釈で注意が必要なのは、20代前半に勤めていたのと同じ会社に40代になって復帰する、または再就職するというケースはほとんど存在しないことである。就業率の第1のピークでは、多くの女性が正規雇用の一般従業者として働いているのに対して、第2のピークでは、多くの女性たちがパートやアルバイトなどの非正規雇用に従事しており、就業先も異なることが一般的である。

さて、このM字型就業パターンは、1970年から2010年までの5時点を比較すると、ある方向性をもって変化してきたことがうかがえる。それはM字の底の部分が右上の方に移動してきたことと、また、前半と後半の2つのピークの値も上方に移動してきたことである。このそれぞれが意味するのは、女性が結婚や出産、育児などのライフイベントを経験した後も仕事を継続するようになってきたこと、結婚や出産、育児を経験する時期が全体的に遅くなってきたこと、最後に女性たちの間でそれらを経験する時期のばらつきが大きくなってきたことである。このように、図9-2に示した40年間の変化から

も、女性のライフコースは大きく変わったことがわかるだろう。

(2) 性別役割分業の意識と実態の変化

女性のM字型就業パターンの底上げが進んできたということは、就業の有無に限っていえば、女性の働き方が男性に近づいてきていると見ることもできるだろう。しかし、現実はそう単純ではない。家族内では成員にさまざまな役割が付与されている。たとえば、会社に勤めて給料を稼ぐ役割、家事や育児をする役割などである。そして、家族成員はこれらの役割をジェンダーによって割り当て、遂行してきた。このように、性別によって個人の職業や生活に関わる活動が規定されていることを「性別役割分業」という。

ここでは実際に、女性のライフコースの変化と並行し、社会における性別役割分業についての意識がどう変わってきたかを確認しよう。

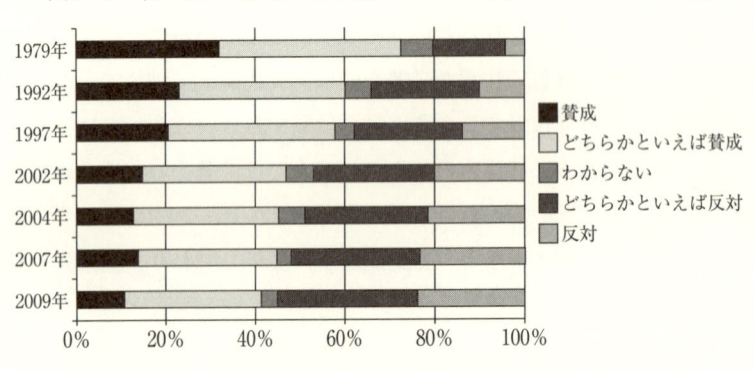

図9-3 「夫は外で働き、妻は家庭を守るべき」という意見への賛否

資料：内閣府「男女共同参画社会に関する世論調査」（1997年以降）・「男女平等に関する世論調査」（1992年）・「婦人（1部）に関する世論調査」（1979年）

図9-3は、内閣府が実施している調査から、「夫は外で働き、妻は家庭を守るべきである」という意見への賛否をたずねる質問の回答を示したものである。これらの調査は、それぞれの時点での成人男女を母集団としているため、この結果も特定の性や年齢層に限定せずに示してある。したがって、このなかには20代の若者から80代の高齢者も含まれている[註8]。この「夫は

第9章 日本の家族はどう変わってきたか

外で働き、妻は家庭を守るべきである」という意見への賛否は、性別役割分業についての意識を知るうえでしばしば用いられる質問項目であり、この意見に賛成であればジェンダーに基づいた家族内での役割分担に賛成、つまり性別役割分業を支持する傾向があることを示している。

結果を見て明らかなのは、賛成の割合が大きく低下し、反対の割合が逆に上昇していることである。さらに1979（昭和54）年時点では「賛成」と「どちらかといえば賛成」を足すと73％にも達していたのが、2002（平成14）年時点では47％と過半数を割り、その後も徐々に低下していることがわかる。つまり、女性の就業率の上昇、M字型就業パターンの底上げとあわせて、男女共同参画社会の実現へ向けた意識も人々の間で着実に内面化されてきたのである。

では、次に意識だけでなく、性別役割分業の実態についても確認してみよう。具体的には、家庭内での家事分担の様子を見てみよう。

図9－4は、図9－3と同じ調査データを用いて、家庭内で掃除、食事の

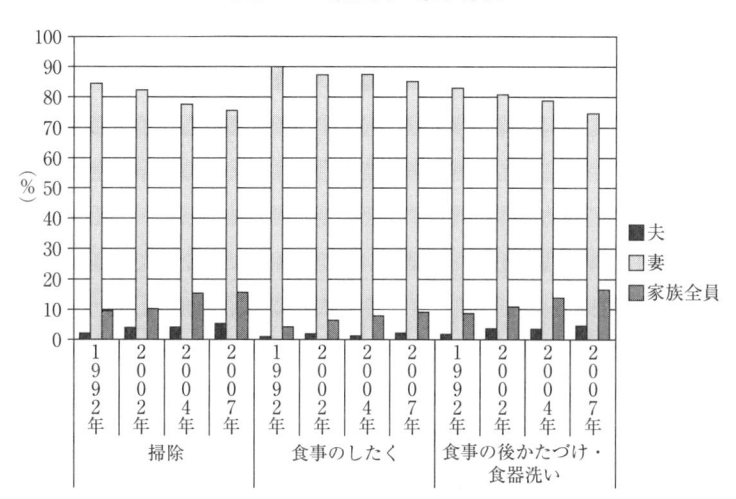

図9－4　家庭内の家事分担

資料：図9－3に同じ

したく、食事の後かたづけ・食器洗いという家事を主に誰が担当しているかという質問への回答を示したものである。この図からは1992（平成4）年から2007（平成19）年までの4時点、15年間の変化しか読み取ることができないが、一見してわかるように、いずれの家事項目でもかなり高い割合で「妻が主に担当している」という結果である。「夫が主に担当している」とか「家族全員で担当している」という回答は近年になるほど増えつつあるものの、図9－3で見た意識の変化に比べて、家事分担に見る実態の変化は鈍そうである。ちなみに図は示さないが、誰が主に家事を担当しているかを妻の就業の有無別に見ると、妻が被雇用者[註9]である場合にのみ、「妻が主に担当している」という割合は若干低下する。しかし、その代わりに「夫が主に担当している」という回答の割合が上昇するわけではなく、「家族全員で担当している」という回答が増える。

　ここまで見てきたように、性別役割分業に反対する人の割合は高まってきたにもかかわらず、なぜ家事の大部分はいまだ女性に割り振られたままなのだろうか。また、この意識と実態のずれを解消するには何が必要なのだろうか。次節では、このことについて検討することにしよう。

（3）ワーク・ライフ・バランスの実現へ向けて

　性別役割分業についての人々の意識と、実際の家庭内における家事分担の状況との間には、小さくないずれが生じている。女性の職業世界への進出が活発になり、性別役割分業への反対意見が多数派となったにもかかわらず、家庭内における性別役割分業は依然として強固なままなのである。図9－5に示すように、2005（平成17）年時点で夫婦ともに被雇用者[註10]である世帯の数は、妻が専業主婦である世帯の数とほぼ等しく、2010（平成22）年時点では夫婦ともに被雇用者である世帯が上回るようになった。専業主婦世帯が著しく減少することにともない、家庭内でも性別役割分業からの脱却が求められている。

　この背景には、産業構造の変化や企業間の競争が激化したことがあげられる。男性の就業に関する負担が増えていくなかで、さらに輪をかけて企業で

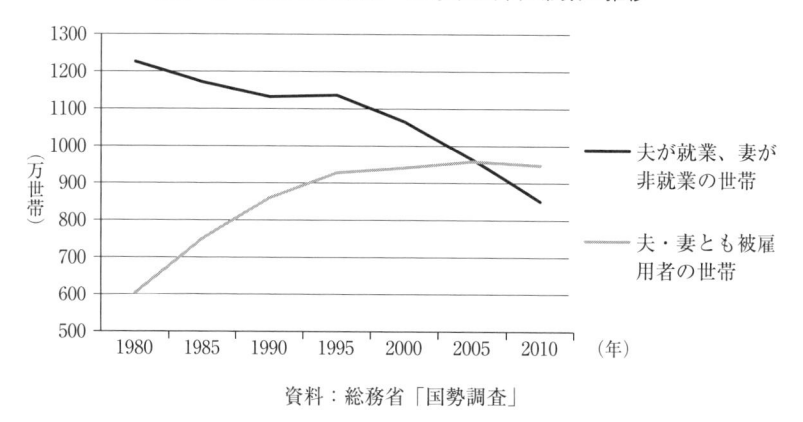

図9-5　共働き世帯数・妻専業主婦世帯数の推移

（縦軸：万世帯、横軸：年）

― 夫が就業、妻が非就業の世帯
― 夫・妻とも被雇用者の世帯

資料：総務省「国勢調査」

は柔軟な労働力である非正規雇用を積極的に採用する動きが活発になった結果、男性はより職業生活にウェイトを置くことを余儀なくされ、家事や育児のほとんどは女性に任せられたままの状況となっているのだ。

この不平等を解消していくことは、男女共同参画社会の実現に向け具体的に取り組むべき課題である。そして、このジェンダー間の不平等縮小のためのキーとなる概念が「ワーク・ライフ・バランス」である[注11]。

「ワーク・ライフ・バランス」とは日本語では「仕事と生活の調和」と訳される。内閣府男女共同参画局には「仕事と生活の調和推進室」が設置されており、現在では国をあげてワーク・ライフ・バランスの実現を模索しているところである。

「仕事と生活の調和推進室」によれば、「仕事と生活の調和が実現した社会」とは、「国民一人ひとりがやりがいや充実感を感じながら働き、仕事上の責任を果たすとともに、家庭や地域生活などにおいても、子育て期、中高年期といった人生の各段階に応じて多様な生き方が選択・実現できる社会」である（内閣府男女共同参画局仕事と生活の調和推進室2012）。より具体的には、①就労による経済的自立が可能な社会、②健康で豊かな生活のための時間が確保できる社会、③多様な働き方・生き方が選択できる社会、がめざすべき社会像である。特にこの②や③は、本章で問題にしてきたジェンダー間不平

等が大いに関係するところである。

　さらに、ワーク・ライフ・バランスの実現は、仕事や生活場面におけるジェンダー間の不平等の解消だけにとどまらない。女性の仕事と家庭の両立、男性の家事・育児への参加を促進させ、ひいては次節で扱う晩婚化や少子化の問題を解決していく過程でとても重要な考え方なのである。

3．結婚と家族形成をめぐる問題

（1）未婚化・晩婚化の進行

　前節では、性別役割分業に関する意識と実態、そして、それにともなうジェンダー間の不平等と解決策としてのワーク・ライフ・バランスについて言及した。この性別役割分業は、家族として男女がともに暮らすなかで生じる一種の不平等を問題としており、結婚生活を前提としていることが多い。そのため、読者のなかの多くの独身者にとっては、「私がいつか結婚してからの問題」と映ったかもしれない。しかし、現代の日本社会では、その考え方自体が揺らぎはじめている。未婚化、晩婚化が進行しているためである。

　未婚化とは、社会のなかで独身である者の割合が上昇していく現象を指す。そのひとつの指標が図9－6に示した生涯未婚率（コラムも参照）である。生涯未婚率とは、「50歳時まで未婚の状態である人の割合」として求められ、2010（平成22）年にはこの値が男性では20％、女性では10％をはじめて超え、大きな話題となった。今や男性では5分の1、女性では10分の1を超える人々が、50歳にいたっても一度も結婚したことがないのである。

　別の見方からも未婚化の趨勢が見て取れる。国勢調査より年齢層別の未婚率を男女別に見ると、1980（昭和55）年の25～29歳、30～34歳、35～39歳の男性の未婚率はそれぞれ55.1％、21.5％、8.5％であったが、2010年には71.8％、47.3％、35.6％といずれも大幅に上昇していることがわかる。女性についても、25～29歳、30～34歳、35～39歳の未婚率は1980年にはそれ

ぞれ24.0％、9.1％、5.5％であったが、2010年には60.3％、34.5％、23.1％まで上昇した。

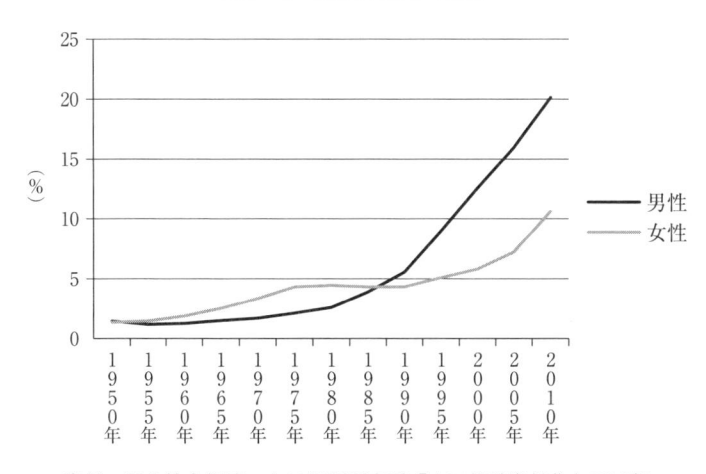

図9-6　生涯未婚率の推移

資料：国立社会保障・人口問題研究所「人口統計資料集」2012年

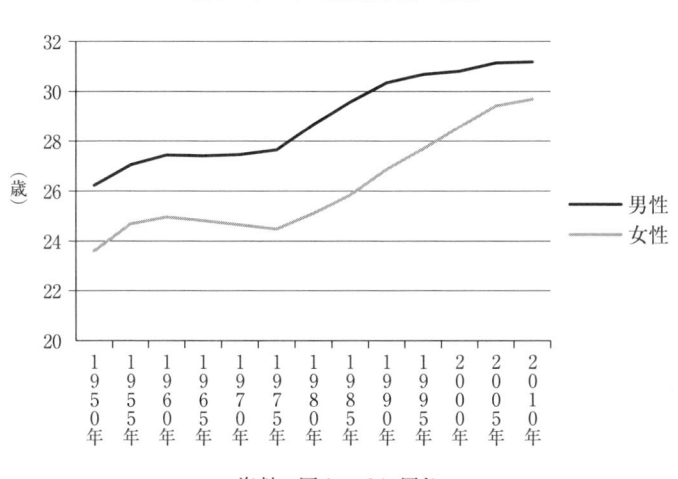

図9-7　平均初婚年齢の推移

資料：図9-6に同じ

未婚化とならんで議論されることが多いのは、晩婚化である。未婚化とは一度も結婚したことがない者に着目しているのに対して、晩婚化とは結婚したことがある者に着目している。その点で両者は大きく異なる指標なので注意が必要だ。晩婚化とは、結婚する年齢が時代を経るごとに遅くなっていく現象をいう。すなわち図9－7に示したように、平均初婚年齢が上昇していく現象である。この図からわかるように、1970年代後半以降、男女ともに上昇し、2010年時点では男性の平均初婚年齢は31.2歳、女性は29.7歳となっている。30年前と比較すれば、男性では2.5歳、女性では実に4.6歳も上昇しているのである。

（2）なぜ未婚化・晩婚化は問題なのか

　このように、日本社会で未婚化と晩婚化が進行しているのは事実である。しかし、そもそも未婚化と晩婚化の何が問題なのだろうか。「結婚は個人の問題なのだから、結婚したい人がしたいときにすればよい」という考え方もあるだろうし、無理に結婚を勧めようとするのは、いささか時代遅れな考えかもしれない。そこで、未婚化や晩婚化が問題にされる理由を考えてみよう。

　未婚化と晩婚化がなぜ問題視されるのか。その最大の理由は、それらが少子化に直結する現象だからである（少子化問題については第8章を参照）。結婚しているカップル以外から生まれる子どもの割合は、他の先進産業社会の国に比べて日本は著しく低い。つまり日本社会は、子どもをもつということと結婚するということがほぼイコールで結ばれている社会なのである。

　実際に、少子化がいかに進行しているかを確認しておこう。図9－8は合計特殊出生率（コラムも参照）の推移を示したものである。合計特殊出生率とは、ある年における15～49歳までの女性の年齢別出生率を合計したものであり、値が大きいほど子どもが多い年ということができる。この図を見ると、1950年代前半には非常に高い水準から大幅な低下が起こり[註12]、1950年代後半から1970年代前半までは2.0前後で推移していたことがわかる。また、図中の1966（昭和41）年の1年だけは、その前後の年に比べて際立って低い水準である。この年の現象は「ひのえうま（丙午）」というその年の干支に

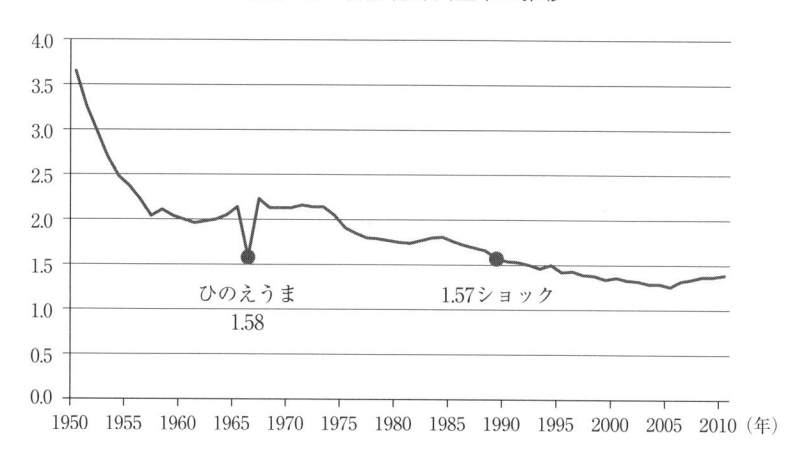

図9−8　合計特殊出生率の推移

```
4.0
3.5
3.0
2.5
2.0
1.5        ひのえうま        1.57ショック
1.0          1.58
0.5
0.0
   1950 1955 1960 1965 1970 1975 1980 1985 1990 1995 2000 2005 2010（年）
```

資料：厚生労働省「人口動態統計」

由来し、当時の日本社会に伝わっていた迷信により、人々が出産をひかえた結果である。したがって、翌年になると合計特殊出生率は2.23まで回復している。その後は緩やかに低下し続け、1989（平成元）年にはついに1966年「ひのえうま」の1.58を下回ったことから「1.57ショック」と呼ばれ、社会問題として広く認知されるようになったのである。

　日本のような少子高齢社会では、子どもが減ることによって労働力が不足していき、社会全体で同じ生産性を維持しようとすると、現役世代の労働負担がより大きいものとなってしまう。さらに高齢者の相対的比率が増えることによって社会保障費は増加し、場合によっては社会保障に関する政策的改革も必要となる。このように少子高齢社会とは、人口ピラミッドの形が大きく変化するのにともない、私たちの職業・家庭生活にもさまざまな影響を与えているのである。そのひとつの要因である未婚化・晩婚化の問題は、個人の問題として切り捨てるのではなく、社会全体で進行に歯止めをかけるような取り組みが急務だといえるだろう。

(3) 未婚化・晩婚化の背景にあるもの

　未婚化・晩婚化の背景には、女性の高学歴化や長引く不況、非正規雇用の増加などさまざまな要因が存在していることが知られている。そのことを裏づけるように、未婚者もいくつかのタイプに分化しているのが実情である。東京大学社会科学研究所が実施している「働き方とライフスタイルの変化に関する全国調査」を分析した三輪[2]は、現在独身であることの理由によって未婚者を次の5つの類型に分類している。第1は「時期尚早」(17%)、第2は「交際中で時期待ち」(23%)、第3は「結婚しようとしていない」(17%)、第4は「経済的事情」(14%)、第5は「出会いがない」(29%)であり、この結果からも独身者が単なる一枚岩ではないことがわかる。さらに「経済的事情」や「出会いがない」というグループは、社会の構造的要因によって結婚が制限されているとも考えられるだろう。

　ほかにも興味深い考察として、職業生活の変化が未婚化・晩婚化を促進させているとする研究結果もある。岩澤[3]は、かつては一般職女性が担っていた補助的業務の外部化、仕事内容の専門化・個別化、会社の同僚とのつき合いの希薄化が進んでいることを指摘し、企業が良縁を提供し配偶者探索コストの大きな部分を負担していた過去に比べ、近年ではそのコストを自己で負担しなくてはならないことが未婚化・晩婚化の背景となっていると述べている。山田・白河[4]も、現代社会で結婚をするためには就職活動のような意図的な働きかけとして「婚活」（結婚活動）が必要であることを強調する。結婚や家族形成という一見すると個人の問題と考えられがちな事象も、その多くの部分を社会構造によって左右されていることがわかるだろう。

【註】
註1　前者を「定位家族」、後者を「生殖家族」という。
註2　「きょうだい」という語がひらがなで表記されているのは、男女の組み合わせを考慮しないためである。
註3　この時代における人々の移動については、佐藤(2004)が詳しい。（佐藤（粒来）香『社会移動の歴史社会学　生業／職業／学校』東洋館出版社　2004年）

註4　簡単にいえば、社会的地位とは、ある個人の社会のなかでのステータスを意味し、産業社会では職業的地位と捉えて差し支えない。

註5　女性の主婦化については落合（2004）が詳しい（落合恵美子『21世紀家族へ―家族の戦後体制の見かた・超えかた（第3版）』ゆうひかく選書　2004年）。また、この本は家族社会学をより深く学習するための基本文献であるため、一読をお勧めする。

註6　2節全体に関するより詳しい考察として、神林ほか（2011）があげられる（神林博史・三輪哲・林雄亮「女性の労働と性別役割分業」盛山和夫・片瀬一男・神林博史・三輪哲編著『日本の社会階層とそのメカニズム―不平等を問い直す』白桃書房　2011年　pp.85-118）。また、ジェンダーと社会的不平等に関するより専門的な文献として白波瀬（2005）がある。（白波瀬佐和子『少子高齢社会のみえない格差―ジェンダー・世代・階層のゆくえ』東京大学出版会　2005年）

註7　勘の鋭い読者はすでに気づいているかもしれないが、実は、この図は特定の世代のライフコースをグラフ化したものではない。言い換えれば、1本の線で表されている情報は、人々が就職し、結婚し、退職し、再就職する、という時間的な流れを描いているのではなく、1970年、1980年といったある時点でそれぞれの年齢階級に含まれる人々の何%が就業しているかを示しているに過ぎない。つまり、それぞれの時点のスナップショットなのである。したがって、ライフコースの変化を厳密に捉えようとするならば、個人や特定の集団を追跡しながら何らかの状態変化をビデオカメラで撮影するような方法をとる必要がある。そのためには、時点ごとに折れ線を描くのではなく、「出生コーホート」（1980～1984年出生コーホート、1985～1989年出生コーホートなどのような特定の出生年集団）ごとに就業率をプロットしていく必要がある。そうすれば特定世代のライフコースの姿が厳密に確認でき、たとえば祖母の世代、母の世代、私の世代などといった比較も可能になる。「労働力調査」の集計結果はインターネットで閲覧可能なので、興味のある読者は図を作成してみるとよいだろう。

註8　もちろん、性や年齢などの社会的属性によって賛成率が異なるのはいうまでもなく、一般的に女性より男性が、若年層より高齢層が賛成する傾向がある。

註9　正規雇用の一般従業者やパート・アルバイト、派遣社員、契約社員などの非正規雇用として会社に雇われて仕事をしている人のことをいう。そのため自営業や家族従業者は含まれない。

註10　夫・妻の少なくともいずれかが自営業主や経営者である場合は、このなかにカウントされていない。

註11　ワーク・ライフ・バランスについての専門書のひとつとして、山口（2009）があげられる。（山口一男『ワークライフバランス　実証と政策提言』日本経済新聞出版社　2009年）

註12　図9－8には示していないが、1947（昭和22）年から1949（昭和24）年までは出生数が毎年250万人を超えたことから、この時代を「ベビーブーム」と呼び、この時代に生まれた人々を「団塊の世代」と呼んでいる。

【引用文献】
1）森岡清美・望月嵩『新しい家族社会学（4訂版）』培風館　1997年　p.4
2）三輪哲「現代日本の未婚者の群像」佐藤博樹・永井暁子・三輪哲編『結婚の壁—非婚・晩婚の構造』勁草書房　2010年　pp.13-36
3）岩澤美帆「職縁結婚の盛衰からみる良縁追及の隘路」佐藤博樹・永井暁子・三輪哲編著『結婚の壁—非婚・晩婚の構造』勁草書房　2010年　pp.37-53
4）山田昌弘・白河桃子『「婚活」時代』ディスカヴァートゥエンティワン　2008年

【参考ＨＰ】
・国立社会保障・人口問題研究所「人口統計資料集（2012年版）」
　http://www.ipss.go.jp/syoushika/tohkei/Popular/Popular2012.asp?chap=0
・内閣府　男女共同参画局　仕事と生活の調和推進室
　http://wwwa.cao.go.jp/wlb/index.html
※上記は2013年2月確認

第9章　日本の家族はどう変わってきたか

> **コラム**　生涯未婚率・合計特殊出生率はどのように求められているか

　読者のみなさんは、はじめて「生涯未婚率」という言葉を聞いたとき、どのような定義を想像するだろうか。「生涯を通じて一度も結婚しない人の割合」と考える人も多いのではないだろうか。しかし、もしそうだとすると「生涯未婚率」の算出は極めて困難になる。なぜなら生涯を終えるその瞬間まで、理論的には結婚するチャンスが残されているためである。

　実際の生涯未婚率は、50歳時まで未婚の状態である人の割合として算出している。もっと厳密にいえば、45～49歳と50～54歳のそれぞれの未婚率の平均値から、50歳時の未婚率を計算し、それを生涯未婚率と呼んでいるのである。つまり、40代後半や50代前半以降では、おそらく結婚というイベントはなかなか起こらないだろうという仮定のもとで成り立つ数値なのである。もしもこのまま晩婚化が進み続けて、50代以降でも多くの人が結婚するようになれば（考えにくいことだが）、現行の生涯未婚率はまったく的外れな数値ということになる。

　もうひとつ、「合計特殊出生率」というのも解釈するのにコツが必要だ。本章で登場した合計特殊出生率とは、正確には「期間合計特殊出生率」といい、ある年における15～49歳までの女性の年齢別出生率を合計したものである。年齢別出生率とは、ある年齢の女性が1年間に産んだ子の総数を、その年齢の女性人口で割ったものを千分率（‰）で表したものである。つまり、ある1年間における15～49歳という幅広い世代の出生率を足し合わせているので、ある世代（「1980年生まれ」など）の女性が生涯を通じてどれくらい子どもを産むかということを示しているわけではない。

　ある世代の女性がどれくらい子どもを産むかを知るためには、厳密にはその世代の女性たちが出産をまったく経験しなくなるまで待たなくてはならない。しかしそうなると、生涯未婚率と同様に算出が困難にな

るので、50歳になった時点で観察を打ち切ることにして、その世代の女性の15～49歳の年齢別出生率を合計するという方法がある。これを「コーホート合計特殊出生率」という。コーホート合計特殊出生率は、その世代の女性が一生の間に生む子どもの数と考えることができるため、直感的には期間合計特殊出生率よりもわかりやすいが、その世代が50歳にならないと算出できないという性質もある。

第10章
社会的排除と貧困

　「社会的排除」(social exclusion) は、1970年代以降のヨーロッパにおける経済産業構造の変化（脱工業化）により、社会のさまざまな機会から剥奪され、隔絶された人々の存在が社会問題化したことによって広まった概念である。わが国でも、バブル経済崩壊以降、非正規労働者が増大し、「新しい貧困層」が拡大するとともに、排除が社会問題化されてきている。

　本章では、第1節で「社会的排除・貧困のパースペクティブ」として、社会的排除概念がどのような社会的・歴史的条件のなかで生みだされてきたのか、それは従来の貧困論とどのように区別できるか、さらに社会的排除論の優位性はどこにあるのかについて、これまでの研究成果をもとに具体的に述べる。

　第2節では「EUと日本における社会的排除・格差・貧困論の展開」として、マーシャルのシティズンシップの概念から、社会的排除の考え方を探るとともに、アンダークラスと呼ばれる人々にみられる社会的排除のあり方、さらに、経済・社会の変容のなかで重複的傾向をもった排除の実態がどのようなものなのかについて述べる。

　第3節は「貧困と社会的排除の現状」として、福祉（国家）とは何か、それがグローバル化や脱工業化の進展によって、いかに縮減され、崩壊するのかを明らかにし、そうした福祉というセーフティーネットにもかからないようなホームレス問題の現状と今後の課題等について考えてみる。また、新たな福祉国家への展望と「社会的包摂」(social inclusion) のあるべき姿にも言及する。

1．社会的排除・貧困のパースペクティブ

（1）社会的排除概念の登場

　「社会的排除」(social exclusion) の用語は、グローバリゼーションと脱工業化がもたらした社会的諸問題を説明するための概念として多方面の分野で採用されつつある。先進工業諸国はもとより、発展途上諸国においても、グローバル化した資本主義経済の弊害がもたらすさまざまな社会的排除の状況について積極的な研究が進められてきている。

　元来、この用語は、政治や統治の世界から社会科学の世界に入ってきたものであるが、工業化がもたらす社会的帰結や資本主義社会での圧倒的な市場の影響力、諸関係のなかで生みだされたさまざまな社会的不利とその是正が、経済のグローバル化と脱工業化の問題としてクローズアップされ、それがあらゆる公共政策や政治関連諸分野の中心的課題となるなかで、大陸ヨーロッパの社会思想家や政治思想家が示した理論的な反応にその起源があるといわれる[1]。

　社会的排除の用語の出自はフランスである。フランスでは1960年代からこの用語が使用されていたが[註1]、それが注目されるようになったのは1974年に著されたルノアール (Lenoir,R.) の『排除された人々—フランス人の10人中の1人』(Les Exclus：un Francais sur dix) であった。しかし、ルノアールのいう排除された人々とは、身体・精神障害者や高齢者、アルコール・麻薬依存者、非行・犯罪者、傷病者等 — いわゆる「伝統的貧困」といわれるもの — で、いわば経済成長によるサービスの恩恵を享受する術（手段）をもたない人々であり、工業社会という一定のシステムがつくりあげたルールに適合することができない人々であった。確かにこれらの人々は社会的に不利な立場に立たされていた集団であるといえる。しかし当時、こうした社会的排除の問題は社会全体としてみれば、ほとんど影響を与えることのない周辺的な現象のみに関わるもので、社会的排除という用語も、この時期にはきわめて限定的な意味しかもたなかった。

第10章 社会的排除と貧困

　フランスで発展してきた社会的排除の概念が、今日的意味で使われるようになったのは、1970年代末の「栄光の30年」（les trentes glorieuses）といわれた戦後の好景気（高度経済成長）が終焉を迎え、移民や都市問題が噴出する一方で、これまでの社会的扶助や社会保険による対応の限界が意識され、福祉国家の危機が語られはじめた1980年代になってからである。この時期、不安定雇用と失業の拡大にともない、福祉国家の根幹をなす保険体制（年金保険・医療保険・雇用保険等）からこぼれ落ちる人々が増大した。就業能力を有する若年者等の長期失業者を中心に貧困が深刻化し、住宅や教育機会の喪失、家族の崩壊、アルコール・薬物依存等が複合的に重なり合って問題が拡大していった。伝統的な貧困とは異なる類型の貧困、すなわち高度経済成長期には見られなかった「豊かな社会の新しい貧困」が、1980年代の新しい政策課題として顕在化していった。

　このような新しいタイプの貧困をヨーロッパでは、社会的排除という用語で捉えるべきだとする主張が支配的であった。そこには貧困の概念よりも排除の概念の方が、実際に生じている構造的な社会的諸問題を際立たせる度合いが低いとみなされる一方で、ヨーロッパの福祉国家が最低限度の所得と基本的なサービスへのアクセスを保障したことを考慮すると、貧困の概念を用いることは必ずしも適切ではないとする政治的な思惑もはたらいていたものとされる。また、それに加えて所得に基づく貧困の概念は、社会的諸問題への非常に静態的で狭いアプローチであるとみなされていたということもあった[2]。

　フランスで生まれたこの概念は、その後イギリスとヨーロッパの新しい社会統合をめざすEUの欧州委員会において採用されることとなり、やがてそれはEU加盟国における貧困や社会問題についての方針を定める場合の社会政策上の重要なキーコンセプトとなっていく。しかし、社会的排除の概念が、EUの社会政策の中心的な課題になったのはそれほど古いことではない。EUの憲法ともいえる「ローマ条約」に、社会的排除の用語が採用されたのは、1999年5月の「アムステルダム条約」による改正からであるが、これによりサブパラグラフ（sub-paragraph）が新たに規定され、社会的排除につ

いての取り組みが可能となった。したがって「EUレベルで社会的排除の政策が動き出したのは1999年以降であり、最高意思決定機関である欧州理事会（加盟国首脳によるサミット）で取り上げられたのは2000年以降」[3]のことである。

　それでは、ヨーロッパでは社会的排除の概念はどのように捉えられているのであろうか。すでに見たようにフランスでは、若者の長期失業や社会保障制度等の限界により、これに対応できない集団は社会の周辺に追いやられていた。しかしやがて、これらの問題は経済・社会・政治・文化等のあらゆる局面で拡大し、参加の機会や制度から切り離された集団全体の問題として把握されていくことになる。イギリスでは、失業・貧困・犯罪・差別・不健康・家族崩壊等の複合的な不利の問題に直面する人々や、それぞれの地域に生じている貧困状態を意味する用語として、この社会的排除の言葉が用いられている。そして、この社会的排除の用語を新しい社会的統合の中心に据えようとしたEUでは、「社会的排除の戦い」をヨーロッパにおける社会的統合の共通目的として加盟国に課すことによって、この概念が貧困に代わるものとして急速に普及していった。なおEUの社会的排除概念は、フランスでの用法に近いものであり、概ね次の3つの特徴をもつ。

① 社会的排除は、過程とその結果としての状態の双方を指すダイナミックな概念であり、結果だけではなく、排除されていく過程を問題にする。
② 社会的権利からの個人や集団の排除や、社会的交流への参加からの個人や集団の排除など、シティズンシップ（citizen-ship）を支えるさまざまな権利や制度を人々が享受できなくなる状況。
③ 労働生活への参加からの排除という次元だけではなく、居住・教育・保健、ひいては社会的サービスへのアクセスからの排除というように、貧困や低所得、失業だけではない多次元性を有している[4]。

（2）社会的排除論と貧困論の位相とその背景

　このように社会的排除の概念は、主としてヨーロッパを中軸として展開された政治的・社会政策的な概念であるが、この概念は、今日生じているさま

ざまな社会問題を説明するのに有効であるといわれる。1980年代以降の急激なグローバリゼーションの進行にともない経済・社会は大幅に変容し、労働市場においてはパートやアルバイト、派遣社員等の非正規労働の増大によって十分な所得を得ることができない人が増加している。その結果、教育や医療を受ける機会、地域社会や政治への参加の機会が閉ざされてしまう若者や下層の人々が増加し、彼らを取り巻く社会問題は今日ますます深刻さを増している。このような問題を分析し説明しようとするのに有効とされるのが社会的排除の概念である。

しかし、これらの問題の説明については、これまで貧困の概念を用いるのが常であった。たとえばデューペルー（Dupeyroux,J.）は、貧困を社会的・文化的な分断という意味での排除と、それに結びついた所得の不足として捉え[5]、フィーランス（Fierens,J.）は、貧困と社会の相対的な関係のなかで、社会的排除の特徴を探ろうとした[6]。すなわち、貧困と社会的排除は別次元のものではなく、お互いが影響し合い、因果の連鎖を形成しているものとして把握され、そうしたなかで貧困の原因やその対策を検討しようとしている。

また、社会的排除の用語は、ヨーロッパにおける貧困問題の分析のなかで生み出されたものであるが、それが多用されるにつれて概念的な明確性を欠くようになってきており、貧困や失業と同じような意味で使われたりするようになっている、といわれる[7]。というのも、社会的排除の概念の使用はきわめて抽象的で、いまだ確たる明確な規定は存在しない。こうしたなかで社会的排除と貧困との概念上の線引きをどこに置けばいいのか、という議論がある一方、経済のグローバル化や脱工業化の進展がもたらした生産や労働システムの変容のなかで、新たにクローズアップされた若年労働者問題や差別・排除等の社会問題は、従来の貧困の概念では把握しきれないのではないのかという議論が浮上してきた。

たとえば、ロザンヴァロン（Rosanvallon,P.）は、貧困や差別、失業などの概念は特定の集団や階級の利害を説明するのには有効であっても、それ以外のものをカバーするのは困難であるとして、社会的排除の概念の意義を強調する。なぜなら、フランスの長期失業者を性別や年齢、所得等の指標を用

いることによってそのすべてを説明することは不可能であり、また多重債務者や経済的・社会的弱者を特定の階層、たとえば失業者や低所得者にのみ帰することは適当ではないとしている。さらに彼は、排除された者を、社会の機能不全によって生み出された影の存在として捉え、それは本質上「非－階級」であるとする。そして、社会的なものは個々人の社会的な諸活動の集積の結果であり、個々人の諸特徴の融合によって構成されるものであるが、社会的排除は、こうした社会的なものが崩壊する過程である。したがって排除は、社会的集積ではなく差異によるものであるとされる。こうして排除された者は、代表者をもちうる階級（や特定の集団）を構成しないと論じている[8]。

　また、社会的排除概念を貧困との対比において見ようとした場合、重要なことは、貧困と剥奪の概念上の差異を、どのように捉えるのかをまず考えることである。この問題については、2つの側面から捉えることが可能である。1つは、貧困が資源（所得）の不足といった一次元的な要因によって説明されるのに対して、社会的排除は社会関係の不足（不十分さ）によって説明できるとされる。すなわち、排除は多次元的な特徴をもつ剥奪と、さまざまな社会的諸関係の断絶が組み合わさり、累積することによって生じるといった認識であり、もう1つの差異は、剥奪と社会的諸関係の断絶は、さまざまな原因が相互に作用し合うことによって引き起こされるものであることから、社会的排除は動態的な過程へのアプローチを可能にするといった認識である。つまり、「社会的排除は、多次元的な要因によって引き起こされる状態であるとともに、そこに至る過程に着目した概念」[9]であるとされる。社会的排除のもつこのような動態的過程に着目した岩田正美は、社会的排除（論）は、「貧困（新しい貧困）の一部を、社会全体の空間的、制度的位置関係において捉え直そうとした概念である」としたうえで、「空間的にも、制度的にも排除されて、社会の周縁に蓄積された貧困は、同質の労働者階級、市民層のなかの連続する生活水準のレベルの、ある解決すべき閾値だけで判断されるものではなく、社会全体の排除と統合の動態的プロセス」[10]のなかで把握されるべきものであるとしている。

（3）社会的排除論の優位性とは

　社会的排除の概念は、分配の側面よりも社会的関係の側面を重視する。そして社会的排除は、社会関係からの排除と、そこから現在に至る動態的な過程のなかでそれを把握しようとする。しかし、貧困や低所得が起因となって、それまでの社会関係を喪失させ、その結果として排除に陥る人々は決して少なくない。にもかかわらず社会的排除概念を貧困や低所得、あるいは差別といわれるような、伝統的に長い研究の歴史のなかで蓄積され彫琢されてきた概念と一線を画そうとするのはなぜであろうか。それとも社会的排除といわれる現象（問題）が、これまで貧困や低所得の研究領域で積み上げられてきた知見とそれほど異なっているのであろうか。

　イギリスのタウンゼント（Townsend,P.）は、貧困は「相対的価値剥奪」（relative deprivation）の概念によってのみ客観的に定義づけられるとして、貧困を相対的価値剥奪という観点から経済的・社会的に考察している。彼は、剥奪を「物質的剥奪」と「社会的剥奪」の２種類に区別し、前者を食料、衣服、住宅等に関連するもの、後者を家族、レクリエーション、教育に関連するものとする。特に社会的剥奪は、通常の形態の家族やその他の社会関係に属していないか、または所属することができない人々の状態を一般化するうえできわめて便利な視点を提供するものとしている[11]。したがって貧困へのアプローチは、物質的なものよりもむしろ社会的な関係に主眼がおかれ、物質的剥奪は社会的剥奪を測るためのいくつかある次元のひとつとして位置づけられている。このような前提に立って彼は、相対的価値剥奪を次のように定義している。それは「人々が社会で通常手に入れることのできる栄養、衣服、住居、居住設備、就労、環境面や地理的な条件についての物的な標準にこと欠いていたり、一般に経験されているか享受されている雇用、職業、教育、レクリエーション、家族での活動、社会活動や社会関係に参加できない、ないしはアクセスできない状態」[12]である。すなわち、住民のうちで一定の生活様式とそれを獲得するために必要な諸資源を欠いている状態にある個人や家族や集団は、貧困であるといえる。このようにタウンゼントは、貧困（線）が剥奪の有効な指標であることを強調しつつも、一定の生活様式（所得水準）

を下回ると剥奪（社会的排除）は著しく強まるか、加速するか、拡大するとして、貧困と剥奪の間には大きな親和関係が存在することを示した[13]。こうしてタウンゼントの関心は、誰が日常の生活様式（living pattern）や習慣、活動などから排除されているかを具体的に観察することに向けられた[註2]。

　貧困と社会的排除概念をめぐっては、これ以外にも多くの議論がある。岩田正美はバーカード（Burchardt,T.）らのロンドン大学のチームがイギリスで行ったパネル調査によるデータ分析や、ロザンヴァロンの低所得者層と排除の研究等を引きながら、「社会的排除論の強調するプロセスや社会的不利の重なり合いや悪循環なども、ほぼ貧困論の議論してきた点で少しも新しくない。複合的不利は、社会的剥奪論ですでに議論済みである。貧困論そのものも、パネル調査（特定集団の追跡調査）の普及によって、貧困のプロセスや動態（ダイナミック）分析に焦点が移り、〈貧困の経験〉という用語で議論されるようになった。したがって、人生の軌跡とかプロセスとかいうことが、社会的排除の特許というわけではない」[14]と述べ、貧困概念と社会的排除概念の間の線引きについては否定的な見解を示している。

　また、イギリスの貧困研究家リスター（Lister,R.）なども、貧困と排除の問題はどちらが排除でどちらが貧困であるかを現実的に立証することは困難であり、社会的排除は解釈の問題であるとして、貧困概念と社会的排除概念を区別することは難しいとしている[15]。さらに岩田は、社会的排除の概念につきまとう「社会に参加しているか・いないか」（in and out）の2分法的な割り切りによる排除の手法についても、主要な制度やフォーマルな組織から排除されていてもコミュニティや友人などのインフォーマルなグループによって支えられている人は多数いるとするバーカードらによって示された調査をもとにして、「社会的排除を貧困に代わる言葉として採用することへの抵抗は大きく、この概念を使う人が増えれば増えるほど、逆に重箱の隅をつつく」[16]ような細かい議論が噴出してくるのではないかと懸念を示している。

　このように見てくると、貧困や低所得などの問題と社会的排除との間に概念的に明確な一線を画そうとするのは困難な試みであり、貧困は単なる資源（所得）の不足といったような静態的な側面だけを表す概念ではなく、すで

に排除（あるいは参加）の問題を含んだ概念として理解できるのではないだろうか。単純化していうならば、貧困は資源の不平等な分配（所得の不足）の結果と考えることができる。所得が消費という行為を通した社会参加の基礎であるとすれば、それは人々が経済的役割に応じて行う参加の形態ということであり、貧困はそうした参加からの排除を意味することになる。前述したデューペルーやフィーランスの考え方のなかにもそのことは明確にみてとれる。

　ここで、さらに気をつけておかなければならない点がある。これまでの議論からも明らかなように、貧困（論）もすでにその内に社会関係や参加の問題に大きな関心を払ってきている。しかし、そうであっても貧困（論）における参加や社会関係の問題は、最終的には資源（所得）の不足と関係づけられる限りにおいて問題とされている。しかし、社会的排除の概念はそれを含みつつもっと大きな問題についてアプローチすることへの可能性があるとされる。すなわち社会的排除論は、常に社会（社会関係）そのものを問題にするが、同時に、社会のなかの個人をも問題にする。貧困がその内に社会関係の側面を含んだものであったとしても、その焦点は、あくまで個人そのものに置かれるのに対し、社会的排除は、社会と個人の両方に焦点が置かれる。したがって、社会と個人の間に展開されるダイナミックな関係が把握できることになる。

　さらに社会的排除は、諸個人の人生（ライフコース）の一定の段階における静的な「ある状態」ではなく、人々の人生の軌跡のなかで生じた動的な過程といえる。社会的排除をこのように捉えることにより、排除の主体を含みつつ、そのプロセスまでをも問題にできるというところにその有効性があるといえる[17]。しかし、社会的排除をもたらす問題状況は、きわめて多面的であり、その原因を一義的に決定することは困難である。そのため排除の問題を関係的に捉え、その多面性と排除にいたる過程を動的に理解することが重要である。

2．EUと日本における社会的排除・格差・貧困論の展開

(1) シティズンシップと社会的排除

　社会的排除の概念は、1980年代以降のヨーロッパ ― 特にフランスとイギリス ― において頻繁に用いられるようになったものである。しかし、ヨーロッパで社会的排除の用語が使われているといってもその意味は必ずしも一様ではない。なかでもフランスとイギリスではその用法に大きな違いがみられる。

　フランスでは、1980年代後半から社会的排除への取り組みが本格的にはじまり、1988年には連帯としての社会の構築を目的とし、社会（あるいは職業）への参画という権利を保障する「最低所得保障」（revenu minimum d'insertion＝RMI）が制度化され、排除（貧困）に対するグローバルな施策の基本的な措置が定められた[註3]。

　こうした社会的排除に対するフランスの問題意識の背景には、社会的な連帯やネットワークの形成・回復における社会の側の責任という含意がある。このような社会的責任が特に強調されるのはフランスという国が人々の「連帯」思想を基礎に据えているからであり、そこには人々の社会的連帯、すなわち市民としての社会（政治）参加への機会こそが基本的人権の中核をなすという価値意識があるからであろう。したがってフランスにおける社会的排除の意味するところは、こうした連帯思想に基づく人的関係の希薄化あるいは崩壊といった社会全体の結束（cohesion）の危機、また、国家による社会全体としての統合の失敗の結果とみなされている。すなわち「個々人の権利・義務の相互関係として社会を把握し、こうした社会の秩序から個人が離脱させられ市民権が侵害されていく過程およびその結果」[18]を意味するのである。

　このようなフランスの連帯に関する議論に対比されるのが、イギリスのシティズンシップの議論である。マーシャル（Marshall, T. H.）によれば、シティズンシップとは「ある共同体の完全な成員である人々に与えられた地位身分」[19]を意味し、この地位身分をもっているすべての成員が平等に有する権利

と義務の総称である。しかしマーシャルのシティズンシップの概念は、やや権利概念に比重が置かれているといえる。市民権とも訳されるこの概念は、具体的には「市民的権利」（個人の自由のために必要とされる諸権利：人身の自由、言論・思想・信条の自由、財産所有権、裁判に訴える権利など）、「政治的権利」（政治権力の行使に参加する権利）、「社会的権利」（経済的福祉と安全の最小限を請求する権利、社会的財産を完全に分かち合う権利、社会の標準的な水準に照らして文明市民として生活を送る権利など）、の3つを指し、それぞれの構成要素の平等をシティズンシップとして論じている。

シティズンシップには古代から続く義務中心の市民共和主義的シティズンシップと、権利中心の自由主義的シティズンシップの2つが存在するが、近代において優勢になったのは後者である。自由主義的シティズンシップは、近代市民革命以来の自由権を基礎とするが、主たる関心は国家からの自由を中心とした市民の諸権利にある。近代国家では、公的領域と私的領域は区別され、18世紀に確立された自由権などの市民的権利を基礎に、19世紀には階級闘争の激化を背景として政治的権利が拡大した。さらに20世紀には、社会主義諸国の成立を背景に資本主義的な不平等に対処する社会的権利の必要性が唱えられた[20]。

このようにシティズンシップは、一定の歴史的段階における特有の社会現象に応じて諸権利を拡充させてきたが、同時にそれは、その権利を獲得する前提として、特定のコミュニティと結びついたうえでの義務の側面も含意されている。つまり「権利を擁護する際にシティズンシップに訴えるならば、その権利に対応する形でシティズンシップが含んでいるところの義務も無視することはできない」[21]のである。こうしてシティズンシップは、特定のコミュニティの成員資格は個人に諸権利を与え、社会参加等への義務を課し、個人のアイデンティティのための基盤を与えるのである[22]。そして、このようなシティズンシップの諸権利を支える制度や法にアクセスできない場合に、社会的排除が生じるとされる。つまりそれは、コミュニティの成員に与えられた社会的権利が否定もしくは実現されないことを意味している。そして今日、こうしたシティズンシップの欠如の結果、社会やコミュニティか

ら排除される人々が増大するという不平等（社会）が蔓延している。

　マーシャルは、社会の不平等を制御するには、成員の地位身分、すなわちシティズンシップの平等が何よりも重要であるとした。それは文明的な生活の内実が全般的に豊かになること、リスクや不確実性が全般的に減少することを意味するが、現代の脱工業化社会において、リスクと危険が弁別不可能な不確実性は一層増大している。これは、わが国においても大きな問題となっている。特に、不安定就業や非正規雇用にともなう貧困の増大は、経済的な所得格差に加え、精神的・心理的な格差感や不平等感を生みだし、誰でもが格差・不平等の当事者になりうる可能性があるという不確実性を醸成している。もし、それを社会的排除のひとつの側面として捉えるならば、非正規雇用や貧困は、完全なシティズンシップを行使する機会の欠如をもたらす危険性を常に孕んでいることになる。急速な脱工業化とグローバリゼーションの進展のなかで、市場の制約はますます強まり、さまざまな危険やリスクが増している。包摂のシステムとしてのシティズンシップの役割は一層重要なものとなってきている[註4]。

（2）社会的排除とアンダークラス論

　社会的排除は「内／外」に、「アンダークラス」（underclass）は「高／低」に対応する[23]。すなわち、アンダークラスは経済的な格差、いわば所得の多寡によって説明される。ポスト工業化とグローバリゼーションの進行により産業構造は大きく変化し、経済格差は急速に拡大した。とりわけ1980年代以降、先進諸国では新しい貧困問題が顕在化し、若年層を中心に不安定就業や非労働力化の問題が浮上した。それは、従来の階級論における典型的な労働者階級とは異質の存在であり、近代プロレタリアートとも明確に区別された、アンダークラスと呼ばれる新しい最下層階級の人々の形成を意味した。

　日本においても他の先進国と同様、若年層の失業、不安定就労に関する問題は年々深刻化している。グローバル化の進展によりさまざまな経済問題が噴出するまでは、高度経済成長の下で正規雇用者の数は着実に伸び、日本的雇用慣行は堅持されていた。しかし1989（平成元）年末のバブル経済の崩壊

はこうした動きを一変させた。経済・生産活動は停滞し、企業倒産や失業など深刻な問題を引き起こした。企業はコストを削減するために業務の合理化を図り、雇用の非正規化を推し進めた。日本的経営方式は瓦解し、企業のアウトソーシング（outsourcing）化が進行した。また、労働形態も大きく変化し、パート、アルバイト、派遣社員などの非正規労働・不安定就労の形態が急増した[註5]。

さらに1990年代から2000年にかけてニート（NEET）や「引きこもり」と呼ばれる若者が増大し[註6]、それまで想定されていなかった新たな社会問題が若年層を中心に広がっていった。就学や就労の意欲を大きく減退させているニートや「引きこもり」、経済・社会構造の変化により、アルバイトや派遣労働などの非正規・不安定就労に甘んじるより他にない労働者（特に若年労働者層）など、就労の機会の喪失は、社会生活の根本である所得の不安定化をもたらし、よりダイレクトに低所得・貧困へと追い落とすことになる。そして、このような人々のことを、わが国ではアンダークラスという。

アンダークラスとは、平たくいえば「貧困層」のことであるが、この用語をつくったミュルダール（Myrdal, G.）は、政府が適切な対策をとらない限り、大規模な経済・産業構造の変化によって、労働市場やコミュニティなどの社会統合のシステムから長期的に排除されてしまうような人々のことを、このように呼んだ[24]。そしてミュルダールは、こうした経済的犠牲者（アンダークラス）を生みだすに至った社会的・構造的要因やその背景を具体的に見ていく必要性を喚起する目的で、この概念を使用した。しかしその後、アンダークラスの概念は時代の移り変わりとともに、また、それぞれの国によって、その捉えられ方は大きく変化していく。

社会的排除論よりもアンダークラス論により力点を置くアメリカでは、個人の行動に重点を置く保守派と、構造的な視点に重きを置く自由主義派の2つの立場がある。前者は1980年以降強い影響力をもつもので、ルイス（Lewis, O.）の「貧困の文化」の命題を用いて、環境よりも文化の重要性に関心を寄せながら、アンダークラスの問題にアプローチしようとする。ルイスは、人々の伝統、家族、個性などの文化的特性は、社会の大規模な構造変動にともなっ

て変化するもので、貧困問題が起こった主要因は、アンダークラスの文化や人々の特性、すなわち貧困者自身が示す自分の置かれた状況への適応であり、反応そのものにあるとした。したがって、ここでの問題は公的な福祉システム（無拠出の社会扶助など）への個人の依存体質（文化）の是正であり、そうしたシステムの縮小化が課題とされる。

他方、自由主義派の代表的な論者であるウイルソン（Wilson, W. J.）は、インナーシティ（inner city）[註7]におけるゲットー（ghetto）[註8]の人々（主に黒人）にみられる失業、貧困、犯罪、シングル・マザー、福祉への依存などの事態、すなわちアンダークラス問題を果敢に取り上げ説明しようとする。

1980年代の経済の停滞や景気の後退は、アメリカ社会に深刻な影響をおよぼし、製造業からサービス業への移行という産業構造の急激な変化は、インナーシティに居住するマイノリティ人口に長期的かつ大量失業という大きな打撃を与えた。とりわけ黒人を中心とするゲットーのアンダークラスの人々の状況は、破局的ともいえるものであった。それは単に「人種差別」の問題に帰結されるようなものではなく、アンダークラスの人々の低い教育水準によって特徴づけられた貧困の常態化や、経済変動がもたらした労働市場の二極分化など、構造的な要因に求められなければならないとされた[25]。

他方、イギリスのアンダークラス論は、1980年代の大量失業時代を契機に生み出された「新たな階層」をめぐる議論が出発点となっている。この新たな階層とは、1980年代の経済不況が回復された後も「就労者へと転化せず、失業状態や社会保障制度のなかに固定している階層」[26]であり、現在ではニートや「ステイタス・ゼロ」と呼ばれている人々である。1990年代後半、ブレア政権は、ニューディールと呼ばれる雇用政策を推進し、教育と職業訓練を柱にアンダークラス問題に積極的に取り組んだが、「ステイタス・ゼロ」の若者はむしろ増大し、これがニートに繋がり、20代になっても正規労働者になることを望まない新たなアンダークラス（ニューアンダークラス）の形成をもたらすこととなった。

失業は所得の低下をもたらし、アンダークラスと呼ばれる貧困層を生みだす。失業は労働市場からの社会的排除といえるが、労働市場は多くの人々を

雇用という人間関係を通じて包括・包摂しようとする社会統合のシステムといえる。失業や貧困の問題は、こうしたシステムからの排除だけではなく市民としてのシティズンシップからの排除をも意味する。社会的排除の解消、アンダークラス問題への対応は、現代社会が突きつけた待ったなしの課題なのである。

(3) 社会の変容と重複排除の実体

　社会的排除とは、人々の社会参加が何らかの要因によって阻害され、社会的関係のシステムから排除されることをいうが、逆に、そのような社会的関係を堅持している人は社会に包摂されているということになる。しかし、社会的排除（あるいは包摂）には、物質的剥奪（住居設備、教育、レクリエーション等）、社会参加（社会活動、政治活動、社会奉仕等）、社会関係（社会的ネットワーク、交友関係、近所づき合い等）、さらには制度（医療、保険、各種支援制度等）や労働市場からの排除など、さまざまな次元（分野）があり、一律に論ずることはできない。というよりは、今日では、これらの排除要因が複合的・重層的に絡み合っているといえる。本来、人々は、自由で民主的な政治・経済システムのなかで、市民の権利としてのシティズンシップに支えられながら基本的な生活が維持される社会に生きている。しかし、現実はそれとは大いに異なり、最低限度の生活としてのナショナル・ミニマム（national minimum）でさえ享受できない低所得・貧困状況が存在している[27]。

　貧困問題の多くは、労働市場からの排除が引き金となっている。労働は社会・経済的な自立を促す契機であると同時に、多方面における人間関係が形成され、各種の社会制度の庇護が受けられることを可能とする。したがって労働（＝雇用〈正規〉労働や経営の安定した自営業）は、安定した「生活インフラ」を形成する大きな要因ということになる。こうして人々は、労働参加を通して社会生活に必要な物資や人間関係、さまざまな社会参加や制度にアクセスすることができるのである。

　したがって、労働市場への参加が比較的困難と思われる障害者や高齢者、低技能・低学歴の若年者、シングル・マザー等々の人々は、低所得や貧困の

状況に陥りやすい。また昨今では、大幅に改善されてきているといわれるものの、わが国の場合、女性も社会的排除を受けやすく、男性に比して就労機会は限定的である。1972（昭和47）年の「勤労婦人福祉法」を前身とする「男女雇用機会均等法」（1985〈昭和60〉年制定）は、幾多の改正を経て現在に至っているが、そこで謳われている男女の雇用均等は十分に達成されているとはいえず、労働市場からの排除（不利）だけではなく、賃金や昇進など労働内部での排除（格差）も多くみられる。さらに移民や外国人労働者の排除も大きな問題である。特に閉鎖性が強く、内・外の差異化意識が強固なわが国では、移民や外国人労働者を厳しく排除する傾向にある。不法滞在の外国人でもない限り、一定のシティズンシップは法的に保障されるものの、自国民と同様のシティズンシップを獲得することは難しく、十全な権利・義務を享受しているとは言い難い。

　グローバリゼーションにともなうポスト工業化と新自由主義の進展の下で、このような状況は一層際立ってきている。生産拠点の海外移転によって生ずる産業の空洞化と労働の二極化の進行は、労働（雇用）機会を極度に減少させた。その結果、低賃金で過酷な労働に、高齢者・女性・若年者、そして移民や外国人労働者が就くという構図に一層拍車がかかることになる。このことは特定の人々の低所得・貧困をもたらすばかりでなく、社会的排除を構造化する要因ともなる。

　所得の低下は生活のレベルを下降させる一方で、社会生活の範囲を狭める。確かに労働市場からの排除は、基本的な生活基盤を脆弱化し不安定なものにする。しかし、上記した高齢者や女性、若年者などの状況が直ちに低所得・貧困問題に直結するわけではなく、また、そのような場合には、市場の限界や排除を補うセーフティネットとしての社会福祉が動員される。それは社会的に排除された人々を支えるとともに、所得の再分配過程を通じて社会への包摂機能を担う役割をもっている。しかし、経済・社会の急速な変化は、社会的排除をより深刻なものにしている。それはセーフティネットとして、人々の最低限度の生活を担保するはずの社会保障を含む広義の社会福祉が、排除の選別化を強めているためである[28]。

路上ホームレスやネットカフェ・ホームレス（難民）、ワーキングプアなどと呼ばれる人々がその矢面に立たされる。たとえば、低所得のために国民健康保険の保険料が滞納されると、「短期保険証」や「資格証明書」の交付といった制裁措置による選別化が行われ、医療給付の支給を困難にするばかりか、そうした社会保険制度をはじめとする、各種の社会制度から排除される範囲はますます拡大される傾向にある。

　ニートや「引きこもり」も無視できない存在であるが、その多くは家族の庇護の下にある。わが国の福祉的機能はその多くの部面が家族によって担われてきた。しかし、家族の有する福祉的機能は社会の変化とともに縮小し、その限界性が明らかになってきた。親の保護が半永久的に続くという夢物語はナンセンスである。親が亡くなれば、直ちにホームレスやワーキングプアへと転落し、低所得・貧困状態に陥ることは避けられない。しかも排除は重複化してきている。労働市場からの排除による所得の低下は、住宅の立ち退きや地域社会からの撤退を余儀なくし、地域内での相互扶助やネットワーク関係などの「空間からの排除」をもたらす一方で、生活に必要なさまざまな制度にアクセスできなくなるという「制度からの排除」をももたらすことになるのである。しかも今日、その傾向はますます強まる傾向にあるといえよう。

3．貧困と社会的排除の現状

（1）福祉国家の崩壊とグローバル化、脱工業化

　福祉国家とは、19世紀的な貧困問題と階級問題の解消を目途とし、伝統社会の近代化への方向づけの問題に関わるものであった。その意味では、ケインズ・ヴェバリッジ型福祉国家の政策課題も、マーシャルの社会権の概念も、基本的に近代化の問題を念頭においたものであった。しかし、1970年代を境に、福祉国家が暗黙のうちに前提としていた経済の高度成長は終わり、福祉

国家は危機の時代を迎えることになる[29]。経済環境の変化、高度経済成長の終焉、家族構造の変化、財政危機などを背景に1970年代を分水嶺として「栄光の30年」と呼ばれた時代は影を落とし、1980年代以降は、福祉（＝福祉国家）の縮減期として特徴づけることができる。

　世界的な経済環境の変化と財政危機は、福祉国家の後退を助長する。もとより福祉国家は、国境を前提にして成り立つ概念であり、自由主義のように国境を越えて普遍的に成立する概念とは大いに異なる。福祉国家の継続にはそれ相応の経済的負担が必要とされ、その原資はいずれの国においても税によって賄われるのが常であり、それは国民の相互扶助を基本とする福祉の理念にも合致する。しかし、グローバリゼーションの進行は、経済の停滞を招き、こうした福祉国家の前提をその根底から突き崩すこととなる。

　グローバル化とは、財貨やサービスの取引、国際的な資本の流れ、またテクノロジーの多方面への普及によって、世界中の国々が相互依存関係を強めていく状態のことをいう[30]。平たくいえば、ヒト・モノ・カネが国境を越えて自由に行き来することが増大することである。人が自由に移動可能ということは、税率の高い国から低い国への移動を容易にし、企業は法人税や事業税、さらには関税の厳しい地域から国籍の移転を図る。このことは産業の空洞化を生じさせ、その結果、産業の衰退は加速され、国内投資は減少し、福祉も縮小せざるを得なくなる。しかし、税率を低い国に合わせるような削減措置をはじめとする経済政策は、各国の財政金融政策の自立性を奪うことに繋がり、内需主導の経済成長を通じて、完全雇用を実現させるということを困難な状態とする[31]。

　こうして完全雇用と経済成長の両立をめざしてきた戦後の福祉国家にとって、グローバル化は、そのあり方を根本から左右する制約要因となり、それぞれの国の経済政策の選択の幅を狭める一方で、国内市場の再活性化を目的とする新自由主義の考え方に結びつきやすい。経済政策優先の風潮のなかで、1970年代までの福祉発展期に比して、それ以降、社会支出関連の増加率は低下し、社会権に基づく社会政策の自立性は軽んじられることになる。とりわけ1990年代以降、グローバル化はさらに進み、資本の流動化には一層拍

車がかかり、企業の海外移転は大幅に増加した。国の役割は限定され、資本の交渉力が強められる結果、社会的保護のあり方をめぐる「底辺の戦争」（a race to the bottom）が起きていると指摘される[32]。「底辺への競争」とは、資本の流動性が高まることによって、それぞれの国が国内市場を資本にとってより魅力のあるものとするために、競い合って社会的保護を最低限のものへと引き下げていくことを意味する[33]。そのため所得の分配に不平等が生じ、賃金格差の拡大や失業率の増大、貧困層の増加といった問題が起きるばかりでなく、障害者支援や医療保障制度、高齢者介護など、社会サービスの領域全般においても縮減傾向が進み、福祉（＝福祉国家）は大幅に後退することを余儀なくされる。

　1980年以降のグローバル化の潮流は、製品市場・労働市場の両面において、強力な競争圧力をもたらした。これは各国が保持していたパイを、国際競争の名のもとに合法的に奪い合えることを意味する。発展途上国で作られた安価な製品が先進諸国に輸入されると、先進国内における価格競争は激化し、こうした競争を勝ち抜くには、人件費や材料費、輸送費などの安価な海外へ製造企業が移転するか、もしくは海外との競争に敗れて国際競争から脱落していくしかない。しかし一方で、技術の進歩により、先進諸国と発展途上国との間で、生産性にあまり格差がなくなってきているのも事実である。このことにより世界的な賃金競争が高まり、国境を越えた労働力の移動は拡大し、先進諸国には夥しい移民・外国人労働者が流入することになる。

　また、グローバル化のなかで、それぞれの企業は地理的に分散し、いまや組織的・世界的な生産ネットワークが形成されつつある。グローバル競争の下では、生産の量より質に、定型性より新規性に焦点が置かれ、顧客のニーズや嗜好の変化に合致した製品づくりに注意が注がれ、迅速・的確に顧客に届けられることが何よりも求められる。脱工業社会とは、製造業を中心とする社会から、情報・知識・サービスなどを扱う社会に産業構造が変化することをいうが、21世紀の社会では、製造業中心からサービス業中心への変化というよりは、「製造業のサービス産業化」への変化といえるのかもしれない。

　このように、工業化の時代から、グローバリゼーションと脱工業化への位

相転換は、人々の生活の本質を大きく変化させた。たとえば、わが国について見れば、福祉国家の典型とされる、安定した終身型雇用制度や年功序列型の賃金体系等をベースにした生活様式は、もはや望めなくなったということである。その結果、社会秩序全体にダイナミックで非線形的な軌跡がいたるところに立ち現れてきている。従来とは異なる変化を遂げた社会システムは、諸個人の人生（ライフコース）そのものを包囲し、封じ込め、大きく瓦解させはじめている。所得保障を中心とする福祉政策は十全に機能せず、雇用の拡大や賃金体系に大きな問題を生じさせている。フリーターや女性労働、ワーキングプアが増大する一方で、貧困や生産活動、世帯形成や近隣関係の形成などの社会関係の構築の機会等々は薄れ、社会的排除をもたらす根本要因そのものが拡大しているのである。財政危機を理由に、低所得者に対するサポートを削減し、非正規雇用の人々を自助努力の枠内に押し込もうとする圧力が生まれてしまうと、福祉（＝福祉国家）は制限され、崩壊する。

（2）社会的排除としてのホームレス問題の現状

　世界を席巻したグローバル化の波は、新自由主義の潮流と連動して、経済・雇用・福祉など、多くの局面で深刻な問題を惹起してきた。こうしたなかでわが国は、急激な円高や貿易摩擦を背景に、1980~90年代にかけて大幅な経営のグローバル化を迫られることになる。その後においても、財政危機が進行し、少子・高齢化による内需が縮小するなかで、国際競争力を高め人材活用の有益な展開を図るために、さらなるグローバル化が求められた。

　しかし、このような市場経済化の世界的な拡大傾向は、わが国にとって必ずしもよい結果をもたらしたとはいえない。CAM（computer aided manufacturing）、CAD（computer aided design）などの情報技術の急速な展開は、技術移転を容易にし、先進諸国と新興国との製品（特に家電製品など）の差は大幅に縮小され、価格以外での差別化は困難となった。そのため、高価な日本製品のシェアは減少し続け、基幹産業である製造業は衰退し、経済は低迷した。比較的高賃金であった製造業の多くは雇用を縮小し、派遣などのアウトソーシング労働を拡大する一方で、これからの労働者は、飲食業・

介護などの低生産（性）・低賃金のサービス産業へと流れ込み、沈殿・堆積することとなった。

また他方で、安価な労働力を求めて企業は多国籍化し、産業の空洞化が促進されるなかで、国内の労働力需要は一層落ち込むことになる。さらに情報化産業の著しい進展は、ITなどの高度情報関連部門における高学歴・高技能労働者の需要を高め、低学歴・低技能労働者への需要をますます縮小させていくという労働の二極分化が進行した。

このような傾向は、1990年代以降のグローバル化のわが国への広範な浸透と、バブル経済の崩壊にともなう労働市場の規制緩和と自由化のなかで強化され、パートやアルバイト、派遣・契約社員等々の非正規労働者、ワーキングプア、そして雇用から排除され、社会保険や公的扶助などのセーフティネットからも排除されたホームレス「路上生活者・不定住貧困者」（homelessness）と呼ばれる多くの人々を生みだした。

欧米では1980年代後半に、ホームレスの問題が大きく取り上げられるようになるが、わが国では1990年代以降、この言葉が頻繁に使われるようになった。1999（平成11）年2月には、厚生省（現：厚生労働省）などの関係省庁と、東京都や大阪市など6つの関係都市による「ホームレス問題連絡会議」が立ち上がったのを機に、国レベルでもホームレスという言葉が使われるようになった。同年5月に出された「ホームレス問題に対する当面の対応策について」では、「失業、家庭崩壊、社会からの逃避などさまざまな要因により、特定の居住を持たずに、道路、公園、河川敷、駅舎等で野宿生活を送っている人々を、その状態に着目して〈ホームレス〉と呼ぶ」としている。また、2002（平成14）年8月に施行された「ホームレスの自立の支援等に関する特別措置法」では、ホームレスを「都市公園、河川、道路、駅舎その他の施設を故なく起居の場所として日常生活を営んでいる者」と規定し、翌年に行われた厚生労働省の全国調査では、25,296人のホームレスが確認され、平均年齢は55.9歳と中高年齢層が大半で、その多くは大都市（大阪・東京・愛知）を生活場所としている。その後、全国のホームレス人数は徐々に減少し、2010（平成22）年には13,124人、2011（同23）年には10,890人、そして2012

（同24）年には1万人を切り、9,576人となっている。平均年齢は59.3歳と高く、なかでも60~64歳の高年齢層が4分の1以上（25.7％）を占める。生活場所については、やはり大阪・東京など大都市が圧倒的に多くなっている。

　ホームレスの人数の減少には、ホームレス防止支援策が必要不可欠である。それには安定的な雇用の場と居住場所の確保、健康維持のための医療の提供などがあげられるが、今日みられる減少傾向については、そうした支援策よりは、生活保護支給による支援の増加が影響しているといえる[註9]。また、ホームレスが大都市を生活場所に選ぶのには、一定の構造的な理由があるとされる。すなわち、それぞれの人がホームレス状態に陥るには、さまざまな要因の連鎖の過程がある。それは決して一様なものではないが、しかし、同時にそれは偶然的なものでもなく、大都市を取り巻く一定の構造がそれを生みだす。したがって、今日の貧困を生みだす構造、労働市場、疾病、家族関係、その他の生活困難が、どのように変化するかによってホームレスの人数も形態も変化する。不況は文字通り、ホームレスの数に反映する。しかし、自立生活の枠組みが貧困によって解体され、転化する大きな契機となるのは、外部社会から大都市への人口の流入である。それは地域格差の構造の問題であり、格差が資本や労働力の流動を高め、それを拡大していくという構造の問題である。その結果、流入した社会での新しい生活枠組みを形成できない人々を生みだす可能性が高い[34]。さらに大都市には、流入者の上向経路を準備していると同時に、下向経路も用意されており、そのなかに滞留してしまう構造がある。

　ホームレスの可視化がはじまったのは、バブル崩壊後のことである。大都市の公園にブルーシートを張り、また駅の地下通路の片隅に、ダンボール小屋を作って暮らすホームレスの人々を目にした人は多い。また、その姿・身なりが通行人に不快感を与えるとか、悪臭を放つなどの不当な理由から、行政当局による公共空間からの強制撤去に対して、ホームレスやその支援者たちが一緒になって行った抵抗運動もいまだ記憶に新しい。最近ではあまり目にすることはなくなったが、ホームレスは決していなくなったわけではなく、ネットカフェや「寄せ場」などへと拠点を移しながら存在し続けている。

ホームレスの生活は厳しい。もちろん住居はない。普段は雨露の凌げる公園や橋の下、駅の地下街や地下道で寝泊まりし、食事にありつけないのは常であり、残飯を漁ることもめずらしくはない。多少のお金が手元にあるときは、漫画喫茶やネットカフェに泊まり、この時にシャワーも済ませる。将来の夢をもつこともできず、現在を、いまのこのときを生きるのが精一杯なのだ。

　ホームレス転落に至った理由には、勤労意欲はあっても十分な雇用の場がないこと、社会生活自体を拒否していることなどがあげられている。したがって医療や福祉等の支援が不可欠となる。こうしたことからホームレス対策は、就労の機会の確保、安定した居住場所の確保、幅広い保健・医療の確保などがその中心となる。しかし、現状はホームレスの自立支援にはほど遠い状態といえる。データを見る限り、確かにホームレスは減少傾向にある。しかし、それをもってホームレスを今日の不況や貧困、格差とは別次元の問題として捉えるべきではないし、また、大都市における中高年層の勤労意欲の喪失や怠惰の結果として捉えるべき問題でもない。ホームレスはいま、大都市から地方中核都市へ、中高年齢層から若年層へと確実に変化しつつある。さらには、女性のホームレスも増加傾向にあるとさえいわれる。早急の対策が必要といわれる所以であり、しかも、それは社会的包摂を基本に据えたものでなければならない。

(3) 福祉国家の展望と社会的包摂への射程

　湯浅誠は、その著『反貧困』のなかで、今日のわが国を「すべり台社会」と呼び、次のように述べている。「うっかり足を滑らせたら、どこにも引っかかることなく、さいごまで滑り落ちてしまう。このような社会を、私は『すべり台社会』と呼んでいる。日本社会は、今どんどん『すべり台社会』化しているのではないか」[35]と。わが国のセーフティネットの脆弱さを直截に表現したこの言葉の意味は重い。グローバル化と脱工業化のなかで、コスト削減を進める企業は、パートやアルバイトなどの賃金の安い非正社員を増やすことによって、労働の二極分化ばかりではなく、所得の二極分化をも助長

させてきた。

　ホームレスはもとより、どんなに働いても生活保護基準以下の収入しか得られない「働く貧困者」（ワーキングプア）と呼ばれる非正規労働者の人々は、労働市場から排除され、その結果、住居やコミュニティといった空間からも、さらには制度からも排除されるリスクを常に負わされているのである。

　セーフティネットは、「雇用（労働）」をはじめ、健康保険や年金保険、労災保険、雇用保険などからなる「社会保険」、そして生活保護制度などの「公的扶助」の三層によって構成されている。しかし、三層であるべきセーフティネットが実際には三段構えになっていない、と湯浅はいう[36]。雇用のネットに引っかからない非正規労働者は、社会保険や公的扶助のネットにも引っかかりにくい。労働市場から排除された人々は、派遣などの非正規労働に就かざるを得ない。しかし、非正規労働者は非正規であるがゆえに雇用保険に加入していないし、失業のリスクが常につきまとっているにもかかわらず、失業しても失業保険を受け取ることもできないのである。最後のセーフティネットとして機能するはずの公的扶助（生活保護）も、十分に働ける年齢である若年層には「水際作戦」と呼ばれる自治体の対応が、大きな壁となって立ちはだかっている。その結果、驚くべき数の貧困（者）の実体が浮かび上がってくる。その原因は、このようなセーフティネットの排他性にあり、一度ネットからこぼれ落ちてしまうと、どこにも引っかかることなく、どん底まで落ち込んでしまう、これが「すべり台社会」[37]なのである。

　わが国は、「相対的貧困率」（税などを除いた可処分所得が中央値の半分に満たないケース）が高いといわれる。2006年に「経済協力開発機構」（OECD）が出した「対日経済審査報告」では、政府からの社会支出（social expenditure）がきわめて少ないことが指摘されている。つまり、家計や個人に対する給付が少なく、なかでも生活保護などの低所得者への移転が少ないとされた。したがって雇用（労働市場）の充実はもとより、非正規社員への社会保険の適用拡大や、低所得世帯への財政支援の強化など、税の再分配政策のあり方を改めて検討すべき必要があろう。

　ここ十数年、わが国は小さな政府をめざし、行政や産業、労働などさまざ

まな分野で規制緩和を断行し、新自由主義に基づく市場原理の名の下に、企業や個人間での競争を激化させてきた。また、急速な少子・高齢化社会の進行と、国の財政悪化を背景に、社会保障制度は見直され、介護保険をはじめとする各種保険の創設や、保険料等の負担率が引き上げられた。国民負担がますます強化されるなかで福祉（福祉国家）は崩壊した。「聖域なき構造改革」をスローガンとした政府の政策転換の結果、民営化は進み、自治体間の格差は拡大し、社会は疲弊した。ホームレスやワーキングプアなどの低所得層が増大し、大きな社会問題となった。

　研究者の間でも、産業構造の転換、能力開発型のワークフェアの推進、再教育・再訓練による雇用の確保、雇用の規制緩和の見直し、社会保障の抜本的改革など、それぞれ意見は分かれるが、総じて新しい福祉国家の必要性については、それほどの異論はない。モフ（Mouffe, C.）のように福祉国家のもつパターナリズム（paternalism）[註10]的性格を批判し、その活路を「新たな市場化」に求めようとするものもいるが、わが国においては、新たな福祉政策の下で、低所得層や下位層を引き上げるべく対策がめざされるべきであろう。福祉国家の再興は、法制度の整備など長い時間的スパン（span）を必要とする。しかし、ホームレスはもとより、パートやアルバイト、派遣などの非正規労働者への何らかの対策は喫緊の課題である。職場・地域・家庭での繋がりが薄れ、社会的に孤立し、生活困難（貧困）に陥る問題が、新たな社会的リスクを生みだしている。こうしたわが国の社会の構造的変化に対応した「社会的包摂」策を積極的に推進していく必要がある。

　社会的包摂（social inclusion）とは、1980~90年代にかけてヨーロッパで普及した概念であり、社会的排除に対して、社会参加を促し、保障する諸政策を貫く理念として用いられる。しかし、わが国では、社会的問題を社会的排除／包摂という概念で捉えるという視点は、すぐには生まれず、2000年以降になってようやく、こうした視点からの議論が行われるようになった。そこでは特に、就労促進への取り組みが中心であったが、2008年のリーマンショック以降には、その範囲も拡大され、「求職者支援制度」や「ワンストップ・サービス」、「パーソナル・サポート・サービス」など新たな対策が施行

され、包括的支援の観点に立った政策展開がされてきた。しかし、いまだ社会的排除のリスクに対して十分な対応とはなっておらず、社会的な不安や閉塞感を払拭するに至ってはいない。

こうしたなかで政府は、2011（平成23）年1月、「一人ひとりを包摂する社会」特命チームを設置した。そして同年5月には、社会的包摂政策に関する基本認識およびそれに基づく今後の取り組み方針となる「基本方針」を取りまとめた。それによれば、まず「社会的包摂政策に関する基本認識」では、経済社会の構造変化により社会的排除の危険性が増大しているなかで、排除の構造と要因を克服する一連の政策的な対応が必要であるということから「社会的包摂を戦略的に取り組む必要性」が謳われている。また、東日本大震災により被災地をはじめとして、全国的な社会的排除のリスクの高まりと、復興格差の拡大を防ぐということから「大震災による社会的排除のリスクの高まりと予防的対応の重要性」が指摘されている。

さらに「社会的包摂戦略（仮称）策定に向けた取組」では「社会的排除のリスクについての実態調査」、「先導的なプロジェクトの実施」、「誰も排除しない社会の構築を目指した全国的な推進体制」など[38]があげられている。

社会的排除の克服は「もはや待ったなし」の課題である。対象者が抱える問題やその問題解決へのアプローチには、かなりの困難がともなうであろうことは大いに予想できる。しかし、同じ問題を抱えた対象者も決して少なくない。まずは可能なものから、各種支援策と実施機関の連携を図りつつ、さらなる検討と一刻も早い事業の推進が望まれる。

【註】
註1　「社会的排除」という概念は、1960年代半ばのフランスで貧困者救助活動を行っていた社会カトリック運動団体「ATD第4世界」（カールモンド＝quart monde）によって使われた。ATDとは"Aide a Toute detresse"（フランス語）の頭文字をとったもので、「あらゆる窮迫状態への支援」を意味し、カールモンドとは、フランス語で第4世界（Fourth World）、労働者階級のことを指す。その後、この概念はながらく政策の場から姿を消したが、1990年代に入り、EUの政策文書に頻繁に現れるようになってくる。
註2　こうしたタウンゼントの相対的価値剥奪の概念に依拠しながら社会的排除の問題を

研究したものは多く、わが国においても相対的剥奪の手法を用いて貧困と社会的排除の問題を追及した実証研究がいくつかある。たとえば、1986（昭和61）年には松崎粂太郎が、川崎市において高齢者の老後問題についての実態調査を行ったのをはじめ、2001（平成13）年には平岡公一が、東京都23区の調査を通じて高齢者の社会的不平等を貧困と社会的排除の関わり合いを詳細に分析している。また2004（平成16）年には岩田正美と濱本知寿が、家計経済研究所の行った成人女性を対象としたパネル調査をもとに、貧困と剥奪の関係を実証的に研究した。さらに2006（平成18）年には阿部彩が、住民基本台帳をもとにした独自の調査データを用いて貧困と相対的価値剥奪の分析を行っている（松崎粂太郎『老人福祉論―老後問題と生活実態の実証的研究―』光生館 1986年・平岡公一 編『高齢期と社会的不平等』東京大学出版会 2001年・家計経済研究所 編『女性たちの平成不況』日本経済新聞社 2005年・社会政策学会 編『社会政策における福祉と就労』法律文化社 2006年など）。

註3　1988年12月1日法（社会的最低限保障法）第1条「年齢、心身状況、経済及び雇用状況に関連して、就労が不可能なすべての人々は、生存についての適切な諸措置を社会から享受する権利を有する。生活上の困難な状況にある人々に対する社会的、職業的な参入は国民的要請である。この目的において、参入最低限所得（RMI）を、本法で決められた条件の下に支給する。このRMIは、あらゆる形態の排除、とりわけ教育、雇用、職業基礎教育、健康、住宅の分野における排除を解消することに向けられる。貧困に対する闘いにおけるグローバルな施策の基本的措置の一つである」。

　　RMIの目的は、最低限の所得保障と社会や職業への参入支援である。それは、①受給者の意欲の動機づけと再奮起させる活動、②公共的利益を生む雇用・就労、③ソーシャルワーカーの社会的同伴活動による受給者の市民生活における自治の確保、地域におけるアソシアシオンの社会的団体活動などへの参加、余暇・文化・スポーツ等の諸活動への参加、④住宅（再）入居や住宅改善への援助、⑤職業基礎教育や就労に関する、養成企業や職業養成機関・アソシアシオンとの協定、⑥医療保障の施策、といった幅広い施策支援を受けることにより、社会に参画し職業に従事できる状況をつくり出すことである。しかし、その後RMIの受給者は減少し、受給期間も長期化し社会復帰率は芳しくない。そのため、2009年6月にRMIや単親手当（Allocation de parent isole＝API）に代わる積極的連帯所得（RSA＝Le revenue de solidarite active＝RSA）制度が発足した。RSAとRMIが異なる点は、就労意欲を阻害しないよう、就労後も収入額に応じて所得の一部が補填される点である。（天野敏昭「フランスにおける社会的排除と文化政策―社会的包摂における芸術・文化の意義―」『大原社会問題研究所雑誌』No.638　2011年　pp.50-51）。

註4　シティズンシップとは、コミュニティとしての社会の完全な成員資格となることを意味していることを考えれば、シティズンシップ概念自体がすでに包摂と排除という二項対立化した性質を含んでいることは明らかである。したがって排除的シティズンシップだけではなく、包摂的なシティズンシップが提起され、さらに、それ以外にも多種のシティズンシップの形態が構想されている。

註5　バブル経済の崩壊、その後の「失われた10年」と呼ばれた期間においても経済・生産活動の長期停滞は続き、そして2008年のリーマンショックにより経済の停滞はさらに深刻化し、雇用情勢は悪化しているといえる。

註6　わが国では2004（平成16）年においてはじめて登場した言葉とされるニート（Not in Education, Employment or Trainning, = NEET）とは、教育・労働・職業訓練のいずれにも参加していない13~34歳の無業者を意味する造語である。元来この言葉は、イギリスの教育・雇用政策のなかで用いられたものである。ニートの意味は基本的に変わらないが、年齢は16~19歳までの若年層となっている。またイギリスやアメリカでは10代の無業者はきわめて大きな問題であるが、それに加えてドラッグやアルコール依存者、女性では妊娠による失業、さらにヤングホームレスなども含まれ、ニートに対する解釈はかなり異なる。他方、「引きこもり」については、2010（平成22）年、厚生労働省・職業能力開発局によって提出された定義において、引きこもりは実質的にニートとして扱うこととなっている。しかし、ニートと「引きこもり」は根本的に違うとする意見はきわめて多い。

註7　都市の中心部の周辺地域のことで、旧市街地のことをいう。住宅や商店、工場が混在して密集している地域。過疎化などによって住環境が悪化してスラム化し、欧米などではこうした地域の再生が大きな問題となっている。

註8　基本的には、ヨーロッパの諸都市に設けられたユダヤ人の強制居住区域のことをいう。また第二次世界大戦時にナチス・ドイツがユダヤ人絶滅を画策して設けた強制収容所もゲットーと呼ばれる。さらに米国の都市で底辺層の人々がスラム化した中心市街地に集中して居住している区域のこともこのように呼ばれる。

註9　「自立生活サポート・センター・もやい」や「全国コミュニティ・ユニオン連合会」などによって、ホームレスの避難場所として2008（平成20）年12月31日~翌（同21）年1月5日までの間、東京都千代田区日比谷公園に開設された「年越し派遣村」での、「炊き出し」や「生活・職業相談」、「生活保護の申請」等々の行事がマス・メディア等を通じて全国に放映された結果、ホームレス支援に対する世論が喚起され、財政危機により生活保護認定を制限していた各自治体窓口での「水際作戦」が、世論の非難のなかで大幅に緩和され生活保護認定者（受給者）の数が増大した。事実、2000（平成12）年~2008（平成20）年まで、生活保護受給者の数は年間40~50万人程度の増加で推移しており、どんなに多い年でも100万人を超えることはなかったが、2009（平成21）年には170万人以上も増加している（厚生労働省、2011年度「福祉行政報告例」）。その一方で不正受給者も増え、現在大きな問題となっている。その背景には、このような支援策が大きく影響しているものと思われる。しかし、より重要なことは、社会的包摂を基本とした、自立や社会復帰などを促す抜本的な施策に力を注ぐことであろう。

註10　パターナリズム（paternalism）とは、強い立場にある者が、弱い立場にある者の利益のために、本人の意思には関わりなく介入・干渉し、本人に代わって意思決定を行うことをいう。語源は、ラテン語の「パテル」（pater）で「父」を意味する。日本語では、父権主義、温情主義、家父長主義と訳される。

第10章　社会的排除と貧困

【引用文献】
1）バーン, D.（深井英喜・梶村泰久訳）『社会的排除とは何か』こぶし書房　2010年　p.103
2）バラ, A.S.・フレデリック, L.（福原宏幸・中村健吾監訳）『グローバル化と社会的排除』昭和堂　2009年　p.19
3）「ニュー・ヨーロッパへの新展開―変貌するヨーロッパの雇用・社会保障」『総合社会保障』8月号　連載第1回「社会的排除との戦い―EUレベルの政策展開」p.1　http://homepage3.nifty.com/hamachan/shahoshinpol.html（2011年8月確認）
4）1922年、欧州委員会の文書。「連帯の欧州をめざして、社会的排除に対する闘いを強める」（European Commission, 1992, *Towards a Europe of Solidarity: Intensifying the Fight against Social Exclusion.*）および、福原宏幸「『社会的排除/包摂』についての概念整理」第2回「一人ひとりを包摂する社会」特命チーム　2011年2月　p.2
5）Dupeyroux, J. J. *Droit de la sécurité sociale*, Dalloz, 1998.　p.194
6）Fierens, J. *Droit et Pauvrté, droit de I'homme, sécurité sociale, aide sociale*, Bruylant Bruxelles, 1992. p.34
7）日本ソーシャルインクルージョン推進会議編『ソーシャル・インクルージョン―格差社会の処方箋―』中央法規出版　2007年　p.64
8）ロザンヴァロン,P.（北垣徹訳）『連帯の新たなる哲学―福祉国家再考―』勁草書房　2006年　pp.206-215
9）前掲書2）p.20　および、福原宏幸「社会的排除/包摂論の現在と展望」福原宏幸編『社会的排除/包摂と社会的排除』法律文化社　2010年　p.15
10）岩田正美「貧困・社会的排除と福祉社会」岩田正美・西澤晃彦編『貧困と社会的排除―福祉社会を蝕むもの―』ミネルヴァ書房　2005年　p.7
11）Townsend, P. *Poverty in the United Kingdom*, Harmondsworth:Penguin, 1979.　p.82
12）タウンゼント, P.（柴田謙治訳）「イギリスにおける貧困問題の動向」『海外社会保障研究』No.118　p.8
13）Townsend, P. op.cit.(*Poverty in the United Kingdom,*)　p.5
14）岩田正美『社会的排除』有斐閣　2009年　pp.44-45
15）Lister, R. *Poverty*, Polity Press, 2004.　p.83
16）前掲書10）　p.45
17）前掲書10）　pp9-50
18）福原宏幸「社会的包摂策を推進する欧州連合―そのプロセスと課題―」『脱「貧困・格差社会をめざして」』（下）生活経済政策研究所　2006年8月号（No,115）p.14
19）マーシャル,T.H.・ボットモア,T.（岩崎信彦・中村健吾訳）『シティズンシップと社会階級』法律文化社　1993年　p.37
20）亀山俊朗「シティズンシップをめぐる政治」『大阪大学大学院人間科学研究科紀要』35: 2009年　pp.175-176
21）前掲書19）　p.89
22）表弘一郎「「格差社会」とシティズンシップ」『CREI‐Discussion PaperSeries』No,10

2008年3月　p.7

　　　http://www.econ.osaka-cu.ac.jp/CREI/index.html（2012年8月確認）
23）前掲書2）　p.183
24）ミュルダール，G.（小原敬士・池田豊訳）『豊かさへの挑戦』竹内書店新社　1964年　pp.57-65
25）内田瀧史「アメリカのアンダークラス―本当に不利な立場に置かれた人々」『部落解放研究』150号　部落解放・人権研究所　2003年　pp.1-2
　　　http://blhrri.org/info/book_review/book_r_0164.htm（2012年8月確認）
26）伊藤大一「イギリスにおける『アンダークラス』の形成―ブレア政権の雇用政策の背景」『立命館経済学』52-2　p.129
　　　http://ritsumeikeizai.koj.jp/all/all_frame.html?stage=2&file=52204.pdf（2012年8月確認）
27）杉村宏「日本における貧困と社会的排除」『教育福祉研究』第10-(1)号　2004年　p.63
28）前掲書27）　p.67
29）富永健一『社会変動の中の福祉国家』中央公論社　2001年　pp.236-237
30）International Monetary Fund, Word Economic Outlook, May 1997.　pp.45-47
31）石田徹「格差・貧困・社会排除の政治学―雇用福祉から見たEUと日本―」高橋進 編『包摂と排除の比較政治学』ミネルヴァ書房　2010年　p.22
32）西岡晋「福祉国家縮減期における福祉政治とその分析資格」『千葉大学 公共研究』第2巻 第2号　2005年　p.291
33）新川敏光「グローバル化は国家権力を減退させる？　税収構造からみた福祉国家の変容」『現代思想』12月号　2002年　p.77
34）岩田正美『戦後社会福祉の展開と大都市最低辺』ミネルヴァ書房　2000年　pp.281-282
35）湯浅誠『反貧困―すべり台社会からの脱出―』岩波新書1124　2008年　p.30
36）前掲書35）　p.31
37）前掲書35）　pp.32-33
38）政府「一人ひとりを包摂する社会」特命チーム「社会的包摂策を進めるための基本的考え方―社会的包摂戦略（仮称）策定に向けた基本方針―」『月刊福祉』第95巻3号　全国社会福祉協議会　2012年　pp.2-9

【参考文献】
・新川敏光・篠田徹 編『労働と福祉国家の可能性』ミネルヴァ書房　2009年
・橘木俊詔・松浦司 編『学歴格差の経済学』勁草書房　2009年
・前田信彦『仕事と生活－労働社会の変容－』ミネルヴァ書房　2010年
・厚東洋輔『グローバリゼーション・インパクト－現代認識のための社会学理論－』ミネルヴァ書房　2011年
・NHK「無縁社会プロジェクト」取材班 編『無縁社会』文芸春秋　2011年

第10章　社会的排除と貧困

- 佐伯啓思・柴山桂太 編『現代社会論のキーワード−冷戦後世界を読み解く−』ナカニシヤ出版　2009年
- 間々田孝夫『第三の消費文化論−モダンでもポストモダンでもなく−』ミネルヴァ書房　2011年
- 佐伯啓思『日本という「価値」』NTT出版　2010年
- 厚東洋輔『モダニティの社会学−ポストモダンからグローバリゼーション−』ミネルヴァ書房　2006年
- 金子勇・長谷川公一 編『社会変動と社会学』ミネルヴァ書房　2008年
- 熊沢誠『若者が働くとき』ミネルヴァ書房　2006年
- 宮台真司・鈴木弘輝 編『21世紀の現実』ミネルヴァ書房　2004年
- 原純輔 編『流動化と社会格差』ミネルヴァ書房　2002年
- バウマン, Z.（森田典正訳）『液状化する社会』大月書店　2010年
- ギデンズ, A.（佐和隆光訳）『暴走する世界−グローバリゼーションは何をどうかえるのか−』ダイヤモンド社　2009年
- 石田光規『孤立の社会学−無縁社会の処方箋−』勁草書房　2011年
- 橘木俊詔『無縁社会の正体−血縁・地縁・社縁はいかに崩壊したか−』PHP研究所　2011年
- 宮本順子『「日常的貧困」と社会保障−多重債務者問題−』ミネルヴァ書房　2008年
- 園田恭一・西村昌記 編『ソーシャル・インクルージョン−新しい〈つながり〉を求めて−』ミネルヴァ書房　2010年
- 白波瀬佐和子『少子高齢社会のみえない格差−ジェンダー・世代・階層のゆくえ−』東京大学出版会　2007年
- ベック, U.（東廉・伊藤美登里訳）『危険社会−新しい近代への道−』法政大学出版局　2006年
- Lewis, O. *The Culture of Poverty, in: Scientific American*, vol.215.no.4. 1965
- ウイルソン, W. J. 平川茂　牛草英晴 訳『アメリカのアンダークラス—本当に不利な立場に置かれた人々—』明石書店　1999年
- 伊豫谷登士翁『グローバリゼーションとは何か−液状化する世界を読み解く−』平凡社新書　2006年

第11章
社会的包摂の課題
──ワークフェアとベーシック・インカム

　「社会的排除」、「社会的包摂」、あるいは「排除」・「包摂」という概念をめぐって、近年、活発に議論がかわされている。貧困問題をはじめさまざまな領域において、社会から「排除」されている人々の存在を社会問題としてすくい取る必要がある。社会からの「排除」が問題になるとすると、これを解決するために、「排除」された人々の社会への「包摂」の試みがなされなければならない。「社会的排除」と「社会的包摂」という対概念によって示される社会問題を本章では取り上げる。

　「排除」という社会問題を解決するために、「包摂」の社会政策としてワークフェア、ベーシック・インカムに着目する。ワークフェアは、福祉給付を受給している人々に就労を促し、貧困と福祉受給からの離脱をめざす理念である。ときには懲罰的な福祉給付の打ち切りを含む厳しい措置がとられることもある。就労によって得た収入が、課税などによって福祉給付の受給額を下回ることがないような給付付き税額控除の制度もある。これらの制度は、アメリカ、イギリスにおいてすでに展開されているので、海外の事例を参照しながらその有効性と限界を見極める。

　他方でベーシック・インカムは、ワークフェアのように働くか働かないかによって人を選別するのではなく、普遍主義的にすべての人に最低限の所得を給付する仕組みを指す。しかし、無条件で一定の給付が得られるとすれば、社会のなかに働かない怠け者があふれ、経済的・社会的活動が成りたたなくなるのではないか、という懸念が生じる。ベーシック・インカムは、この問題を乗り越え、「社会的排除」を解決できる制度であるのかどうか、さまざまな論者の視点を借りながら検討していく。

　ワークフェアの道を進むにせよ、ベーシック・インカムの方向に進むにせ

よ、現行の制度では解決できそうにない「社会的排除」を解決するために、「社会的包摂」の制度の構想が求められている。

1. 社会的排除・包摂

　本章では、「社会的排除」、「社会的包摂」という概念によって示される社会問題を扱う。第10章で論じられているように、「社会的排除」あるいは「排除」とは、貧困・格差問題との関連の深い概念である。実際に「社会的排除」をめぐる諸問題は、1990年代に入り、世界各国で雇用が不安定になり、貧困と格差が広がってくることにともなって注目を集めてきた。「社会的排除」が問題となることによって、その対概念である「社会的包摂」という概念の中身やその概念に指し示されている社会問題の内実も、「社会的排除」との関連において問われなければならない。「社会的排除」については、第10章においてすでに集中的に論じられているので、本章では、「社会的包摂」について、「社会的排除」との関連をふまえながら考えていきたい。

　それでは「社会的排除」という問題を解決するために必要とされる「社会的包摂」が意味するところとは何であろうか。「社会的包摂」の社会政策として2つの類型をあげることができる[1]。これら2つは、「就労」と「所得」あるいは「就労」と「福祉」をむすびつける構想か、切り離す構想かという対極的なものである。その2つの類型とは、ワークフェアとベーシック・インカムである。次節以降において、この2つの理念、意義、有効性、さらに限界を見極めることとしよう。

2．「包摂」の社会政策としてのワークフェア

（1）ワークフェアとは何か？

　ワークフェアとは、「仕事：work」と「福祉：welfare」とを組み合わせた造語であり、「勤労福祉」と訳される[2]。ワークフェアを定義するとすれば、「何らかの方法を通して、各種社会保障・福祉給付（失業給付や公的扶助、あるいは障害給付、ひとり親手当など）を受ける人々の労働・社会参加を促進しようとする一連の政策」と定義することができる[3]。この定義は、ワークフェアを広く定義してあるので、この「一連の政策」がどのような範囲をもっているか、その内容について次項以下で具体的に検討していく。

　その前に、まずはこのワークフェアの考え方がなぜ、どのように提示されてきたのか、その背景を見ておこう。定義にみられるようになぜ「各種社会保障・福祉給付を受ける人々の労働・社会参加を促進しよう」という考えが出てくるのであろうか。従来の福祉国家では、社会保障・福祉給付は、失業者や障害者などの必要な人々に支給されるものであった。しかし、こうした福祉国家のあり方に問題があり、さらに、その福祉国家が行き詰っているという問題意識がもたれるようになった。特に問題とされるのが、「貧困の罠」「失業の罠」とよばれる問題である。

　「貧困の罠」も「失業の罠」も同じような状況を指しているが、その意味するところは、やや異なる。「貧困の罠」とは、次のような状況を指す。何らかの社会保障・福祉給付を受給している人が、就労し、現在よりも所得が増加することによって、それまで所得から控除されていた部分がなくなったり、税額が増えたりすることがある。結果的に就労せずに社会保障・福祉給付を受給していた方が、手取りの収入が増える、ということが起こる。そうなるとあえて就労し努力して働くよりも、働かずに社会保障・福祉給付を受け取っていた方が収入も多いし得である、と考えられる。こうなると就労して所得を増やして貧困から抜け出そうという動機づけが弱まり、貧困から抜け出すことができなくなる[4]。

他方で「失業の罠」とは、次のような状況を指す。失業手当などの失業に対する給付を受給している人が、失業状態から脱するために就労をしたものの、就労から得られる所得が失業による給付を下回る場合がある。このような状況では、失業者は、あえて就労をして所得を得るという動機づけを失ってしまう。失業し給付を受け取っていた方が、就労して所得を得るよりも得である、という状況が生まれる。この状況を「失業の罠」と表現する[5]。

　「貧困の罠」「失業の罠」は、働くよりも社会保障・福祉給付を受給した方が得であるという状態である。こうした状況に対して、近年、批判が高まっている。そこで、こうした「福祉依存」から「就労」へ向かわせることが必要である、という声が高まっている。その背景には、第1に社会の基本的な存立条件としてのモラル面に着目し、自立心や市民としての義務を強調する考え方がある。第2に、急激な経済成長が望めないなかで、納税者の視点から見れば、財政的制約のもとで福祉予算が限られていることがある[6]。特に前者については、「モラルハザード」という表現が用いられる。働かずに福祉給付を得ているというのは、道徳的に問題があるとみなされるようになってきた。アメリカやイギリスなどでは、長期間、福祉給付を受け、「福祉依存」に陥っている人々を「アンダークラス」とよび、排除されている人々の価値観や道徳的怠慢が問題とされている[7]。それゆえ、よりハードなワークフェアの場合、働くことができるにもかかわらず、働こうとせずに、「貧困の罠」「失業の罠」に陥っている人々に対して、就労の意思や姿勢がみられなければ、懲罰として福祉給付を打ち切る、という方策をとることがある。

　次項では、その具体的なあり方としてアメリカとイギリスの実際の政策を取りあげ、そこから日本社会にとってどのような示唆を得ることができるか考えてみようと思う。ワークフェアもベーシック・インカムも、英語の翻訳である。そうであるならば、その理念と政策・実践との関連を見るうえで、実際にその政策が施行されている社会の実例を見ることは重要である。その政策の利点と欠点、また、理念の善し悪しを外国の事例から学ぶことができるであろう。このような意図をもって、まずはアメリカの事例を検証していこう。

（2）アメリカのワークフェア

　アメリカにおいてワークフェアへの転換は、1996年のクリントン政権下での福祉改革法によって明確となった。この改革の主眼は、「要扶養児童家族援助」（AFDC：Aid to Family with Dependent Children）の廃止であった。AFDCは、1935年に制定された「要扶養児童扶助」を改正して、1962年に成立した。この制度により、18歳未満の要扶養児童とその家族に対する福祉給付がなされた。AFDCは、子どものいる貧困世帯に対する公的扶助を支える重要な制度となった。当時からAFDCの多くは、実質的に母子家庭に対する扶助にあてられ、しかも受給者には、アフリカ系の割合が極めて高かった[8]。さらにAFDC受給者は、長期福祉依存に陥る傾向が指摘されていた。その原因として、AFDC受給者は、貧困者向けの医療扶助であるメディケイド、児童ケアの受給資格も得られるので、シングルマザーは、医療保険もない低賃金の仕事に就いてAFDCから離脱した場合に、医療保険料を支払うことができず、福祉受給に戻るケースが多いという事情があった[9]。まさに先に述べた「貧困の罠」から脱することができない状況が広がっていた。

　そこで、この「罠」の連鎖を断ち切るために、AFDCは廃止され、「貧困家族一時扶助」（TANF：Temporary Assistance for Needy Family）が新たに規定された。この制度では、受給開始後2年以内に、職業教育・訓練プログラムへの参加が義務づけられ、受給期間は、生涯で5年以内と制限された[10]。さらにこの制度により給付を受けている期間に、新たに子どもを産んだ場合、その子どもに対する給付を受けることができない。実質的に、未婚の母親の新たな妊娠・出産を懲罰的に取り扱う規定が盛り込まれた。この制度を「ファミリーキャップ制」という[11]。それまでは、福祉は、「エンタイトルメント」（付与された権利）と認識されていたが、その考えが変更され、ワークフェアの方針が明確に打ち出された。

　しかし、この制度によってシングルマザーが就労したとしても、就労から得られる所得が著しく低ければ、貧困や排除という状態は改善されない。しかも所得が福祉給付よりも低かったり、ほとんど変わらなかったりすれば、就労に対する動機づけを保つことは困難であろう。こうした問題を解

消するようなTANFを補完する制度として、「稼得所得税額控除」（EITC：Earned Income Tax Credit）があげられる。この制度は、1975年に導入され、低収入の人々が労働意欲を保てるように設計されている。クリントン政権期の1993年、1996年の改革によって、この給付水準が引き上げられ、就労への動機づけが強化されている[12]。この制度の原アイデアは、フリードマン（Friedman,M.）が1962年『資本主義と自由』において「負の所得税」構想として提起したものである。フリードマンといえば、新自由主義の代表的論者として著名である。一般的に所得を得た者は、所得税として所得に課税され、最終所得が減額される。これを「正」の所得税とすれば、極めて低所得の人々に課税をするのではなく、給付を与え最終所得が増額されることから、「負」の所得税とよばれる。その構想が、EITCとして具体的に制度化されている。

「負の所得税」が、どのように就労・労働への動機づけを高めるのか、図11－1を見ながらこの制度の基本的な仕組みを確認しておこう。

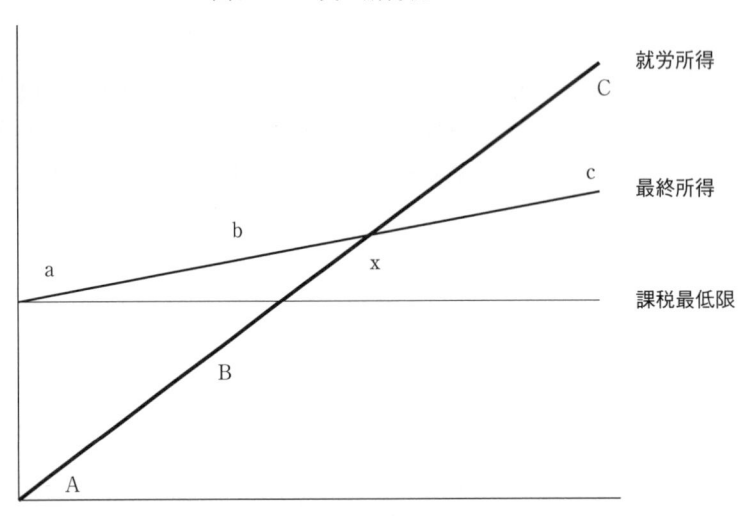

図11－1　負の所得税のイメージ

出典：フィッツ.パトリック著・武川正吾・菊池英明訳『自由と保障―ベーシック・インカム論争』勁草書房　2005年 p.105の図をもとに作成

まず、課税最低限が設定され、それを下回る所得に対しては、課税がなされないというのが、一般的な税制である。EITCの場合には、課税最低限を下回る所得に対して（A）、一定程度、給付が受けられる（a）。しかも、そこから所得が増加したとしても（B）、課税最低限以下であれば、給付が受けられ、所得増加以前の最終所得よりも、必ず増加するという仕組みになっている（b）。xの点までは、就労所得に対して給付が与えられる。所得がさらに増加し、課税最低限よりも多く所得を得た場合には、給付が受けられなくなり、今度は、課税される（C）。ただしこの時点で、税引き後の最終所得は、以前の最終所得よりも多くなる仕組みとなっている（c）[13]。それゆえ、従来の福祉国家で問題となっていた2つの罠は、回避されることとなる。働けば働くほど、手元に残る最終所得は増加していくことになるので、福祉給付を受給し、福祉に依存していた方が得だという状況はなくなり、労働に対する動機づけを保つことができる。

（3）イギリスのワークフェア

　イギリスにおいても、労働党のブレア政権が、アメリカと同様にワークフェアの社会政策を推し進めていった。ただし、その実施の仕方は、アメリカとはかなり異なっている。「ワークフェア」の意味するところは、単一の施策に収まるわけではなく、多様な形態を取り得る。

　イギリスでは、"Making Work Pay"（勤労に報いる）という政策理念のもと、2つの制度改革によってワークフェアが推し進められた。"Making Work Pay"とは、就労による勤労所得の増加が可処分所得の増加となるように、税制と社会保障制度の制度間調整・制度設計を行うことを意味している[14]。そのうちの1つ目は、「ニューディール」と名づけられた就労促進政策である[15]。この政策は、18歳から24歳の若者で失業している期間、求職者手当を6か月間以上受給すると、ジョブセンタープラスという日本のハローワークに相当する機関を訪問する必要がある。ここで、第1段階として「ゲートウェイ」とよばれる最長4か月間のプログラムにおいて、個人アドバイザーと面談しながら就職活動を行う。就職先が見つからない場合、①民間部門、②ボラン

ティア部門、③フルタイムの職業・教育訓練、④環境保護団体での活動という4つのなかから選択し、半年間の職業訓練を受ける。これを拒否した場合、失業手当の減額・休止となる。このプログラムは、個人アドバイザーなどのカウンセリング機能を充実させている点に特徴がある。

個人アドバイザーは、プログラムの全期間を通じて、同一人物が1人の対象者を担当するので、若者の精神的ケアを行うことができる。特に失業し、社会的なつながりを失っている「社会的排除」の状態におかれている若者にとって、就労プログラムを通した密接な人間関係は、社会生活を営むうえで重要である[16]。ただし、この政策が有効であるのは、規律訓練を内面化できる人に限られているのではないか、という批判がなされている。日本でも問題となっている「ニート」や「ひきこもり」とよばれる若者をこのようなプログラムによって本当に就労させることができるであろうか。新たな「排除」に帰結するのではないか、という点が危惧される[17]。

イギリスで実施された「ニューディール」プログラムは、就労を促進するという意味でワークフェアと位置づけることができるが、特に職業教育・訓練を積極的に行い雇用可能性（employability）の上昇をめざすことを、アクティベーションとよぶ。これは、ソフトなワークフェアともよばれ、労働へのインセンティブを高めようとする負の所得税構想のようなハードなワークフェアとは区別される[18]。

イギリスのワークフェアの特徴の2つ目は、2003年に行われた制度改革である。1999年「勤労世帯税額控除」（WFTC：Working Family Tax Credit）という給付付き税額控除が導入された。これは、就労を条件にした負の所得税型の税額控除である。WFTCの要件は、①週16時間以上の就労、②有子世帯、③資力調査（ミーンズ・テスト）を必要とする、などである。2001年に「児童税額控除」（CTC：Children's Tax Credit）が導入され、16歳以下の子どもがいる世帯への税額控除がなされた。2003年にはWFTC、CTCが廃止され、「勤労税額控除」（WTC：Working Tax Credit）と「児童税額控除」（CTC：Child Tax Credit）とが創設された。WTCの給付要件は、①16歳以上で子どもがいる場合は週16時間以上の就労、②子どもがいない場合は25歳

以上で週30時間以上の就労、③6か月以上所得補助を受給していた50歳以上の場合は週16時間以上の就労などである。WFTCと異なる点は、資力調査がなくなり、有子世帯という条件を給付条件から外し、子どものいない低所得者の所得保証として効果が見込まれた点である。資力調査がなくなったことにより、プライバシーを侵害され、「貧困者」というカテゴリーに押し込められるという当事者及び周囲の人々からのスティグマ（負の烙印）やそれにともなう受給忌避を生じさせるという事態を回避できる。CTCの給付要件は、子ども（16歳未満の子ども、もしくは19歳以下の学生）を有することである。この制度では、就労が条件とされていない点が重要な変更点である[19]。さらに所得水準とは無関係に、すべての有子世帯に対して普遍的に給付される「児童手当」（Child Benefit）がある。

　新たなCTCや「児童手当」は、就労を条件としない普遍的な給付であり、イギリスの一連の政策を「ワークフェア」と特徴づけることができるとしても、この2つの制度は、アメリカとは異なる意味での「ワークフェア」である。就労を条件としない普遍主義的な給付である2つの制度は、次節で検討するベーシック・インカムという制度に接近している。"Making Work Pay"という理念のもとで進められてきたイギリスのワークフェアは、「就労」と「福祉」を切り離そうとする制度を含みこんでおり、「就労」と「福祉」を結びつけるという意味におけるワークフェアとは異なる方向性をもっている。

(4) ワークフェアの問題点

　ここまでワークフェアの基本的な仕組みや制度設計について、アメリカ、イギリスの事例にそって論じてきたが、ワークフェアが抱える問題点について検討してみよう。

　ワークフェアは、人々の就労を促進し、労働すればするほど最終所得が増加する仕組みであるが、人々がどのような内容のどのような労働に従事しているのか、という問題を見えなくさせてしまう。労働環境や賃金の上昇などが議論されなければならない状況においても、とにかく就労することが優先されるような政策目標では、そういった問題が不問にふされる。それゆえ賃

金格差の問題なども放置される[20]。さらに就労の仕方が非正規雇用であった場合に、一度、就労したとしても短期間で再び離職するといった状況に陥ることがある。したがって雇用の不安定さを解消しないかぎり、就労を促進したとしても、人々の所得の保障や安定にはつながらない可能性がある[21]。

　それと同時に就労／非就労の区別を重視すればするほど、これまで幾度も問題とされてきた家事や育児、介護などのアンペイド・ワークの問題が見逃されてしまう。これまでと同様、賃労働のみが価値のある労働であるという考え方が固定され、主に女性が担ってきた家庭内での労働をどのように評価するか、という問題が置き去りにされてしまう。さらに就労／非就労の区別は、「就労している人」と「就労しない人」との区別[22]を強調し、後者に対する道徳的なものを含む批判を強めることとなる。こうした「社会的排除」の問題を解消しようとするワークフェアが、結局は、別の区別のもとに新たな「社会的排除」を生んでしまうという事態に陥りかねない。

　特にアメリカのワークフェアについていえば、EITCを利用しても、ワーキングプアから逃れられないという検証結果もあり、給付付き税額控除という制度では、貧困対策に限界があるのではないか、といった見解もある。また、貧困層のなかには、EITCを利用するために申請をしていない人々が多く存在しており、制度の補足率が低い点が指摘されている[23]。それゆえワークフェアではなく、就労を条件にしないより普遍主義的な福祉給付のあり方が模索される必要がある。さらにアメリカのワークフェアは、シングルマザーを政策の主な対象としていたが、この制度を日本に適用した場合に、日本のシングルマザーに対してどのような効果をもたらすであろうか。アメリカの福祉改革は、「福祉依存」に陥ったシングルマザーに就労を促すことを意図していたが、日本のシングルマザーの就業率は高いことが知られており、就労対策というよりも、就労しているが所得が低いというワーキングプアへの対策が求められている[24]。それゆえアメリカの福祉改革を日本に適用したとしても、直接的な効果をもたらさないであろう。

　最後に、ここでの問題は、「貧困」というよりは、「社会的排除・包摂」である。「社会的包摂」を実現する政策として、ワークフェアを取り上げたが、

就労の促進がそのまま「社会的包摂」を意味するのかどうか、疑問が呈せられている。重要なことは、労働参加であって、職場における労働者の参加や発言がなされているかといった点が注視されなければならない[25]。就労することが、労働参加であり、「社会的包摂」である、という地点で議論をとめてしまうのではなく、多次元的に「排除」されていた状態から多次元的に「包摂」される過程を検証する必要がある。

3．「包摂」の社会政策としてのベーシック・インカム

（1）ベーシック・インカムとは何か？

　ベーシック・インカムは、「包摂」の社会政策として、ワークフェアとどのような点で異なっているのであろうか。ベーシック・インカムとは、各市民に定期的に無条件で支払われる所得である。無条件とは、労働上の地位、雇用の記録、労働意欲、婚姻上の地位とは関係がないということを意味する[26]。就労や就労への意思・意欲を給付の条件にすることもなく、また世帯ごとではなく、個人に対して所得が保障される。この制度は、「働かざる者、食うべからず」という考えとは対極にある。

　ベーシック・インカムがこれまでの社会保障よりも「包摂」の社会政策として優れている点は、以下の6点に要約することができる。

　第1に貧困の罠、失業の罠に陥ることはなくなるという点である[27]。労働時間を増やし所得が増えることによって、福祉給付が減額され、最終所得が減少するという事態を避けることができる。働けば働くほど、所得が増加していくので、労働意欲を失うことがなくなる。

　第2に福祉給付から漏れる人が出てくることもなく、資力調査によるスティグマの問題も避けることができる[28]。現行の制度では、制度の存在を知らなかったり、書類をそろえて手続きをしたりしなければ、受給対象者であっても、自動的に福祉給付が受けられるわけではない。それゆえ福祉給付を受

けるべき人々が実際には受け取れない現状がある。また、資力調査によって選別主義的に受給者を決定すれば、スティグマの問題が生じる。無条件で最低保障所得が給付されれば、このような諸問題を解決することができる。さらに資力調査や不正の詮索が必要なくなれば、貧困救済を理由にして、人々のプライバシーを侵害する恐れもなくなる[29]。

　第3に支払い労働に従事していない人も独立した所得を得ることができる[30]。たとえば家庭で家事・育児・介護等に従事している女性が、男性の被扶養者としてではなく、1人の個人として独立した所得を得ることができる。これまでは賃金が支払われる労働に対して、家庭内で行われる家事・育児・介護には賃金が支払われず、こうした労働に従事する女性は、支払い労働に従事する男性に経済的に依存しなければならなかった。しかし、ベーシック・インカムが実現すれば、支払い労働に従事しているかどうかとは無関係に、最低保障所得が給付されることとなる。それゆえ支払い労働に価値をおき家事・育児・介護を軽視するような考え方も根本的に改めることができる。

　第4に行政手続きの手間やコストを省くことができる[31]。現状では、さまざまな税額控除や福祉給付が複雑に併存しており、資力調査も含めて、行政手続きに多大な時間と労力、財源を割かなければならない。生活保護、年金などの制度も廃止できるので、ベーシック・インカムが実現すれば、より単純な制度が可能となる。後に検討するように、ベーシック・インカムをめぐる議論において、必ずその財源が問題とされるが、コストが削減される部分もあることに着目すべきである。

　第5に労働市場を柔軟にする。ベーシック・インカムが実現すれば、人々は、一旦職を離れたりすることなく、就労に必要な技能を身につけるために、教育や職業訓練を受けることができる。さらに企業の側も、現在よりも賃金水準を下げることができるので、多くの労働者を雇用することができる[32]。労働者は、3Kと称されるようなやりたくない労働に従事させられることもなくなり、そうなると企業は、そうした過酷な労働の賃金を上げざるを得なくなる。

　第6に個人の自由の範囲を広げる。現在でも個人の生き方を自由に選択で

きるとされているが、しかし、実質的には生活するために低賃金の労働にも従事する、という生き方を強いられることがある。怠け者になることやボランティアに取り組むこと、あるいは環境保護運動に勤しむことを自由に選べる人は、そんなに多くないであろう[33]。ベーシック・インカムによってこうした生き方を選ぶ実質的な自由を手にいれることができる。

このようなベーシック・インカムの利点を主張する擁護論に対して、多くの批判が寄せられている。よく聞かれる批判は、フリーライダー問題である。無条件にベーシック・インカムを与えてしまうと、怠けて働かなくなる者が出てくるのではないか、という批判である。このフリーライダー批判に対して、フィッツパトリック（Fitzpatrick, T.）は、働かずにサーフィンばかりやっているサーファーを例にとりながら、いくつかの再反論を提示している[34]。

① 現在の富の大部分は、今働いている人の労働によってではなく、過去の人々の労働や自然の恵みによって与えられている。それゆえサーファーが現在の富の生産に貢献していないからといって、その人がベーシック・インカムの受給権を得られないということはない。

② フリーライダーは、ベーシック・インカムの受けいれ可能なコストと考えることができる。誰がフリーライダーかを特定するためには、すべての国民の日常生活を監視するという倫理的問題を発生させ、また膨大な国家予算を必要とする。したがってサーファーを怠けさせておくコストは、こうしたコストに比べればはるかに小さい。さらに受給に値する者が顧みられない可能性がある選別主義的な社会保障と、フリーライダーが生じるが無条件で最低所得を保障するベーシック・インカムとを比べたときに、受給が必要な人を排除するリスクを考慮すれば、後者を選択すべきであろう。北九州市で2007（平成19）年に起こった生活保護を受けられずに餓死するといった生活保護の存在意義が問われるような事件を前にすれば、フリーライダーにともなうリスクは、相対的に小さいであろう。

③ ベーシック・インカムというのは、贅沢をできるほどの現金を給付する仕組みではない。最低限の生活が営める程度の所得しか支給されない。

もしフリーライダーがサーフィンに興じているのであれば、それは、基本所得のみでぎりぎりの生活をしながら、サーフィンを楽しんでいる状況が想定され、このサーファーを、フリーライダーとして批判の対象とする必要はない。ベーシック・インカムが実現したとしても、サーファーは、サーフボードを買いたいのであれば、やはり働かなければならない。

（2）ベーシック・インカムの理念

　ベーシック・インカムは、さまざまな論者によって提起されているが、その理念や制度の構想は、さまざまである。ここでは、代表的なベーシック・インカム論者を取りあげ、その議論の内容を概観し、ベーシック・インカムの意義について検討してみよう。

アトキンソン（Atkinson, A. B.）

　アトキンソンは、自らの構想にベーシック・インカムという用語を使用していない。この構想は、「参加所得」と名づけられた。これは、介護・育児などの無償労働でもボランティア活動でもよいので、何らかの社会参加を条件に基本所得が得られるという仕組みを意味している。アトキンソンの議論は、社会的責任を果たそうとしないフリーライダーにまで所得保障を行うことは不合理である、という批判に答えようとするベーシック・インカム論である。しかし、アトキンソンの議論には、以下のような批判がなされている。

　誰が「社会参加」を判定するのか、という問題が生じる。社会参加を条件に所得保障を行うことになれば、その条件を誰かが判定しなければならない。そうなると普遍主義的な制度であったベーシック・インカムに選別主義をもちこむことになり、ベーシック・インカムの基本理念を捨て去ることになりかねない。さらにボランティア活動のなかにも、「社会参加」と認定されるものとそうでないものとの区別を生み出してしまう[35]。NPOのもとで行うボランティアは認定されるが、個人でやるボランティアは認定されない、といった事態が起こり、自律的なボランティア活動を阻害することにもなる。他方で家事労働を「社会参加」に数えるとすれば、従来どおり、女性を家事労働のなかに閉じこめるというジェンダー構造自体を改める契機を見失わせるこ

とにもなりかねない。

ゴルツ（Gorz, A.）

　ゴルツは、基本所得を保障したうえで、労働時間を現在よりも大幅に短縮するという構想を打ち出している。これは、極端な労働時間短縮論と組み合わされたベーシック・インカム論となっている。この構想では、基本的な所得が保障されるので、労働時間をかなりの程度、短縮することができる。それによって家事・育児・介護、ボランティア活動など、労働以外の活動に従事することができる。ゴルツのベーシック・インカム論は、他のベーシック・インカム構想と同様に労働を条件にはしないが、働くことをも含んだベーシック・インカム論である。ゴルツがこのような労働時間短縮論と組み合わせたベーシック・インカム論を提起するのは、働かなくてもよいという前提でベーシック・インカムを実施した場合に、低賃金労働を現在の形で温存することになり、労働条件や労働の質の改善に向かう契機が失われると考えているからである。さらに社会が個人に働くことを含めて何も期待しないことは、その人は、社会からのけ者にされていることを意味する。このような問題意識がゴルツの提案の基礎にある[36]。

ネグリ（Negri, A.）

　現代の労働の特徴は、「労働の女性化」である。「安心感や幸福感、満足、興奮、情熱といった情動を生み出したり操作したりする労働」が、労働の多くの部分を占めるようになってきている。このような労働は、ケア労働に典型的にみられるように、家庭内で女性が主に担ってきた労働である。また、ケア労働に限らず、サービス産業において労働者に必要とされる能力が、コミュニケーション能力とされてきている。このように同種の製品を大量に生産するフォーディズム型の労働に対して、現代では「非物質的労働」が広範に広がっている。「非物質的労働」とは、第1に仕事時間・余暇時間の区別が曖昧になり、オフィスにいるときにだけ仕事をするというよりも、勤務時間・場所以外でもアイデアを思いつくことがあるような働き方になっている。第2にネットワークや協働に基づいて仕事をしているので、ある個人の業績の範囲を特定することが困難になってきている。第3に雇用形態が、長期的・安定

的でなくなり、フレキシブルで移動性が高く、それゆえ不安定になってきている。したがって何時間働いたからいくら賃金を払うというこれまでの報酬の考え方が、現状に適合しなくなっており、個人に帰属する業績を測定することは、困難になっている。ネグリは、このような働き方を「生の生産」とよんでいる。したがって労働の対価に賃金を支払うという仕組み自体を変える必要があり、そこでベーシック・インカムが提唱される。ただしネグリの議論は、他の論者の議論と異なって、従来の形で賃金をもらわない代わりに、ベーシック・インカムを主張している。それゆえ働きたい人は働いて賃金を得た場合に、賃金の二重取りのようなことが生じる。たとえばベーシック・インカムが10万円であるとすれば、仕事をして賃金を20万円もらう人は、合計30万円の所得を得られる。しかし病気などでどうしても働くことができない人は、10万円以上の所得を得ることはできない。これではネグリの労働論と整合性がなくなるし、さらに結局、格差や排除の解決に結びつかない可能性がある。したがってネグリは、生活に必要な経費を「各人の必要に応じて」配分すべきである、と主張する。上記の場合、病気を抱えている人の方が、医療費などを含めてより多くの生活費が必要であるので、健康で働くことができる人よりも多くベーシック・インカムを保障されることとなる[37]。

(3) ベーシック・インカムの課題

　ここまで述べてきたベーシック・インカムに残されている課題を検討しておこう。ワークフェアは、制度として実現している一方で、ベーシック・インカムは、実現可能なのかという疑問がしばしば呈せられる。ベーシック・インカムは、理念先行の議論のように見えるかもしれない。ただし、イギリスの事例で見たような「児童手当」は、子どもを対象としたベーシック・インカムと捉えることができる。日本においても現行の「児童手当」は、所得制限付きであるが、所得制限を外した「児童手当」は、ベーシック・インカムの理念に近づく。民主党のマニフェストにあった税方式による年金支給も、高齢者を対象としたベーシック・インカムとみなすことができる[38]。このように現行の制度やそれに近い制度設計によってベーシック・インカムは、よ

り現実的となる。

　ベーシック・インカムを議論する際に、否定的な見解としてしばしば財源論がもちだされる。しかし、すべての政策に財源は必要であるにもかかわらず、すべての政策に対して財源がないから、その政策を実施しないということにはならない。ベーシック・インカムに対してのみ財源論をもちだし批判することは、不合理である。実際に必要な政策であるとするならば、優先順位の低い予算を削減してでも実現に向けて進むべきであろう。具体的にベーシック・インカムの財源を計算し、その実現可能性を示した研究もある[39]。ただしその前提は、月額8万円で計算されており、この額では、働かなければ最低限の生活費を確保できない。そうなると先に述べたように、働けない人は、生活費の必要性に応じて給付を増額するという仕組みを想定すべきであろう。

　その必要性ということも、また大きな問題を含んでいる。生活保護受給者がエアコンをもっていてもよいかどうかという議論がかつてあったが、近年、そのような議論は行われなくなった。一般的な生活水準の上昇がその背景にはある。時代とともに生活必需品や最低限の生活水準の捉え方が変化し、何が生活に必要なものかを見極めることには、やはり困難がともなう。特に消費社会化した現代社会においては、人々の消費水準は、絶えず上昇していく[40]。このような消費社会化の趨勢を放置したまま、「必要性」を議論し、基本所得を保障することは、その上限を無限に引き上げることにつながる。それゆえ消費社会化した価値観の転換を含めて、ベーシック・インカムを構想しなければならない。

　最後に本章の問題意識をもう一度、確認しておこう。ベーシック・インカムをどのような形で具体化するにせよ、ベーシック・インカムがめざしていることは、「社会的包摂」であったはずである。現金をいかに給付するかがベーシック・インカムの最重要課題なのではなく、職場や地域社会への参加につながるためのベーシック・インカムが実現されなければならない。したがってさまざまな論者が述べているように、働くこと、ジェンダー、社会参加といったテーマを連結させながら、あるべき社会の姿を構想していく必要がある。

【引用文献】

1）武川正吾『福祉社会―包摂の社会政策（新版）』有斐閣　2011年　p.344
　　宮本太郎「福祉国家再編の規範的対立軸―ワークフェアとベーシックインカム」『季刊社会保障研究』第38巻第2号　2002年　pp.129-137
2）武川正吾『福祉社会―包摂の社会政策（新版）』有斐閣　2011年　p.345
3）埋橋孝文「ワークフェアの国際的席捲―その論理と問題点」埋橋孝文編『ワークフェア―排除から包摂へ？』法律文化社　2007年　p.18
4）T.フィッツパトリック，（武川正吾・菊池英明訳）『自由と保障―ベーシック・インカム論争』勁草書房　2005年　p.30
5）前掲書4）　p.30
6）前掲書3）　p.2
7）福原宏幸「社会的排除／包摂論の現在と展望―パラダイム・「言説」をめぐる議論を中心に」福原宏幸編『社会的排除／包摂と社会政策』法律文化社　2007年　p.24
8）根岸毅宏「アメリカの公的扶助と1996年福祉改革」渋谷博史ほか編『福祉国家システムの構造変化』東京大学出版会　2001年　pp.63-64
9）前掲書8）　p.74
10）西崎緑「我々の知っている福祉の終焉」山本啓・村上貴美子編『介護と福祉システムの転換』未来社　1998年　pp.118-119
11）山森亮『ベーシック・インカム入門―無条件給付の基本所得を考える』光文社　2009年　p.259
12）宮本章史・諸富徹「所得再分配と税制―ワークフェアから普遍主義的給付へ」齋藤純一編『社会統合―自由の相互承認に向けて』岩波書店　2009年　p.138
13）前掲書4）　p.105のグラフ参照。及び根岸の論文を参考に。
14）田中総一郎「ワークフェアと所得保障―ブレア政権下の負の所得税型の税額控除の変遷」埋橋孝文編『ワークフェア―排除から包摂へ？』法律文化社　2007年　p.66
15）前掲書12）　p.142.
16）居神浩「規律訓練型社会政策のアポリア―イギリス若年就労支援政策からの教訓」埋橋孝文編『ワークフェア―排除から包摂へ？』法律文化社　2007年　pp.48-51
17）前掲書16）　pp.52-53
18）武川正吾『福祉社会―包摂の社会政策（新版）』有斐閣　2011年　p.346
19）前掲書3）　p.19・前掲書14）　pp.66-73・前掲書12）　pp.142-144・前掲書11）　pp.220-221.
20）亀山俊朗「シティズンシップと社会的排除」福原宏幸編『社会的排除／包摂と社会政策』法律文化社　2007年　p.84
21）前掲書12）　p.139
22）前掲書20）　p.84
23）久本貴志「アメリカにおける福祉離脱者とワーキング・プア―ワークフェアとの関連で」埋橋孝文編『ワークフェア―排除から包摂へ？』法律文化社　2007年　p.103

24) 前掲書12)　p.139
25) 岩田正美『社会的排除―参加の欠如・不確かな帰属』有斐閣　2008年　p.172
26) 前掲書4）　p.44
27) 前掲書11）　p.23
　　小沢修司『福祉社会と社会保障改革』高菅出版　2002年　p.117
28) 前掲書11）　p.23・前掲書18）　p.114・前掲書27）小沢修司　p.117
29) 前掲書4）　p.62
30) 前掲書11）　p.23・前掲書27）小沢修司　p.117
31) 前掲書11）　p.23・前掲書27）小沢修司　p.117
32) 前掲書4）　p.62
33) 前掲書4）　p.58
34) 前掲書4）　p.69
35) 前掲書27）小沢修司　p.126
36) 前掲書27）小沢修司　p.138
37) 前掲書11）　pp.114, 131
38) 前掲書11）　p.268
39) 前掲書27）小沢修司　p.155
40) 前掲書27）小沢修司　p.158

【参考文献】
・アンソニー.B.アトキンソン（丸谷泠史訳）『アトキンソン教授の福祉国家論Ⅰ』晃洋書房　2001年
・フィリップ・ヴァン・パリース（後藤玲子・斉藤拓訳）『ベーシック・インカムの哲学―すべての人にリアルな自由を（新装版）』勁草書房　2009年
・マックス・ヴェーバー（脇圭平訳）『職業としての政治』岩波書店　1980年
・福原宏幸編『社会的排除／包摂と社会政策』法律文化社　2007年
・アンドレ・ゴルツ（真下俊樹訳）『労働のメタモルフォーズ　働くことの意味を求めて―経済的理性批判』緑風出版　1997年
・根岸毅宏『アメリカの福祉改革』日本経済評論社　2006年
・マイケル・ハート，アントニオ・ネグリ（幾島幸子訳）『マルチチュード―〈帝国〉時代の戦争と民主主義（上・下）』NHKブックス　2005年
・ミルトン.フリードマン（熊谷尚夫ほか訳）『資本主義と自由』マグロウヒル好学社　1975年
・ダニエル・ベル（林雄二郎訳）『資本主義の文化的矛盾（上・中・下）』講談社　1977年

> **コラム**　社会政策における理念と現実

　ベーシック・インカムやワークフェアという理念を社会政策として具体化していくなかで、議論しなければならない問題が多く残されている。本論のなかでもベーシック・インカムの実現可能性にかかわる問題にふれたが、コラムでは、社会政策にかかわる理念と現実との葛藤について考えてみよう。
　『職業としての政治』においてヴェーバー (Weber, M.) は、「責任倫理」と「心情倫理」との葛藤について次のように述べている（マックス・ヴェーバー、脇圭平訳『職業としての政治』岩波書店　1980年）。
　予見しうる結果の責任を負うとする「責任倫理」が政治に必要な倫理である。いくら理念が優れていても、その理念を実現するためには手段を選ばないという態度をとることは許されない。その理念を実現するために行った行動や政策の結果について責任を引き受けることが重要である。これが、ウェーバーのいう「責任倫理」である。この議論をふまえると、ベーシック・インカムは一見するとすぐに実現可能であるとは思われないので、やはりワークフェアを微調整しながら改良していくほうが、社会政策に責任をもつ倫理的態度であるように思われる。しかし他方でウェーバーは、「心情倫理」の重要性も指摘している。信じるべき理念、自分が絶対に重要であると考える社会構想へ向かって進んでいく、という姿勢も必要である。確かに理念や社会構想がない状態で、政治や社会政策について論じても、財源がきわめて限られているなかでは、手をつけやすい政策から実行していくしかないであろう。しかし、そこにどのような理念があり、その先にどのような社会構想を描くかということがなければならない。
　ベーシック・インカムという理念が示す社会像は、論者によってかなり異なっている。一定の基本所得を給付するという点では一致しているが、その理由や条件は多様である。というのも働き方、ジェンダー、環

境、消費という社会の諸領域の問題を包括的に検討しなければならないからである。現行の制度では、「社会的排除」という問題を乗り越えられないことは明らかであり、しかも、この問題が誰にでも降りかかる問題であることを考えれば、働いた者だけが収入を得られるという当たり前とされてきた考え方すら、再検討する必要がある。根本的に社会の仕組みを考え直さなければならない時期にきている。

第12章
「標準」と「逸脱」の規準
―デュルケーム社会学からのアプローチ

　近年、人々の意識は多様化している。常識だと思っていたことが常識ではなくなっていたり、当然だと思っていたことが当然ではなくなっている。価値や道徳の規準も人それぞれである。モラルやマナーという言葉もあるが、その規準も人によって異なる。では私たちは何を規準に正しいと判断し、何を規準に正しくないと判断するのであろうか。

　本章では、私たちの思考や行動様式に大きな影響をおよぼす社会（＝外在的拘束力）についてデュルケーム社会学をもちいてアプローチを試みる。実は私たちは自由に生きているようで、社会からの拘束を多分に受けている。それは法律や伝統、道徳、価値、習慣、暗黙の了解などと呼ばれるときもある。そして、そこから私たちの規準はつくられていく。本章では個人にそんな影響を与える「個人と社会の関係」、そして「そのメカニズム」を解説する。

1．「社会学」の「社会」とは

（1）はじめに
　私たちは、言葉でものごとを考え、言葉を使って自分の気持ちや考えを相手に伝える。言葉は人類最大の発明といえよう。しかし、この言葉には欠点もある。たとえば次ページのイラスト1とイラスト2は、どちらも「ケーキ」であるが、両者はモノとしては全然違う。

275

イラスト1　　　　　　イラスト2

　しかし、私たちはそれらを「ケーキ」という言葉で一括りにしてしまう。したがって他者に「昨日ケーキを食べた」と伝えても、相手は相手の想像したケーキが頭に浮かぶ。話し手と聞き手のケーキが一致するとは限らない。他にも「彼は典型的なイギリス人だ」という一文も曖昧だ。なぜなら「イギリス人」と一口に言っても「いつの時代の？」「どの社会階層の？」というように幅広い意味をもってしまうからである。言葉は便利である反面、そのものにあるさまざまな側面を一括して相手に伝えてしまう（※だから世の中には誤解があるのだが…）。

　したがって学問をしようとする者は、まず、この言葉の定義をはっきりと認識しなければならない。その言葉がその時の状況によっていいように理解され、その場その場でさまざまな解釈をもってしまったら、それこそ共通理解は得られないし、学問の発展も望めない。というわけで、まず言葉の定義からはじめよう。

（2）「社会学」における「社会」の捉え方

　「社会学」は社会の学問である。では「社会」とは何であろうか。「社会」と聞いて政治家が国会で議論している光景を想像する人もいるであろうし、立ち並ぶオフィスビルのなかで一生懸命働いている人々を想像する人もいる。はたまた日本の歴史を連想する人もいるであろうし、買い物をしたり、家でくつろいでいる様子を社会と考えている人もいるかもしれない。では改めて社会学の「社会」とは何であろうか。

　一見、政治や歴史、経済を見れば「社会とは」「人間とは」何かを理解できるかもしれない。確かにその通りである。しかし、社会学的視点から見れ

ば、それらは社会の動きの結果でしかない。社会学はなぜ社会にそのような事象が起きたのか。なぜそういった流れに社会が動いたのか。その要因を解明する学問である。ここで大切なのは、政治、経済、企業、学校、家族など、私たちが一般的に社会と連想するものは、結局人が集まって構成されているものである。つまり社会とは人々の集団と捉えることができる。したがって社会関係は人間関係的な要素が多分に含まれる。これらをふまえ本文における「社会」を定義したい。以下、本文中に「社会」という言葉が出てきたら、それは「人々の集団」、「社会関係」という言葉が出てきたら「人間関係」と解釈してもらいたい。

2．デュルケームの『自殺論』から見る個人と社会との関係

（1）デュルケームの『自殺論』とは

　デュルケーム（Durkhem,E.）といえば『自殺論』（Le suicide）といわれるくらい『自殺論』はデュルケームの業績のなかでもとりわけ有名なものである。

　やむにやまれぬ事情によって人は自殺する。当時フランスでは自殺が社会問題になっていたし、その問題は専ら心理学が専門的にあつかっていた。しかし、デュルケームは「人が自ら死を選ぶ究極的な理由など、他者はどうにも知る術はない」[1]と断言する。これは自殺者一人ひとりの内面を分析して、ていねいにその理由を解明していこうとする心理学的手法からすれば、逆行する理論として捉えられたかもしれない。しかし、これは社会学が独自の視点をもって、心理学とは異なる自殺研究の方法を確立し、どの学問にも属さない学問的独立性とその専門領域を有していることを示すためのものであった。

　ではデュルケームは、どのような方法で自殺の解明にアプローチしたのであろうか。彼は自殺を個々バラバラに見ないで、限られた社会、限られた条件で区分けして統計をとることを提案する。つまり社会ごとの自殺率の調査

である。結果、社会の自殺率は毎年一定しており、大きく変化する年もあったが全体から見ればそれは例外的で、それぞれの社会はそれぞれ固有の自殺率を有している事がわかった。

　自殺は決して強制されたものではないし、個人の思想、生活、環境はバラバラであるにもかかわらず、なぜその割合は社会ごとに一定の値を示すのであろうか。デュルケームはこの点に注目する。そしてこの問題の解明を試みる。その結果をまとめたものが『自殺論』なのである。

　『自殺論』にはこんな言葉が記されている。「個々の自殺に目をうばわれず、より高みに立って、それらに統一性を与えているものをみいださなければならない」[2]

（2）自殺の3類型

　デュルケームは『自殺論』のなかで、自殺と社会の因果関係を整理し、自殺を3つに分類している[註1]。

① 自己本位的自殺

　個人の内的な問題が要因で、個人に死を選ばせてしまった自殺であり、個人が社会関係への結びつきを失ってしまった結果起こる自殺である（例：失恋、自信喪失、受験失敗など）。

　たとえば、失恋をする。受験に失敗して入学予定の学校に入学できなかったとする。それは本来、そこで結ばれる予定であった社会関係が絶たれてしまった状態を意味する。デュルケームによれば個人が社会との結びつきを失ったとき、個人は自殺へ誘導されるという。この個人が社会関係から切り離されてしまった状態をデュルケームは「過度の個人化」と呼んだ。

② 集団本位的自殺

　社会が個人をより強力に包括した状態により発生する自殺である。個人自身が特に問題を抱えたわけではないのだが、個人を取り囲む社会（家族や友人、所属組織など）の権威が強大になり、その社会の判断が個人の判断よりも優先されている状態で発生する自殺である（例：特攻隊、一家心中など）。

　たとえば、個人と社会の関係が密接であればあるほど、個人の判断は社会

第12章 「標準」と「逸脱」の規準

に委ねられる。デュルケームはこれを「未発達な個人化」と呼んだ（もし個人が社会との強い結びつきをもっていなければ、個人は社会の意思にしたがいにくくなるためこの自殺は発生しない）。

③ アノミー的自殺

社会の規制が崩壊し個人が社会との結びつきを強制的に絶たれてしまった状態により発生する自殺である。社会の変動により個人を取り巻く環境の変化に個人が適応できず、自ら死を選ぶ（例：家族、恋人、友人、職場などの喪失）。

災害や戦争などを例として、個人を取り囲む社会関係が喪失してしまったため発生する自殺で、それは本来結ばれていたはずの社会関係を社会側から強制的に絶たれ、個人が社会関係を喪失してしまったがゆえに生じる自殺である。

以上3つの自殺を分類するならば、自己本位的自殺とアノミーの自殺は、個人が社会と切り離されたことを原因とする自殺である[註2]。一方、集団本位的自殺は個人がより強く社会に帰属していることを原因とする自殺である。

図にすれば以下のイメージである。

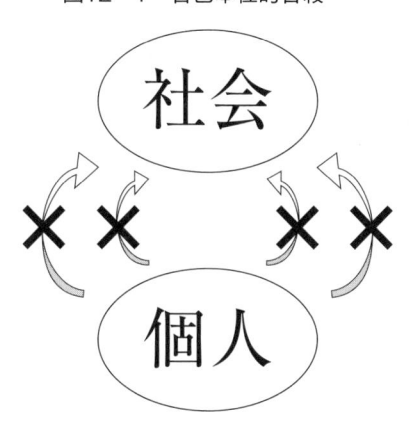

図12-1　自己本位的自殺

※自己本位的自殺は、個人が社会へ結びつく力を失ってしまっている状態。

図12-2　集団本位的自殺

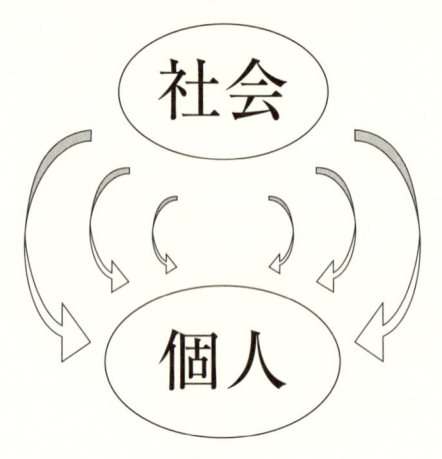

※集団本位的自殺は、社会がより強固に個人を結びつけている状態。

図12-3　アノミー的自殺

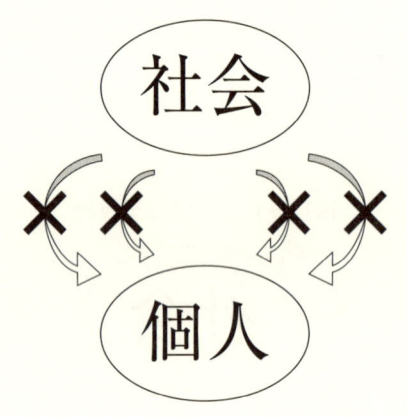

※アノミー的自殺は、社会が個人を結びつける力を失ってしまっている状態。

(3) 「過度の個人化」と逸脱行為

　前項でデュルケームが説明したかったポイントは、自殺という社会的事実は「個人と社会の結びつきの様子を表している」という点である。つまり人は意識せずとも、思考、判断、行動する際には必ずある種の社会的拘束を受

けている。その拘束とは外在的拘束（強制作用）である（たとえば国籍、人種、言語、文化、慣習など、さらにいえば価値や規範もである）。それらは個人が好きなように選択できずに生まれてくるし、今使っているこの言葉も著者が定めたものではない。さらに文化や慣習などは意識する以前にすでに受け入れているし、そこに私たちは価値と規範を見出している。これらは個人の外に確実に存在し、それぞれの個人は意識しなくとも外在的拘束力により社会的地位や社会的役割が与えられている。そして、そこには偏見や差別もともなっているのである。

デュルケームによればこの社会の外在的拘束力から個人が疎遠となったときに自殺は起きるというのである。では、なぜ社会の外在的拘束力から個人が離れてしまうと人は生から訣別してしまうのであろうか。たとえば、国家、会社、家族、学校、サークルなど世の中にはありとあらゆる社会集団（人間集団）が存在する。個人はそれら社会集団に所属している限りあらゆる拘束を受ける（法律、規則、校則、社則、規範、ルール、掟、暗黙の了解など）。社会集団に所属することによって拘束はされるが自らの行動のルール（規範・道徳・常識）はそのなかに生まれる。

デュルケームによれば、個人がこれら社会集団からの所属（および所属意識）を無くしてしまうと、行動判断の規準は外部に依らなくなり自らの内で定めてしまうようになるのである。そしてデュルケームはこの状態を「過度の個人化」と定めた。「過度の個人化」となった者は外在的拘束力が弱くなり、少しずつ「考え・行動（＝道徳）」を制限するものが無くなってくる。これがプラス（激昂型）に働くとそれは「そとへの攻撃（＝犯罪行為）」となって表れ、逆にマイナス（沈鬱型）に働くとそれは「うちへの攻撃（＝自傷行為）」となって表れる。犯罪行為も自傷行為も逸脱行為であり、つまり「過度の個人化」は逸脱行為を誘発しやすくなる。したがって犯罪行為や自傷行為という社会現象はその結果として生じてくるのである。ここから理解できることとして、逸脱論とは裏を返せば道徳論なのである。

以上をふまえたうえで改めて説明する。人が自らの社会的所属と判断規準（道徳的規準）を失い、「過度の個人化」となり逸脱行為を誘発しやすくなっ

たとき、激昂型の人間はそとへの攻撃を行う（社会への攻撃⇒犯罪行為）。また、沈鬱型の人間はうちへの攻撃を行う（自分への攻撃⇒自傷行為）。

「そとへの攻撃（犯罪行為）」の最上級は殺人となり、「うちへの攻撃（自傷行為）」の最上級は自殺となる[註3]。殺人と自殺はどちらも逸脱行為であるが、デュルケームは自らの死という結果が予見できるのに実行してしまった自殺という逸脱行為の方が研究対象としては、より確実であるとの判断から『自殺論』を執筆したという背景がある。また、そとへの攻撃である犯罪行為に関してはそとへの攻撃（外部）である以上、自分の意志ではどうにもならないさまざまな要因や環境、程度、結果など、本人の意思と異なった事態での結末が多々予測できるため研究対象として判断が難しく、結果あつかわなかったとされている。

デュルケームは自殺を単なる個人的な行為としてとらえず、社会的連帯の変化として捉えた。そして人と人との連帯が個人をどのように規制するのか、また、人は何を規準に正しいと判断し判断しないのか、人の行動の規準とは何なのかを生涯をかけて探求していたのではないかと著者は推測する。その証明のため当時フランスで注目を集めていた自殺という逸脱行為をテーマに取り上げ、社会学の可能性を改めてアピールしようとしたのがこの『自殺論』なのである。

3．ルール（きまり）とはなにか

（1）「公式のルール」と「非公式のルール」

世の中には何かしらのルール（きまり）があり、私たちはそれを守って毎日の生活を送っている。それらは私たちが意識をするしない以前に、潜在的に生活のなかに取り込まれていて、私たちはその様式に則って思考や行動の際の判断規準としている。

それらは「お店で品物を買ったら代金を払う」とか「お酒を飲んで車を運

第12章 「標準」と「逸脱」の規準

転してはいけない」といったものから、部活の時「後輩は先輩が練習を始める前に道具の準備をして、終わったら片づけをする」等、また会社では「上司から誘われた飲み会は断ってはいけない」といったものまでさまざまあげられる。

　もし、前者の2つを違反した場合には社会的制裁（逮捕・拘束）が加えられるのは周知の事実であるが、後者の2つを違反した場合にも私的制裁が加えられる（それらは、上級生から下級生へのいじめや、しごきなどと称されることもある。また上司から部下へのパワーハラスメントなどと呼ばれ、社会問題として取り上げられることもある）。このように一見ルールと聞くと、私たちはすぐに法律や競技等のルールブックのような絶対的で権威的な存在を連想するが、社会学においてルールとは常に変化をする存在で、意識せずとも身近にある存在といえる。そして、それは社会（人々の集団）を構成するうえで絶対に欠かせないものでもある。

　では、世の中にはどんなルールが存在するのであろうか。そう考えたときまず国家のルール＝法律があげられる。誰もが意識しており、もしも刑法上の規定に抵触するような行為を行ってしまうと、場合によっては警察に逮捕されそれ相応の制裁が加えられる。このように誰もが知っているルールとしてまず法律があげられる。実はそれ以外にも私たちは自分が所属している社会によってさまざまな拘束を受ける。たとえば学校へ通っている者は「学校のルール（＝校則）」にしたがわなければならない。だから在学している者は「日本国のルール（法律）」＋「学校のルール（校則）」を守ることになる。また、仕事をしている者にとっては「職場のルール（社則や取引先との契約など）」が存在しており、これにしたがって日々の業務を遂行している。そして、これらのルールは厳密に定められ、明文化されていて細かく規定もされている。さらには違反の予測もあらかじめされていて、その違反をした場合のペナルティもすでに明記されている。つまり誰が見ても一目瞭然のルールとなっている。したがってこれらのルールを「公式のルール」と定めることができよう。

　私たちはルールやきまりといわれるとすぐにこれら「公式のルール」を連

想するが、社会学的な視点から注目すればそれら「公式のルール」以外にも、世の中にはさまざまなルールが存在している。たとえば家族においては家族間のルールがあるし、また夫婦には夫婦間のルール。同様に親子には親子間のルール、お隣さん同士ではお隣さん同士の（地域の）ルールがある。また部活では先輩・後輩のルールがあり、友人には友人同士のルールが存在する。上記のように例をあげればきりがない。社会の数だけルール（きまり）がある。そして、ここで注目するべきはこれらのルールは先に説明した「公式のルール」のように広く認められているわけでもなく、大勢の人間にきちんと共通理解されているわけでもない。しかし「公式のルール」同様、当事者たちにはしっかりと理解されていてきちんと守られている。したがってこれらのルールを「非公式のルール」と定めることができよう。

（2）ルールとペナルティ

　人が集まり、集団（社会）を形成すればそこにはおのずとルール（規範・規律）ができる。それは法律のように明文化されたものから、しきたり、暗黙の了解、と呼ばれるような非明文化のものまでとさまざまである。さらに付け加えるならば常識、良識、モラル、マナーという呼び方で意味がなされる場合もあるし、伝統、慣習などもそれに当たるといえよう。

　人間は無人島で暮らす、もしくは山奥に籠って暮らす以外、必ず他人と接触する。先ほども述べたが人が複数集まればそこには社会が発生し、そしてその社会のメンバーには必ず共通した一定のルールが設けられるのである。

　このように世の中にはたくさんのルールがある。しかし、ルールと一口に言っても「公式のルール」や「非公式のルール」などさまざまである。さらに説明を加えるならば、世の中のルールには公式・非公式を問わず、ルール違反という行為に対して必ずペナルティが存在する点である。この点が非常に興味深い。

　まず「公式のルール」においてのペナルティに関して、これは先に説明したように明文化されているので一目瞭然である。たとえば刑法規定に違反した者は警察に逮捕され拘束されることもある。校則を破った者は退学、停学、

先生からのお説教など。社則を破った者は解雇、減給、降格といった具合である。また、これらのペナルティはあらゆる違反行為とその状況をあらかじめ想定し予測してあり、その詳細はこと細かく定められている。したがってペナルティはそれに準拠する形で決められていく。

続いて「非公式のルール」のペナルティであるが、たとえば家族のルールを違反した者は、他の家族メンバーから制裁を受けるし、また最悪の場合にはメンバーからの追放もあるであろう。夫婦のルールを破った者はパートナーに無視されるし、お隣さん同士のルールを破った者には地域の結びつきや活動から除外される。その他、親子のルールを破った者（子）には、親の説教というように、それぞれのルールには違反した場合のペナルティが存在する。

以上のことをふまえたうえで、これらの解説をすると「公式のルール」では、あらゆる状況があらかじめ予想や想定され、それらに対して細部まで規定された違反行為と罰則規定が準備されている。対して「非公式のルール」は、そういった取り決めは特になくペナルティは当事者たちの裁量に任されている。当事者たちは状況、状態、程度、時期、立場などの観点から主観的に違反行為とその罰則内容を規定する。したがって「非公式のルール」の場合、同じ逸脱行為であっても同じペナルティが逸脱行為者に執行されるとは限らない[註4]。

（3）ルール（きまり）の優先順位

このように世の中はルールだらけである。そこで私たちは多くのルールを常に照らし合わせながら日々生活している。しかし、このルールがときとしてブッキングをすることもある。Aの所属社会集団で定められたルールと、Bの所属社会集団で定められたルールが、相反して矛盾していたとしよう。その立場に立たされてしまった当事者はとても悩み、ルールを天秤にかけなければならない。たとえば「今日は子どもの誕生日なのに、上司に飲みに誘われてしまった」といった具合である。そこで私たちの何を規準に判断をし、ルールの優先順位を決めていけばよいか。それがこれから説明するこの問題

の論点となる。

　ここで私たちの判断規準をあらわす例をひとつあげる。

　ある学校で先生が宿題を出して明日までにやってくるように告げる。しかし、この宿題がとても難しく量も多いため、明日までに仕上げるのは困難であるとしよう。先生が教室を出た後、クラスメイトの誰かがこの宿題をやらないことを宣言する。それに賛同する他のクラスメイトも出はじめたとき、最初は宿題に取り組まなければいけないと思っていた自分の意識は少しずつ揺らぎはじめ、宿題をやらないと宣言しているクラスメイトが過半数を超えたあたりで、残りの「宿題をやらなければいけない」と思っていた生徒もかなり動揺しているであろう。そして翌日、宿題をやってこなかった生徒自身に大きな罪悪感はあるまい。なぜなら宿題をやってきていないのは自分一人ではなく、みんなもやってきていないという後ろ盾があるからである（このとき宿題をやってこなかったのは自分だけではないという意識が働いている。つまり自分だけが逸脱行為をしていないという意識が強いのである）[註5]。

　しかし、これには逆のパターンも存在する。先生が宿題を出して明日までにやってくるように告げる。しかしとても難しく量も多いため、明日までに仕上げるのは困難であるとしよう。密かに他のクラスメイトもどうせやってこないだろうと高をくくって予定通り翌日宿題を忘れてくる。しかし、なんと他のクラスメイトはしっかり宿題を仕上げてきていた。こうなってしまうとこれは当人にとって大ピンチな状態となり心理的に追い込まれるに違いない（これは宿題をやってこなかったのは自分だけという意識が働いている。つまり自分だけが逸脱行為をしてしまったという意識が強いのである）。

　ここで、改めてこの例が何を意味しているかということを説明すると、ここでのこのクラスメイトたちの宿題を「やってくる」「やってこない」の判断規準は、実は先生による指示ではないということである。この場合、本来ならば先生からの指示で宿題を「やるべき」「やらないべき」を決めるのが筋道なのだが、彼らの判断規準は先生からの指示ではない。それは誰の意志によるかというと「自分を含む周りのクラスメイト」なのである。つまり、彼らの意識のなかには「他のクラスメイトがやるなら自分もやらなければい

けいない」「他のクラスメイトがやらないなら自分もやらなくてもよい」という意識が存在していたのである。彼らにとってはそれが判断規準となり、そして判断規準の優先順位となる。

　本来は「宿題をやってこないという行為」そのものが学校のルールから外れる逸脱行為なのだが、彼らは学校のルールよりも、友人間のルールを優先して考え判断し、それに準じたのである。つまり、彼らの判断規準の優先権は先生（「公式のルール」）よりもクラスメイトたち（「非公式のルール」＝友人間のルール）にあることを意味する。そして後者の場合はクラスメイトたちの判断規準から自分が外れてしまったので、宿題を忘れた生徒は大変な心理的圧迫を受けたのである。

　この例は、子どもで説明をしているが、この対象はなにも子どもだけではない。大人であろうと子どもであろうと、集団との結びつきを特に重要視する日本人なら誰しもが当てはまる例である。

4．「うち」と「よそ」

（1）「うち」と「よそ」の関係

　犯罪社会学の小宮信夫は人間の集団を説明する際に「うち」と「よそ」という言葉を用いて説明している。小宮によれば「うち」とは自分の所属している社会集団を意味し、「よそ」とは自分が所属していない社会集団を意味する[3]。「うち」社会では明確なルールや罰則規定は嫌われ、その場その場の状況や状態に応じた対応が求められる。たとえば、ある人が同じことをしても、その状況やタイミング、その人の立場のようなものを常に考慮し、ルールに照らし合わせたり規定を定めたりするようなことはしない。常に話し合いを行い各人の意見を尊重するように努め恨みの残らないようにする。この点において重要なことはこの会議によそ者が入ってはいけないのである。「うち」の問題は「うち」のメンバーで解決するべきことであって、いかにその

問題のエキスパートといえど、よそ者であっては意見を挟めないのである。
　そして、この「うち」社会の根幹を支えるのは「義理と甘え」であり、それは主観的・相対的・具体的・黙示的な規範である。対して「よそ」社会の根幹を支えるのは「権利と義務」であり、それは客観的・普遍的・抽象的・明示的な規範であると定義している[4]。
　この「うち」と「よそ」の関係はさまざまであるが、基本的に日本は「うち」社会が強く、日本社会で大きな権力をもっている。日本人はその氏名が「姓」→「名」の順で成り立っている。これはまず個人というものを表すときに、最初に所属を伝えることを重視してきたからであると思われる。つまり、まずどこの輩（所属・家柄）の者かをはっきりさせ、その後その人自身を知るという構造になっている。前者に対して欧米人の氏名では「名」→「姓」が一般的になっている。これは先ほどとは逆で、欧米ではまずその人個人を知り、そしてその人がどこに所属しているのかという順番で重視していたからであろう。
　このように、日本人は所属を重視し、欧米では個人を重視していることが氏名の構造から捉えることができる。しかし、これはまだ例のほんの一角で、私たちは「うちの会社が…」「うちの学校が…」「うちの部活は…」というように、日常会話の中に「うち」という言葉をよく使う。これは公の社会よりも自分の所属している社会「うち」への依存傾向が強いからではないかと推測できる。したがってこの「うちのルール」が「公式のルール」より優先されることはよく理解できよう。

（2）「うちのルール」＞「よそのルール」

　世の中のルールは大きいもの（法律など）から、小さいもの（仲間うちのルールなど）までさまざま存在している。私たちはこの点に関して、より所属の強いもの、社会的（人間関係的）結びつきの強いものから優先していく傾向がみられる。それは何よりも自分の所属意識というものを強く意識している気持ちの表れである。そこで基本的に社会的結束力の強い順番というのは、地域社会よりも学校、学校よりも友人、そして家族などマクロからミク

第12章 「標準」と「逸脱」の規準

ロへの傾向が強い（ただし、これはあくまで目安で、この規準は個人によって異なる）。

　また、一昔前のサラリーマンにとって職場での人間関係のルールがこれにあたる場合もあった。家庭よりも会社の業績や職場の付き合いを重視し「会社人間」と呼ばれるような人々も現れた。このように当事者にとって何よりも優先するべきルールとは、より「強く」「深く」「長く」所属している社会集団のルールなのである。言い換えれば私たちは、そんなに長く深く所属していない社会集団のからの制裁よりも、密に所属している社会集団からの制裁の方が当人にとってははるかにダメージを受けるのである[注6]。

　ここで、日本という社会を例にして取り上げてみよう。わが国には昔から身分を隠して悪を裁くという話が非常に多い。またドラマ化もされていていつの時代も高視聴率をマークしている。

　例として、時代劇でいえば『水戸黄門』や『遠山の金さん』などである。本来厳格な立場を有しながら普段はその身分を隠し平民を装って活動しており、いざという時だけその正体を明かし問題を解決する。時代劇では定番中の定番であるが、似たようなこの手の話は現代においてもたくさんある。最近でいえば『静かなるドン』、『特命係長　只野仁』、『ごくせん』など。これらのドラマは先の時代劇と設定が共通している。

　このように時代を問わず、昔からわが国にはこの手の話がいつも登場し人々から注目を浴びている。では、なぜ私たちはこの手の話を喜んでしまうのであろうか。これは筆者の推測であるが、それぞれの主人公が高い身分にありながらもそれを隠すことによって、その身分（「うち」の拘束＝社会的立場・所属社会集団のルール）から解放されて自由に活動している点であろう。社会的な結びつきを大切にする日本人は、この「うち」のつながりをありがたいと思いつつ、どこかで重荷に感じているところがあるのかもしれない。そんなときドラマや時代劇で身分を隠した主人公が「うち」の拘束から解放され、颯爽と自由に活動し、いざというときだけ身分を明かし問題を解決するというストーリーに日本人はどこか憧れをもっているのではないだろうか。これは、やはり日本社会で「うちのルール」が大きな影響力をもって

いるという証拠かもしれない。つまり身分を隠すことによって「うちのルール」から解放され、自由に活動したいという日本人の願望を強く表しているのではないかと推測される。だからこの手の話がいつの時代も物語になり高い人気を得ているのであろう。

5．「標準」と「逸脱」

　社会学において標準とは「ルールを守る」行為を意味し、逸脱とは「ルールを破る」行為を意味する。一見私たちは、逸脱を社会にとって善くないこと悪しきことであると捉えがちであるが、そう一筋縄で世の中を解釈しないのが社会学の奥深いところでもある。
　確かに古来より、逸脱行為は罰則の対象になっていたし社会の悪と捉えられていた。その側面ももつ。しかし、ここで気をつけなければいけないのは、その社会の標準とは基本的にその社会の大多数派の人間が定めたもので、それらがルール（規範・規律）になっているということである。これは大勢の人間がそう選ぶなら間違いは少ないであろうという判断からなのかもしれないが、民主主義の歴史からも理解できるように大勢の人間が決めたからといって、必ずしもそれが正解であるとは限らない。さらに、その標準は常に時代とともに変化するし、またそれぞれの社会集団ごとに異なる。
　犯罪や社会の悪は確かにない方がすばらしい。しかし「逸脱行為のまったくない社会」が、その実、密告制度をとっている社会であったり、警察（政府）の力が異常に強い社会[註7]だったり、はたまた犯罪が多すぎて小さな犯罪ぐらいでは犯罪として認識されていなかったりと、よく考えればはたして「逸脱行為のない社会」＝「健全な社会」と本当にいえることができるかどうかは疑問である。
　さらにここでの問題点をあげると、どんなに「正しい事」を言ってもそれが少数派ならば無視をされ弾圧されてしまうということである。つまり、よ

り広い社会集団のなかで、あるいはより長い時間の流れのうえでは「正しいこと」も逸脱行為になってしまうということもあるのである。この点は大変に重要で多様な社会現象を捉えようとするときに私たちは特に気をつけなければならない。

したがって少数の逸脱行為は実は"社会のさきがけ""一番新しい変化"と呼べるかもしれない。それが少数のままで終わればただの逸脱行為であるが、大多数派となったときそれは逸脱ではなく標準となり次の時代を創っていく。

標準と逸脱のとらえ方は、その時代の人々や所属する社会集団の価値観など、時代性や文化の影響を決定的に受けている。したがってその時代や集団に属する当事者たちにとって、標準と逸脱の「真に公正な判断」というものは極めて難しいのである。何が正しくて、何が間違っているのか…。それらの究極的な判断は、2000年以上にわたる倫理学を筆頭とするあらゆる学問の真摯な探究によっても、いまだに把握するに至っていない課題なのである。

【註】
註1　正確には「自己本位的自殺」、「集団本位的自殺」、「アノミー的自殺」、「宿命的自殺」の4つである。しかし「宿命的自殺」に関して、デュルケームは、今日ではほとんど重要性をもたず、特例以外で例を見出すことは難しいという理由から『自殺論』の本文ではなく、文末の脚注にのみ記されている。「宿命的自殺」…過度の規制から生じる自殺で、アノミーと対極的な位置づけの自殺である。すなわち極端な物質的・精神的独裁の横暴を原因としており、デュルケームは「ある条件のもとで頻発した奴隷の自殺」を例にあげ、不可避的で柔軟性の乏しい性格から「宿命的自殺」と命名した。（デュルケーム『自殺論』p530）
註2　自己本位的自殺もアノミー的自殺も個人が社会との結びつきを失ってしまった結果生じる自殺であるが、自己本位的自殺は個人が社会への結びつきを失ってしまった状態を意味し、アノミー的自殺は社会が個人を結びつける力を失ってしまった状態を意味する。この力の向きの違いにより両者は区別される。
註3　自己本位的自殺やアノミー的自殺は「過度の個人化」によって引き起こされた自殺を意味する。
註4　この点に関して、犯罪社会学の小宮信夫は明文化されたルールのなかで大きな影響力をもつのは「権利と義務」であり、非明文化されたルールのなかで大きな影響力をも

つのは「義理と甘え」であると定義している。この点に関しては4節で述べる。

註5　「宿題をやらない」という逸脱行為は、みんなが「宿題をやらない」となった時点で逸脱行為ではなくなってしまう。

註6　第3節で説明したが、生徒たちにとっては「よそ」のメンバーである先生から嫌われるよりも、「うち」のメンバーであるクラスメイトに嫌われる方がダメージが大きく深刻なのである。これは大人の世界も同じことである。

註7　警察は市民のためのお巡りさん、地域のためのお巡りさんであると同時に政府のためのお巡りさんという側面ももつ。したがって警察の力が強すぎると政府が間違った政策を行ったとき、市民がそれを正すことが困難になる。また警察（監視）組織が強い社会とは超管理社会を意味し、超管理社会の代表は刑務所社会である。さらに裏を返せば、それだけ強力な警察（監視）組織を設けている社会はそれだけ反乱が多い社会ということもできよう。

【引用文献】
1）デュルケーム,E.（宮島喬訳）『自殺論』中央公論社　1985年　p.20
2）前掲書1）　p.409
3）小宮信夫『NPOによるセミフォーマルな犯罪統計』立花書房　2001年　p.2
4）前掲書3）　p.5

【参考文献】
・デュルケーム・井伊玄太郎訳『社会分業論』（上）・（下）講談社　1989年
・奥井智之『社会学』東京大学出版会　2004年
・片桐新自 他『基礎社会学』福村出版　2002年
・栗田宣義『図解雑学　社会学』ナツメ社　2006年
・中島道男『エミール・デュルケム』東信堂　2001年
・松田健『テキスト現代社会学』ミネルヴァ書房　2003年

コラム 『自殺論』こぼれ話

　デュルケームは『自殺論』のなかで、自殺者の社会的背景の統計をとっている。その結果を簡単にまとめたものが下の表である。ではこの表から何がわかるのであろうか。

　表を見れば、プロテスタントとカトリックを比べたとき、プロテスタントの方が自殺率が高い。自由業とその他の職業を比べた時、自由業の方が自殺率が高い。男と女を比べた時、男の方が自殺率が高い。独身者と既婚者を比べた時…というようなことがわかるのだが…。

表　自殺率の比較

```
プロテスタント  ＞  カトリック
自 由 業       ＞  その他の職業
男            ＞  女
独 身 者      ＞  既 婚 者
都 市        ＞  農 村
平 時        ＞  戦 時
```

　実はこれを応用すると次のことが判断できる。
　たとえばプロテスタントで自由業の者と、プロテスタントでその他の職業の者はどちらが自殺率が高いであろうか。またプロテスタントで自由業の男と、プロテスタントで自由業の女であれば…といった捉え方ができるのである（ということは、プロテスタントの独身男で自由業に就き、平和なときの都市に住んでいる人物が一番危ないということであろうか…）。そして何より、左側（プロテスタント側）の共通点として「人間関係の希薄化」を、右側（カトリック側）の共通点として「より強固

な人間関係」を解説しているのである。
　したがって、なぜ同じような人物が、同じ境遇、同じ条件にさらされても、個々人によって反応は異なり、自殺に至る人と、至らない人がいるのかという問題に対して、デュルケームは表のデータをもちいて、個人が受ける社会関係の影響力を説明している。

あ と が き

　これまでの社会の移り変わりを簡単にいうならば、それは「モダン」、「ポストモダン」、そして「グローバリゼーション」、さらにその反動としての「ローカリゼーション」ということになろうか。たとえばモダンは、日本社会に限っていえば、機械技術の進展によって経済は半永久的に発展し、資本主義も日本的雇用慣行も永続的で、絶対的なものであるという神話が支配していた時代といえる。しかし、景気や雇用は決して永遠のものではなかった。わが国を支配していた絶対的な価値観はもろくも崩壊し、多くの人々が信じて疑わなかった物語は終わったのである。

　フランスの哲学者リオタール（Lyotard, J. F.）は、ポストモダンを、近代における「大きな物語（資本主義の物語）」の終焉であると表現した（リオタール〈小林康夫訳〉『ポストモダンの条件』水声社 1986年）。大きな物語が終わったあとのポストモダンの時代は、科学技術の発達による記号や象徴が消費されるという、文字通り大衆消費社会として位置づけられ、そのなかでは個々の価値観に基づく個性（小さな物語）が尊重される時代であった。しかし、はたして社会はそのように進んだのであろうか。その現実を否応なしにもわれわれの前にみせたのが、バブル経済の崩壊であった。多くの企業が倒産し、雇用は減り、地域や家族機能は縮小され、低所得層は増大し、人々の織りなす相互関係は断ち切られ、自殺が蔓延した。

　しかし、この時代には、さらなる「うねり」が控えていた。グローバリゼーションである。現代社会の特質を表現するキーワードはモダンから、ポストモダンとグローバリゼーションへと、1990年代をひとつの分水嶺として大きく変わったのである。モダンからポストモダンへの変化が、時間的経過という枠組みのなかで捉えられる概念とすれば、グローバリゼーションは世界的な視野における空間的な枠組みのなかで把握される概念である。そしていま、このポストモダンとグローバリゼーションは、名実ともに車の両輪となって、20世紀後半から21世紀を走り抜け、その趨勢は、いまなお現代社会を牽引す

る大きな力となっている。

　2008年秋にはリーマンショック、そして2009年秋にはギリシャの経済危機が起こった。このような他国の政治的・経済的問題は、グローバル化のなかで世界の隅々へと波及し、わが国にも甚大な影響を及ぼした。そして、これらの問題は、単に政治・経済ばかりではなく、多くの重大な社会的諸問題を惹起させている。いま社会は大きな変化の渦中にある。グローバル化の波のなかで、それはさらに大きなものとなり、多方面に深刻な影響を与えている。それは経済やわれわれの暮らしに、地域と地域社会に、労働や雇用等々に、である。仕事に意味を見いだせない若者が増える一方で、格差は一層大きくなり、閉塞感が広がっている。また少子・高齢社会の進展のなかで、高齢者の「生きがい」問題や人の移動、人口の安定化も重要な課題となっている。家族や労働やジェンダーの意味も社会の変化にともない変わってきている。社会的排除や貧困が益々蔓延するなかで、社会的排除／包摂の問題は大きな課題となっている。さらに社会がひとつのシステムであれば、その中心を構成すべき価値や道徳も、いま考えておかなければならない極めて重要な問題であろう。しかしそれは、グローバルな視点だけでは解決できないローカルな視点を要求するものなのかもしれない。

　わが国の代表的な社会学者、厚東洋輔はある現象を説明しようとする場合、「5W1H」の6つの疑問詞に応えることを説いている。それを本書にたとえていうならば、すなわち、それぞれの執筆者が設定した主題とは何か（What）、それはどこで起こっているのか（Where）、それが引き起こされる原因は何か（Why）、それはいつ生じたのか（When）、それについてこれまでどのような研究が誰によってなされているか（Who）、それはどのように進行しているか（How）である。さらにわれわれは、これ以外に、それぞれの問題（主題）についての課題（Subject）や、将来に対する展望（View）への考察もつけ加えておきたいと思う。

　本書は、「変化の渦中にある社会」（特に日本）に焦点を置き、それをグローカルな時代と位置づけ、その原因や具体的内容を、上記のような疑問詞に応えるかたちで構造的に分析し、読み解こうとしたものである。いま、与えら

れた主題を無事に書き終え、一種の安堵感と出版できたことへの喜びを感じているが、当初の目的が十分に達成できたかどうかは、いささか疑問の残るところではある。しかし、その最終的な判断については、それぞれの読者の方々にお任せしたいと思う。

　本書の編集にあたっては、細心の注意をはらったつもりではあるが、いくつかの点で不備・不手際のあることは承知している。これらの点については読者諸兄姉のご批判とご教示によって、今後よりよいものにしていく所存である。
　また、本書の公刊にあたっては、企画・執筆から編集・上梓に至るまで、怠惰な私どもを終始励まし支えてくれた（株）みらいの荻原太志氏と稲葉高士氏には、ひとかたならぬご苦労をおかけしてしまった。心から感謝申し上げる次第である。

2013年4月

編者　今泉礼右

● 編者紹介

今泉 礼右（Imaizumi Reisuke）
1951（昭和26）年、愛知県生まれ
現　　在：日本大学文理学部 教授
専門分野：社会学、社会福祉学

主な著書
『社会学－時代を知り現在を生きる－』（共編著・中央法規出版）
『現代を考える社会学』（共著・建帛社）
『転換期における社会福祉』（編著・中央法規出版）
『社会福祉の構造と課題』（編著・同文書院）　など

グローカル時代の社会学
― 社会学の視点で読み解く現代社会の様相 ―

2013年5月20日　初版第1刷発行
2021年3月31日　初版第6刷発行

編　　者	今泉　礼右
発 行 者	竹鼻　均之
発 行 所	株式会社みらい
	〒500-8137　岐阜市東興町40　第5澤田ビル
	TEL　058－247－1227(代)
	FAX　058－247－1218
	http://www.mirai-inc.jp/
印刷・製本	サンメッセ株式会社

ISBN978-4-86015-297-0　C3036
Printed in Japan　　　　　乱丁本・落丁本はお取替え致します。